Jochen Kirchhoff · Klang und Verwandlung

Jochen Kirchhoff

Klang und Verwandlung

Klassische Musik
als Weg
der Bewußtseinsentwicklung

Kösel-Verlag München

CIP-Titelaufnahme der Deutschen Bibliothek

Kirchhoff, Jochen:
Klang und Verwandlung : klassische Musik als Weg
der Bewußtseinsentwicklung /
Jochen Kirchhoff. - München : Kösel, 1989
ISBN 3-466-34223-6

Druck und Bindung: Kösel, Kempten.
Umschlag: Elisabeth Petersen, Glonn.
ISBN 3-466-34223-6

Inhalt

Musik ist die Kunst der Propheten, die
einzige Kunst, welche den Aufruhr in der
Seele besänftigen kann; sie gehört zu den
herrlichsten und kostbarsten Gaben, die uns
Gott geschenkt hat.

(Martin Luther)[I]

Es gehört Rhythmus des Geistes dazu, um
Musik in ihrer Wesenheit zu erfassen, sie
gibt Ahnung, Inspiration himmlischer Wissenschaften, und was der Geist sinnlich von ihr
empfindet, das ist die Verkörperung geistiger
Erkenntnis.

(Ludwig van Beethoven)[II]

Das Leben ohne Musik ist einfach ein Irrtum,
eine Strapaze, ein Exil.

(Friedrich Nietzsche)[III]

Einleitung

Musik erwächst aus der Erfahrungsdimension des Hörens und wurzelt hierin. Wie man – dem bekannten Sprichwort zufolge – mit dem Blinden nicht von der Farbe reden kann, so ist es müßig, dem Hörunwilligen oder der Musik Entfremdeten von jenen unverwechselbaren Erlebnissen zu berichten, die der Musik angehören. Was können wir nicht alles durch die Musik erfahren: Wonnen, Ekstasen und Beglückungen der sublimsten Art, Weitung, Steigerung, verdichtete Emotionen, Hingabe,– die Klarheit des Logos und das Umhüllende, Verbindende des Eros, Selbsterkenntnis, Seinserkenntnis und – Verwandlung der Seele... Die verwandelnde Kraft der Musik reicht weit, geht tief und ist im letzten unauslotbar.– Die Übersetzung der Klangrede der Musik in die ›normale‹ Rede, in die sprachliche Mitteilung ist stets eine mißliche Sache. Sprechen über Musik wirkt verarmend, verdünnend, ja profanierend und läuft stets Gefahr, den eigentlichen Gegenstand, eben die musikalische Erfahrung, eher zu verdecken als zu erhellen.

Es gibt das Reden des Begeisterten, oft schwärmerisch bildhaft, an der Grenze des Poetischen, das Reden des theoretisch Vorgebildeten, des professionell mit Musik Befaßten (der natürlich auch ein Begeisterter sein kann), oft unverständlich für den Laien, das biographisch-psychologische Reden und vieles mehr. Wie weit auch immer die Differenzierung und Bildkräftigkeit vorangetrieben wird, der Kern, die Essenz der Musik bleibt von alledem unberührt. Eine echte Annäherung findet kaum statt. Ein Klang, eine Melodie, ein Akkord ist genauso wenig beschreibbar wie eine Farbe. So kann Reden und Schreiben über Musik nur hinführen zur musikalischen Erfahrung, die stets ein Stück weit Selbsterfahrung ist, wenn sie nicht an der Oberfläche bleibt, hinführen zum *Hören*, um das es zentral in jeder Musikerfahrung geht. »Musik heißt hören, hören und noch einmal hören!« sagt Sergiu Celibidache, einer der großen Dirigenten unserer Zeit. Hinführung zum Hören also, zu einer bestimmten Art des Hörens, einer bestimmten Art der Musik: der großen Musik des Abendlandes, die nur vordergründig wirklich bekannt ist.

Einige zentrale Gedanken bestimmen das Buch bis in seine Verästelungen hinein, – Gedanken, die zugleich einen Hoffnungsimpuls, eine Vision, einen Glauben beinhalten: Die große Musik des Abendlandes (die sogenannte klassische Musik) enthält eine Tiefendimension, die als *kosmisch* zu bezeichnen ist und sich nur einer meditativen Herangehensweise zu enthüllen vermag. Klassische Musik ist die *eigentliche* Meditationsmusik, die ein Äußerstes an konzentriertem und ganzheitlichem Hören verlangt. Nur derart wird die verwandelnde Kraft dieser Musik offenbar, ihre bis heute unerkannte, unenthüllte Botschaft erahnbar. Eine Botschaft (verschlüsselt gleichsam in einem System von Klang-Koans), die sich als geeignet erweisen könnte, zur schöpferischen Transformation beizutragen. Um die transformative Kraft der klassischen Musik zu entbergen, was zusammenfällt mit ihrer Befreiung zu sich selbst und der Aufhebung ihrer Entfremdung, bedarf es einer gänzlich neuartigen Kultur des Hörens, einer Kultur des Klangs, des seelisch-geistig- körperlichen Einklangs von Natur und Mensch. Letztlich geht es um die Geburt einer neuen Kultur aus dem Geist der Musik bzw. um die Einsicht, daß jene Kulturrevolution des Friedens und des schöpferischen Zusammenklingens von Mensch, Erde und Kosmos, derer wir so dringend bedürfen, nicht erfolgen kann ohne die Anzapfung der kosmischen Klangenergien und Klangströme, welche die Größe und universelle Wucht eines Händel oder Bach, eines Mozart oder Beethoven ausmachen.

Das Buch geht aus von der Möglichkeit und Notwendigkeit einer Klang-Yoga-Lehre für den Westen. Die meditativen Erfahrungen Asiens mit der dort entwickelten Musik sind nicht nahtlos übertragbar auf die westliche Musik; nur in Grenzen und in verwandelter Gestalt können wir Asiatisches übernehmen, um eine wirklich tragfähige, *eigenständige* Klangmeditation zu schaffen. Erst die Bewußtseins- und Meditationsarbeit im Rahmen eines umfassend neuen Kulturentwurfs – letztlich nur in einer anthropologischen Revolution realisierbar – kann die große abendländische Musik aus dem Zustand befreien, in dem sie sich heute befindet. Aus einem musealen Kulturgut, das als Ware gehandelt wird und jede Form kulturprägender Verbindlichkeit eingebüßt hat, könnte ein *kosmischer Kraftquell* werden, ein *Weg der Kraft*, eine große Potenz der Verwandlung hin zu einer Steigerung unserer Bewußtseinsdimension. Unsere Existenz wird davon abhängen, ob es uns gelingt, die Wahrnehmung unserer selbst und der uns tragenden Natur zu verfeinern und uns wirklich zu vermenschlichen: d.h. auf das eigentlich ›gemeinte‹ menschliche Niveau zu heben, von dem wir so weit entfernt sind.

Die Musik Mozarts, Haydns und Beethovens zum Beispiel hat alles, was wir heute brauchen, um die lähmenden Apparate der Megamaschine zu verlassen oder zu überschreiten, um eine neue Kultur aufzubauen, eine »Regenbogengesellschaft«, eine ganzheitliche oder *integrale Bewußtseinsform*, die Erdverbundenheit und kosmische Weitung genauso verbindet wie Bios und Logos...

1
Die fehlende Kultur des Klangs

Blüte und Untergang, Würdigkeit und Unwür-
digkeit, edle und gemeine Gesinnung, alles
drückt sich in der Musik aus und läßt sich
nicht verbergen. Darum heißt es: Tief ist der
Einblick, den die Musik gewährt.

(»Frühling und Herbst des Lü Bu We«)[1]

Die vogelfreien Ohren
und die Diktatur des Trivialen

> Wenn in dieser Welt das Denken an der Tages-
> ordnung wäre, würden nicht *die Ohren vogelfrei*
> und jedem erlaubt sein, zu seinem Nutzen oder
> Vergnügen jeden beliebigen Lärm zu machen.
>
> (Arthur Schopenhauer)[2]

Die moderne Welt produziert unaufhörlich Lärm, breitet einen nahezu allgegenwärtigen Lärmteppich aus, dem nur in wenigen, zunehmend seltener werdenden Nischen zu entrinnen ist. Eine betäubende, lähmende Glocke aus Lärm der verschiedensten Herkunft ist über uns gestülpt. Kaum eine Maschine, die so leise läuft, wie es technisch möglich wäre; zumeist *sollen* Maschinen auch gar nicht leise sein. Ihre Effektivität wird vorstellungsmäßig an ein gewisses Maß an Lärmabfall gebunden. Neben den Techniklärm tritt die permanente Berieselung mit lärmähnlicher oder banaler Musik. Man kommt kaum zur Besinnung und soll es auch gar nicht. Besinnung wäre nur in der Stille möglich, und gerade diese wird erbarmungslos vertrieben. Besinnung hat auch zu tun mit vollgültiger Sinnlichkeit, mit unverfälschtem Hören, unverfälschtem Sehen, mit nichtneurotischer Wahrnehmung der Umwelt. Der Lärm der Megamaschine, des den Planeten beherrschenden Industriesystems, verstärkt die ohnehin neurotische Disposition des modernen Menschen, ebnet seine Wahrnehmung ein, macht sie dumpf und eindimensional.
In seinem Buch »Die Vertreibung der Stille« ist Rüdiger Liedtke dem hier angesprochenen Phänomen umfassend und differenziert nachgegangen. Hier heißt es u.a.: »Warum müssen wir uns Tag für Tag und Nacht für Nacht durch akustische Müllhalden quälen mit zum größten Teil auch noch minderwertiger Musik, mit stromlinienförmigen Musikarrangements, mit Konservenmusik, die uns einlullt, unsensibel macht, gefügig werden läßt, mit Musik, die uns bis in die letzten Winkel des Alltags verfolgt? (...) Die meisten Menschen können ohne Musikbeschallung überhaupt nicht mehr richtig leben, nicht mehr normal atmen. Ohne Berieselung fühlen sie sich unwohl, können sie

Stille nicht mehr ertragen. Musik ist zu einer Art Volksdroge geworden, denn die Freiheit, sich durch Knopfdruck der Berieselung entledigen zu können, ist eine Schein-Freiheit. Wir können kaum noch ohne Beschallung leben, Musik, Geräusch und Lärm sind ein Bestandteil unserer Existenz geworden. (...) Die musikalische Erlebnisfähigkeit degeneriert, die akustische Glocke macht auf allen Ebenen des gesellschaftlichen Lebens stumpf und taub, Musik wird vielfach zur Sucht, zur Droge, zur Krankheit.«[3] Was uns umgibt, ist der Terror des Lärms, die Diktatur des Trivialen. Wer dagegen aufbegehrt, also beispielsweise in einem Restaurant um eine merkbare Reduzierung der Musiklautstärke bittet, macht sich nicht nur unbeliebt, sondern häufig schlicht lächerlich.

Das menschliche Ohr ist das bei weitem sensibelste, beeindruckungsfähigste Sinnesorgan, nebenbei ein anatomisches und physiologisches Wunderwerk. Zuhöchst subtil und präzise ist die akustische Wahrnehmung; sie erschließt Feinheiten, die dem Auge verschlossen bleiben. Zugleich werden Tiefenschichten des Seelischen in Schwingungen versetzt. Oft bedarf es nur eines winzigen akustischen Reizes, um heftige Gemütsbewegungen auszulösen. So hat das Ohr offenbar einen direkteren Zugang zur Seele als die übrigen Sinnesorgane, was die weitreichenden magischen und manipulativen Möglichkeiten verständlich macht, die seit jeher mit der Musik verbunden waren und auch in allen Kulturen genutzt worden sind. Erst die Musik gibt dem Ritual seine eigentliche Durchschlagskraft. Und heute kennt jeder Werbepsychologe die manipulative Wirkung von Musik, genauer: einer bestimmten Art von Musik, die dem verbreiteten Trivialbewußtsein entspricht.

Der allgegenwärtige Klangteppich aus Banalität, Seichtheit und Sentimentalität korrespondiert der unausweichlichen Lärmkulisse der Technik. Eines bedingt das andere. Beides vernebelt die Wahrnehmung und zersplittert die Ganzheit des Hörens. Der moderne Mensch braucht den Lärm genauso suchtartig wie den Klangbrei der sogenannten Weghörmusik, aber auch Hinhörmusik verkommt, geglättet und fragmentiert, häufig zur bloßen Weghörmusik. Stille hieße Konfrontation mit dem eigenen Selbst, mit der eigenen seelischen Verstimmtheit und Disharmonie, dem eigenen Chaos. Wie wird der Herausforderungscharakter der Stille gefürchtet! Nur aus dem Schweigen, innen und außen, vermag der heilende Klang zu erwachsen, die Gegenkraft zu unserer Neurotisierung und Taubheit.

Im engeren Sinne wird Lärm schlicht als störender Schall definiert, und erfahrungsgemäß spielt hier eine Vielzahl subjektiver Faktoren hinein. Dennoch gibt es so etwas wie objektiven Lärm, der langfristig psychosomatische Schäden verursacht, auch wenn dies den Betroffenen zunächst gar nicht bewußt ist bzw. wenn sie den Lärm, etwa lärmartige Musik, gar nicht als störend empfinden. Für den fanatischen Motorradfahrer mag das Aufheulen seiner Maschine kein Lärm, sondern wohltuender Klang von geradezu erotischer Qualität sein. Tatsache ist, daß hierin, ähnlich wie im Startgeräusch eines Düsenjets oder einer Rakete, etwas durchklingt von der Brutalität und dem mörderischen Imperialismus der Megamaschine, von dem objektiv lebensfeindlichen Charakter der modernen Welt. Diese Zusammenhänge gilt es wahrzunehmen, wenn wir einen Ausweg, eine lebbare Zukunftsperspektive entwickeln wollen. Lärm und Explosionen herrschen allenthalben, weil wir überall Bedingungen schaffen, die entsprechende Eigenschaften unserer Psyche widerspiegeln. Das reicht tiefer, als zumeist angenommen wird, und hängt aufs engste mit unserer Unfähigkeit zusammen, eine echte Kultur des Friedens mit uns selbst und mit der natürlichen Umwelt aufzubauen. Die explosiven Seiten unserer künstlichen Welt *und* unserer Sicht der natürlichen, kosmischen Welt sind aus unseren seelischen Ablagerungen und Projektionen erwachsen. *Unbewußt* wollen wir es so, wie es ist – einschließlich der atomaren Vernichtungsbedrohung.

Es ist kein Zufall, daß der weitaus populärste Wissenschaftsmythos unserer Tage die Fiktion vom »big bang« – vom Urknall – ist. Wie kritische Wissenschaftler und Philosophen schon vor Jahren plausibel gemacht haben, steht die monströse Urknall-Behauptung auf reichlich tönernen Füßen, ist alles andere als eine verifizierbare oder fundierte Theorie.[4] Der moderne Mensch *braucht* das explodierende, auseinanderjagende Weltall als Spiegelbild der eigenen Seele. »Die Explosion erweist sich als eine Grundfigur des modernen Weltgefühls, ja recht eigentlich als die Signatur dieses Zeitalters.« (Max Himmelheber)[5] Bei *allen* wissenschaftlichen Theorien oder Mutmaßungen wirken archetypische Prägungen und Projektionen unbewußter Seeleninhalte. Zur »Logik der Selbstausrottung« (Bahro) gehören auch bestimmte Weltbilder, die einer fragmentierten, neurotisierten Psyche entsprechen, gehört eine bestimmte Form der Musik: das Einlullend-Banale genauso wie das Intellektuell-Konstruktive der Atonalität. Nur radikale, d.h. an die Wurzel gehende Lösungen werden den Teufelskreis aufbrechen, die Todesspirale der westlichen Kultur aufhalten. Es gibt auch eine Ökologie des Gehörs, eine Ökologie der Klänge. Auch um diese bzw. deren Wahrnehmung ist es mir zu tun.

Stille ist der schöpferische Grund des Klangs. Und Lärm ist schon deshalb lebensfeindlich, weil er Meditation zerstört oder unmöglich macht, weil er Musik erstickt, weil er brutalisiert und langfristig schlicht verblödend wirkt. Je näher wir dem Abgrund kommen, um so mörderischer steigt der allgemeine Geräuschpegel. Der Lärm, dem wir fortwährend ausgesetzt sind – innen und außen – bereitet den »big bang« des atomaren Holocaust vor. Noch einmal Liedtke: »Wir müssen wieder Stille lernen. Wir müssen versuchen, die akustische Glocke zu zertrümmern. (...) Die Wahl der Stille, die Wahl der Musik und die Abwehr störenden Lärms gehören zum Grundrecht des Menschen auf freie Entfaltung. Die permanente akustische Glocke, die uns um unsere Sinne bringt, verstößt gegen dieses Grundrecht.«[6] Sie verstößt nicht nur gegen das Grundrecht, sondern sie überdröhnt auch das Ticken der ökologischen und atomaren Zeitbombe, was wohl ihre wichtigste – und eine wahrhaft teuflische – Funktion sein dürfte. Zugleich überdröhnt sie den Klang der Stille.

Der moderne Mensch weiß kaum noch, was ganzheitliches Sehen, ganzheitliches Hören, ganzheitliches Fühlen ist. Die dämonische Allgegenwart der Megamaschine hat uns den Blick verstellt, das Ohr betäubt. Doch auch innerhalb eines Systems, das in so eklatantem Widerspruch zu den Grundlagen alles Lebendigen steht wie das unsere und so augenfällig seiner Selbstvernichtung entgegentreibt, sind gewisse Urbedürfnisse des Menschen unausrottbar. Musik gehört zum Essentiellen humaner Existenz; eine Kultur ohne Musik hat es nie gegeben und kann es auch nicht geben, solange der Mensch noch einen letzten Rest von Selbstwahrnehmung besitzt. Das musikalische Urbedürfnis lebt auch in jenen, die sich für unmusikalisch halten oder keinerlei Beziehung zur Musik zu haben scheinen. Schon die Sprache ist wesenhaft Klanggestalt, Klang und Widerklang des Seins. Musik ist gesteigerte Klanggestalt. Singen ist gesteigertes Sagen. Nun entspricht das herrschende Musikbewußtsein dem herrschenden Bewußtsein überhaupt bzw. ist ein Teil davon, eine seiner Ausdrucksformen.

Von der lähmenden Dauerberieselung unter der akustischen Glocke (Weghörmusik) war bereits die Rede. Nun sei die Hinhörmusik betrachtet, also Musik, die *als solche* gehört zu werden beansprucht, wenn auch die Grenzen zur Weghörmusik fließend sind. Im übrigen: was wir heute als hohe Form der Hinhörmusik ansehen, etwa ein Streichquartett von

Joseph Haydn, war für viele im 18. Jahrhundert reine Unterhaltungsmusik, die immer wieder neu sein mußte.

Das dezidiert nicht-ganzheitliche, nicht-ökologische und nicht-kosmische Bewußtsein des modernen Menschen spiegelt sich naturgemäß in seiner musikalischen Wahrnehmungsfähigkeit. Der Sozialphilosoph und Musiktheoretiker Theodor W. Adorno (1903- 1969), als Komponist ein Schüler Alban Bergs, hat bereits 1938 die »Regression des Hörens« scharfsinnig analysiert, später dann (1948) auch in seiner »Philosophie der neuen Musik«. Zielt auch die Kritik Adornos auf das herrschende Unverständnis der atonalen Musik gegenüber, so haben viele seiner Aussagen noch immer ungebrochene, ja gesteigerte Gültigkeit. Die Megamaschine oder die »verwaltete Welt« (Adorno) hat Musik zur Ware degradiert, zum käuflichen Kulturgut, bestimmt und manipuliert von den Bedürfnissen des Systems. Sie hat die große, bedeutende Musik ihres Wertes entkleidet, ihrer spirituellen und ganzheitlichen Qualität, hat sie, über ihre beliebige technische Reproduzierbarkeit, zum glitzernden Konsumobjekt, zur perfektionierten Konserve verkommen lassen. Derart wurde die kosmische Botschaft dieser Musik erstickt oder unkenntlich gemacht. In seinem Aufsatz »Über den Fetischcharakter in der Musik und die Regression des Hörens« schreibt Adorno, »das zeitgemäße Hören« sei »das Regredierter, auf infantiler Stufe Festgehaltener«. Die modernen Hörer seien »kindisch«: »ihre Primitivität ist nicht die des Unentwickelten, sondern des zwanghaft Zurückgestauten.«[7] Die Konsumenten der »gegenwärtigen Massenmusik« würden »nicht nur von Wichtigerem abgezogen, sondern in ihrer neurotischen Dummheit konfirmiert«.[8] Konzentriertes Hören werde unmöglich gemacht, die Musikproduktion sei vollständig den herrschenden Standards angepaßt, dem herrschenden Massengeschmack. »Die Liquidierung des Individuums ist die eigentliche Signatur des neuen musikalischen Zustands.«[9] Die Herrschaft der Trivialität ist nahezu vollkommen. Und auch das Nicht-Triviale, auch die wirklich große Musik, läuft stets Gefahr, im Räderwerk der übermächtigen Phono-Industrie, des Rummels um die Stars (Dirigenten, Virtuosen und Orchester) und der allgemeinen musikalischen Orientierungslosigkeit zermahlen zu werden. Es gibt keine Kultur des Klangs, keine echte Musikkultur, die das Schöpferisch-Verbindliche und Große der Musik als Kraft der Bewußtseinsprägung und der initiatorischen Verwandlung begreift. Zwar ist die klassisch-romantische Musik ein verbal hochgefeiertes Gut, das gern als Umrahmung oder Hintergrund für gesellschaftliche Anlässe benutzt wird, aber im

Grunde wird sie nicht ernstgenommen. Wichtig sind ganz andere Dinge. So mancher japanische Tourist, der, erfüllt von Beethovenverehrung, die Bundesrepublik bereist, ist erstaunt, wie wenig die bundesdeutsche Gesellschaft etwas vom Geist Beethovens erkennen läßt. Ganz anders ja in Japan: Trotz modernster Technik bleibt dort allenthalben der Geist der Zen-Tradition spürbar. Bei uns ist Beethoven Dekor und Kulturalibi für die meisten derjenigen, die sich auf seine schöpferischen Leistungen berufen. Im übrigen wird Beethoven im öffentlichen Bewußtsein nicht nur auf einige wenige Werke reduziert, sondern auch diese Werke werden nur noch in ihren sogenannten Höhepunkten wahrgenommen, werden fragmentiert und ihres künstlerischen Zusammenhangs beraubt.

Da in diesem Buch die initiatorische und kosmische Bedeutsamkeit der großen westlichen Musik behauptet wird, erscheint es ratsam, noch ein wenig bei der Rolle zu verweilen, die diese Musik im modernen Bewußtsein spielt. Vor diesem Hintergrund gewinnt mein Zentralgedanke an Deutlichkeit. Im Auge behalten sollten wir dabei, daß das zeitgenössische Musikleben und Musikbewußtsein sich grob in drei ›Szenen‹ aufteilen läßt: *Klassikszene – Popszene – New-Age- Szene*. Diesen Szenen entsprechen bestimmte Hörertypen und Hörgewohnheiten, zugleich bestimmte, mitunter sektiererhafte, Überzeugungen von Sinn und Wesen der Musik. Musikalisches Sektierertum ist keineswegs nur in der New-Age-Szene anzutreffen. Die *Klassikszene*, die den größten Teil der sogenannten E- Musik ausmacht, hat ihr Forum in den Konzertsälen und Opernhäusern, zugleich wird sie, wie auch die Popszene, von der Phono-Industrie dominiert, die die einschlägigen Stars hemmungslos vermarktet. Zur Klassikszene gehört das offiziell ›Anerkannte‹, als bedeutsames Kulturgut Gewertete, die Welt der großen und kleinen Interpreten und ihrer Rezipienten. Die *Popszene* umspannt den gesamten Bereich der Unterhaltungsmusik (U-Musik), des Jazz, des Pop (popular music) im engeren Sinne, des Rock, der Folklore, der Liedermacherszene, der Schlager usw. Die *New-Age-Szene*, quantitativ noch weit im Hintertreffen, hat ein ganz eigenes Musikbewußtsein entwickelt, das sich als meditativ versteht und seine wichtigsten Impulse von außereuropäischen Musikkulturen bezieht. Im Zentrum steht das neu erwachte Gefühl für die Obertonschwingungen, steht eine Art Obertonbewußtsein, das sich als ganzheitlich und kosmisch versteht. Für Joachim-Ernst Berendt ist die Oberton-Musik der achtziger Jahre die eigentliche Neue Musik.

Eine Ergänzung zu den drei Szenen mag noch sinnvoll sein: In gewisser Weise stellt die Musik der zeitgenössischen Komponisten, auch der Gründerväter der Atonalität (Arnold Schönberg, Alban Berg u.a.), eine eigene Szene dar. Diese wirkt jedoch weit in die Klassikszene hinein und ist auf jeden Fall ein Teil der E-Musik (in den USA spricht man von »mainstream-music«); auch sie bedarf der Konzertsäle und Opernhäuser als Forum.

Vom Elend der Klassikszene oder die Musikanten auf der Titanic

Die Misere beginnt schon bei dem Etikett »klassische Musik«. Bekanntlich galt etwa Beethoven seinem Zeitgenossen E.T.A. Hoffmann gerade als Prototyp des Romantikers. Die Bezeichnung »klassisch« für die Musik Haydns, Mozarts und Beethovens (Wiener Klassik) erfolgte in Anlehnung an die Weimarer Klassik (Goethe, Schiller). Wann dies genau geschah, ist historisch nicht mehr faßbar. Endgültig vermochte sich der Begriff »klassische Musik« offenbar erst seit der Mitte des 19. Jahrhunderts durchzusetzen. Dies lief, bezeichnend genug, parallel mit der zunehmenden ›In-Besitznahme‹ der Wiener Klassik durch das konservative Bürgertum. Die konservative Selbstbestätigung bedurfte des Klassischen (in wohltuender historischer Ferne, also vor allem nicht störend oder unbequem). Daran hat sich bis heute nur wenig geändert. Nur wird heute der Begriff »Klassik« auch auf die romantische und spätromantische Musik sowie auf die Musik der Barockzeit angewandt.

Klassische Musik – nicht als Epochenbezeichnung, sondern als Inbegriff der Vollkommenheit der Form im Sinne einer normativen Ästhetik – ist stets auch ein Stück weit Ärgernis: Das Vollkommene kann ja nicht mehr überboten werden, und man tut sich leicht, alle Neuerungsbestrebungen als minderwertig oder formlos abzuwerten und das eigene Unvermögen zur schöpferischen Produktion zu kaschieren. Jede musikästhetische Heiligsprechung ist auch deshalb fragwürdig, weil zugleich moralische Wertungen ins Spiel kommen. »Unsere großen Klassiker« – wie es in anbiedernder Umarmungsgeste oft heißt – werden dann zu Gipsköpfen in der bürgerlichen Stube (buchstäblich und im übertragenen Sinne). Ein Echt-Erhabenes wird zum Falsch- Erhabenen, zur Feiertagsweihe und – folgenlosen – Abendunterhaltung. Seit der Mitte des 19. Jahrhunderts sagt sich die große Musik, also die jeweils *gegenwärtige* Musik, zunehmend los von ihrer bürgerlichen Funktionalisierung; sie sprengt die Einfriedung ins Bequeme und Leicht-Konsumierbare. Richtig verstanden, war natürlich große Musik auch schon vorher nicht bequem und leicht konsumierbar; aber es gelang doch, ein museales Kulturgut mit dem hehren Namen »klassische Musik« entstehen zu lassen; alles Sperrige, Herausfordernde oder Kulturrevolutionäre wurde dabei bewußtseinsmäßig ausgeblendet. Zudem konnte nun dieses Kulturgut gegen die jeweils gegenwärtige Musik ausgespielt werden. Daß ein Gran Berechtigung in dieser wertkonservativen Haltung steckt, wird an späterer Stelle noch deutlich werden.

Kanonisierung ruft häufig Widerspruch hervor, besonders wenn das klassische Ideal zur ästhetisch-moralischen Totschlaggröße wird, die lebendige Kunstproduktion und Spontaneität verhindert. Das Aufbegehren gegen die Klassiker ist weniger eine Revolte gegen diese selbst (man kennt sie oft gar nicht) als gegen ihre verlogene Funktionalisierung. Gerade junge Menschen, die oft kein Verhältnis zur klassischen Musik gewinnen können, haben hier ein feines Gespür, auch wenn sie die Zusammenhänge nicht durchschauen. Sie ahnen zumindest, daß hier ein Mißbrauch vorliegt, daß es nur sekundär um Mozart oder Beethoven geht, primär dagegen um die Aufrechterhaltung der herrschenden Ordnung (an deren selbstmörderischer Dimension heute niemand mehr vorbeisehen kann). Über die heutigen Hörer heißt es in Adornos »Philosophie der neuen Musik«, in dem Glauben, sie verstünden die traditionelle Musik, die sie gegen die Moderne ausspielen, nähmen sie »bloß noch den toten Abguß dessen wahr, was sie als fraglosen Besitz hüten und was schon verloren ist in dem Augenblick, in dem es zum Besitz wird: neutralisiert, der eigenen kritischen Substanz beraubt, gleichgültiges Schaustück«.[10] Hier würde ich eher vom Verlust der kosmischen und transformativen Substanz der klassischen (»traditionellen«) Musik sprechen; kritisch ist diese Substanz nur insofern, als sie den verflachten Bewußtseinszustand der meisten Hörer radikal in Frage stellt. Adorno fährt fort:

In der Tat fällt denn auch in die Auffassung des Publikums von traditioneller Musik nur das Allergröbste, Einfälle, die sich behalten lassen; ominös schöne Stellen, Stimmungen und Assoziationen. Der musikalische Zusammenhang, der den Sinn stiftet, bleibt in jeder frühen Beethovensonate dem durch Radio dressierten Hörer nicht weniger verborgen als in einem Schönbergquartett, das ihn wenigstens daran gemahnt, daß sein Himmel nicht voll der Geigen hängt, an deren süßem Ton er sich weidet. (...) In Wahrheit verlangt das adäquate Hören derselben Stücke Beethovens, deren Themen der Mann in der Untergrundbahn vor sich hin pfeift, weit größere Anstrengung noch als das der avanciertesten Musik: den Lack von falscher Darbietung und festgefahrenen Reaktionsweisen herunterzuschlagen. Da aber die Kulturindustrie ihre Opfer dazu erzogen hat, in der Freizeit, die ihnen für den geistigen Konsum zugemessen wird, Anstrengung zu vermeiden, so klammern sie sich um so starrsinniger an die Erscheinung, die das Wesen versperrt. Die vorwaltende, auf Hochglanz polierte Interpretation, auch die von Kammermusik, kommt dem weit entgegen. (...) Nicht bloß ist die perzeptive Fähigkeit durch die allgegenwärtigen Schlager so abgestumpft, daß die Konzentration verantwortlichen Hörens unmöglich und von Erinnerungsstücken des Unfugs durchsetzt ist, sondern die sakrosankte herkömmliche Musik selber ist im Charakter ihrer Aufführung und fürs Leben der Hörer der kommerziellen Massenproduktion gleichgeworden, und ihre Substanz bleibt davon nicht unberührt.[11]

Soweit Adorno – bereits 1948!

Diesen Aussagen ist uneingeschränkt zuzustimmen. Und es ist hier unerheblich, daß Adorno, als erklärter Nicht-Metaphysiker, meine These von der kosmischen und transformativen Substanz der großen Musik nicht akzeptiert hätte. Die Bewußtseinsanstrengung, derer es bedarf, um Substanz, Wahrheit und Verbindlichkeit der klassisch-romantischen Musik zu gewinnen, ist immens. Was von uns heute gefordert wird, ist ohne Beispiel in der bisherigen Geschichte, weil auch unsere Situation keine geschichtliche Parallele kennt. Die»Logik der Selbstausrottung« wirkt nahezu ungebremst, und nur eine radikale Transformation (von der auch Adorno nicht die mindeste Vorstellung hatte) könnte uns noch retten – eine völlig neuartige Form von Sensibilität, der auch ein fundamental neues Hören entspricht.

Hören als Teil des integralen, ganzheitlichen, planetarischen Bewußtseins, dessen Herausbildung von uns verlangt wird. Gerade an dem Größten und Besten in der Musik hat sich unser Hörbewußtsein zu bewähren. Entgegenzuarbeiten gilt es der allgemeinen Abstumpfung, der Übermacht eines falsch verstandenen Virtuosentums, eines falsch verstandenen Perfektionismus. Es geht heute schlichtweg darum, Musik wirklich *ernstzunehmen*. Und dies hätte ungeheure Folgen. In tantrisch-buddhistischer Ausdrucksweise ließe sich formulieren: wir müssen die Buddha- und Erleuchtungs-Energien in der großen westlichen Musik wahrnehmen und für unsere eigene initiatorische Verwandlung fruchtbar machen. Dies setzt einen völlig neuen Hörertypus voraus, den es rudimentär da und dort bereits gibt,– einen Hörertypus mit »Ohren hinter den Ohren« (wie Nietzsche einmal sagt).

Aufs Ganze ihrer Wirkung und Funktion gesehen, bleibt festzustellen, daß die Klassikszene nur selten wirklich mehr ist als eine kulturelle Spielwiese, die gleichwohl mit viel Ernst und Pathos aufrechterhalten wird. Für die Sachwalter des herrschenden Systems ist sie ein unverzichtbares Alibi. Man braucht den gelegentlichen ›Genuß‹ der großen Musik, um sich desto ungestörter den eigentlich wichtigen Dingen zuwenden zu können (wie das lebensfeindliche patriarchale Ego auch des Weiblichen bedarf, um nicht gänzlich zu verdorren und an seiner eigenen Sterilität zu ersticken). Wenige nur dürften die Klassikszene *wirklich* ernstnehmen. Natürlich gibt es auf diesem Felde eindrucksvolle, achtunggebietende Persönlichkeiten, die durchaus nicht nur ihrer Eitelkeit frönen, die große Musik mit höchster Könnerschaft interpretieren und sich auch um deren geistige Durchdringung bemühen. Namen wie Yehudi Menuhin, Sergiu Celibidache, Dietrich Fischer-Dieskau, Alfred Brendel und Nikolaus Harnoncourt mögen hier als Beispiel erwähnt werden. Nur: zum einen sind Musiker dieses Zuschnitts bei weitem in der Minderzahl, sie bestimmen also keineswegs das Gesamtbild, und zum andern können auch sie sich der vorwaltenden Kommerzialisierung und den eingefahrenen Konsumgewohnheiten nicht *völlig* entziehen (mit der Ausnahme vielleicht von Celibidache).

Überdies sind auch die Großen der Szene, von den vielen Kleinen abgesehen, im letzten nur so etwas wie *Musikanten auf der Titanic*, Erbauung und Erhebung spendend für die Mußestunden des Traumschiff-Personals. Bald aber wird, wenn keine Kurskorrektur grundlegender Art erfolgt, der Eisberg erreicht sein. (Spielt gar jetzt schon das Wasser um unsere Füße, sind die Kabinenwände bereits befeuchtet?) Musik auf allen Decks, meistens Trivialmusik; dazu viel Lärm. Aber in einer Ecke wird Musik gespielt, die aufmerken lassen müßte, die mehr sein *könnte* als kulturelle und ästhetische Erbauung. Fatal nur, daß auch diese Kapelle kaum anders gehört wird als die übrigen; denn gerade sie enthält eine verborgene Botschaft, einen unentschlüsselten Code, der geeignet ist, Rettung zu signalisieren, Rettung nicht *in* der Titanic, sondern *von* der Titanic. Rettung durch *innere* Auflösung des todesträchtigen Luxusdampfers, Rettung in Form einer Transformation, einer Verwandlung, die einhergeht mit der Weigerung, den Anordnungen des

Personals weiter Folge zu leisten… Dort, wo eine echte Rettungschance liegt, nehmen wir sie nicht wahr, weil wir sie gerade da nicht vermuten.

Im Publikum der Klassikszene dominiert der Typus des Bildungshörers. »Er hört viel, unter Umständen unersättlich, ist gut informiert, sammelt Schallplatten.« (Adorno)[12] Bildungshörer bevölkern die Opernhäuser und Konzertsäle; sie halten sich etwas darauf zugute, viel Musik zu ›kennen‹ (meistens ohnehin nur das öffentlich Abgesicherte und Anerkannte) und geben sich nicht selten »massenfeindlich und elitär«[13], obwohl die Grenzen zum Typus des Massenhörers, des Konsumenten von Trivialmusik durchaus fließend sind. Das Fernsehen tut ein übriges, den Unterschied weiter zu verwischen. Die westliche Kultur leidet ohnehin an einer Überbetonung des Visuellen (und des Rationalen – beides hängt eng zusammen). Unsinnigerweise wird Sehen höher bewertet als Hören. Die Welt*sicht*, das Welt*bild* wird der Welt*anhörung* (griechisch: Akróasis) vorgezogen, was zur Folge hat, daß das Hören zunehmend verkümmert und regrediert bzw. die ihm wesensmäßig eigene Subtilität einbüßt. Nicht nur das im Fernsehen übertragene Sinfoniekonzert wird von den meisten primär *gesehen* und erst sekundär *gehört*. To *see* a concert, sagt man in den USA! Gestik und Mimik des Dirigenten sind allemal wichtiger als das erklingende Werk. Und der groteske Kultzirkus, der um etliche Stardirigenten veranstaltet wird, zeigt nur allzu deutlich die Nähe zur Popmusikszene. Um nicht mißverstanden zu werden: Ausstrahlung und Erscheinungsbild eines Dirigenten, auch die Ästhetik seiner Bewegungen u.ä., sind nicht belanglos, nicht *nur* Vordergrund und Oberfläche – jeder Orchestermusiker weiß das –, nur: sie können das Publikum vom Wesentlichen ablenken, also vom Werk selbst. Viele sind entzückt von der virtuosen Showmasterrolle eines Leonard Bernstein, die bis ins Mienenspiel hineinreicht, andere von der elegant-geschmeidigen Noblesse und Würde eines Sergiu Celibidache, wieder andere möchten die Selbstergriffenheit eines Herbert von Karajan nicht missen. Viele lockt eben dies in die Konzertsäle; *was* jeweils gespielt wird, ist zwar nicht völlig belanglos, aber doch vergleichsweise unbedeutend. Das meiste ›kennt‹ man ohnehin schon. Und von der Probenarbeit eines Dirigenten mit einem Orchester weiß das Publikum in der Regel wenig.

Hier ist es geboten, daran zu erinnern, daß das Zentrum des Musiklebens bis zum Ende des 19. Jahrhunderts die jeweils *zeitgenössische* Musik war. Man vergißt dies allzu leicht, weil die Musik des 20. Jahr-

hunderts, soweit sie atonal ist (also kein tonales Zentrum mehr kennt), vom Großteil der Hörer abgelehnt wird, was keineswegs nur der allgemeinen Borniertheit zuzuschreiben ist, wie uns die »Neutöner« und ihre Anhänger glauben machen wollen. Auch von der noch (oder wieder) tonalen Musik unseres Jahrhunderts sind nur wenige Werke zum festen Bestandteil des Konzert- und Opernrepertoires geworden. Als Felix Mendelssohn Bartholdy im Jahre 1829 Bachs Matthäuspassion öffentlich zu Gehör brachte, war dies eine Sensation, etwas vollständig Neues, ja Revolutionäres. Bach wurde studiert, als Quelle der Forschung benutzt, aber nicht aufgeführt! »Übrigens hatte *keiner* der Hörer dieser Aufführung das Werk je zuvor gehört, und man kann Kritiken darüber lesen, die das Aufregende und Unerhörte dieser Musik beschreiben.« (Harnoncourt)[14] Im Gegensatz zu heute richtete sich das Interesse des Musikpublikums fast ausschließlich auf das jeweilige Werk selbst und erst in zweiter Linie auf dessen Interpretation; das änderte sich erst im 20. Jahrhundert. Ältere, also nicht-zeitgenössische Werke wurden meist in modernen Bearbeitungen aufgeführt. Die Idee der historischen Werktreue erhielt erst Bedeutung, als die lebendige Gegenwart der großen Musik endgültig – oder doch bis auf wenige Ausnahmen – verloren war. Als etwa der Königlich-Sächsische Hofkapellmeister Richard Wagner Glucks Oper »Iphigenie in Aulis« am Hoftheater in Dresden zur Aufführung brachte (1847), tat er dies in einer recht eigenwilligen Bearbeitung, fraglos genial und mit unfehlbarem Theaterinstinkt, aber: authentischer Gluck wurde nicht gespielt. Daran war niemand ernsthaft interessiert. »Jede Premiere, jede Uraufführung bis hin zu Tschaikowsky, Bruckner, Strauss war aktuell, *das* waren die großen musikalischen Ereignisse, an denen die damalige Musikwelt interessiert war – und nicht die Wiederaufführung alter Werke. (…) Man hat im 19. Jahrhundert zunehmend Werke Beethovens und Mozarts aufgeführt und gelegentlich geradezu wahnwitzige Bearbeitungen von Bach und Händel – aber das betraf nur einen geringen Teil des Musiklebens. Alles andere war aktuelle, war neue Musik.« (Harnoncourt)[15]
Der Verlust der Gegenwart war vollends perfekt mit dem Sprung der musikalischen Avantgarde in die Atonalität, wie ihn Arnold Schönberg im Jahre 1908 vollzog. Zeitlich parallel lief dies mit der Abkehr der modernen Malerei von der Gegenständlichkeit, mit der sukzessiven Auflösung des Newtonschen Weltbildes durch Planck, Einstein, Bohr. Die atonale Musik war eher Protest – gegen die Abflachung der herkömmlichen tonalen Sprache, gegen ihre Ideologisierung und Vermark-

tung – als echte Verheißung, eher Hilflosigkeit als produktiver Neubeginn. Es war, wie heute endgültig offenbar wird, der Weg in eine Sackgasse. Das breite Publikum zog nicht mit; aber auch der wohl größte Komponist des 20. Jahrhunderts, Richard Strauss, ging diesen Weg nicht; er blieb innerhalb der Tonalität, wenn er sie auch erweiterte und partiell ›verflüssigte‹. Nur die Opern »Salome« (1905) und »Elektra« (1909) rücken stellenweise bis an die Grenze zur Atonalität vor.

Das 20. Jahrhundert ist das große Zeitalter der Interpretation und des musikalischen Historismus. Der Konzertsaal wird zum Museum, die klassisch-romantische Musik zum sogenannten Kulturgut, das zu jedem beliebigen Anlaß zelebriert werden kann. Das läßt den Verdacht aufkommen, daß hier *letztlich* Unverbindliches vorliegt, obwohl gerade die ästhetische Verbindlichkeit dieser Musik unaufhörlich betont und gegen alle Neuerungsbestrebungen verteidigt wird. Nicht nur die atonale Musik, sondern auch die Popmusik war ursprünglich eine Ausdrucksform des Protests, der Aufmüpfigkeit gegen die angemaßte Würde des bürgerlichen Kulturbetriebs, gegen den ästhetischen Dogmatismus, der nur die herrschenden Zustände zementieren sollte. Für die Anhänger der Popmusik waren auch die atonalen Protestler nur bürgerliche Langweiler; seit den fünfziger Jahren konnte der traditionelle Konzertbetrieb kein Forum mehr sein für das Lebensgefühl der jeweils jungen Generation. Stets war es Musik, die dem Jugendprotest seinen unmittelbarsten Ausdruck verlieh: Jazz, Rock und Pop als Manifestation eines neuen, anderen Lebensgefühls, als Gegenkultur, als gelebte Alternative. In der hier aufbrechenden Frontstellung stand (in beiden Lagern) die klassisch-romantische Musik stets auf der Seite des Etablierten bzw. wurde als Teil der bürgerlichen Ordnung betrachtet. Was auch sollten viele junge Leute mit einer Musik anfangen, die ihnen entgegengehalten wurde, um ihre Sehnsucht nach einer neuen Lebensweise zu unterdrücken? Wenn die Älteren Mozart gegen Rock oder Jazz ausspielten, dann war es ihnen häufig gar nicht um Mozart selbst zu tun, um die Universalität und kosmische Klarheit seiner Musik, sondern um die Aufrechterhaltung der bürgerlichen Formen. Mozart wurde (und wird) mißbraucht. Das hat Blockierungen geschaffen, die bis heute nachwirken. Man *sagte* Mozart, *meinte* aber den musealen Kulturbetrieb.

Hier sei eine persönlich-biographische Bemerkung eingeschaltet. Ich selbst gehörte in der ersten Hälfte der sechziger Jahre zu jener Minderheit von jungen Leuten, denen vor allem anderen der traditionelle Jazz, also der New-Orleans-Jazz, zum Refugium wurde und zur Alternative zu den sterilen Zwängen der bundesdeutschen Gesellschaft. Für mich – den damals 17 bis 20jährigen – war der Sound eines King Oliver, eines Bunk Johnson, des frühen Louis Armstrong u.a. befreiend, und zwar primär im Sinne der Entfesselung des Rhythmus als Ausdruck der Sinnlichkeit, des Eros. Es vertrug sich gut damit, zugleich die Gedichte Gottfried Benns und die Schriften Friedrich Nietzsches zu studieren. Wie entrückt glaubte man sich von aller Seichtheit der Jetztzeit, wie elitär war das Bewußtsein! 1962 bis 1964 gehörte ich zu den aktivsten Figuren der Berliner Jazzszene (als Gitarrist und Banjoist); ich glaubte an die transformative Kraft des New- Orleans-Jazz, wie ich an Nietzsche, Benn, Hölderlin ›glaubte‹. Was ich von der klassisch-romantischen Musik kannte, war nicht eben viel. Einiges gefiel mir, aber auf eine eher unverbindliche Weise, d.h. ohne Bezug zu meinem Lebensgefühl. Es gab keine Anti-Haltung, eher Gleichgültigkeit. Im Jazz glaubte ich meine musikalische Heimat gefunden zu haben. Im Letzten war ich, was die große westliche Musik anlangt, blockiert wie Millionen von jungen Leuten auch, damals und heute.

Meine ›Initiation‹ in die Klassik erfolgte im Sommer 1964, einige Monate nachdem ich den Philosophen Helmut Friedrich W. Krause (1904-1973) kennengelernt hatte, der mir den ersten Anstoß gab, die klassisch-romantische Musik als klingende Manifestation kosmischer Zusammenhänge zu begreifen. Ausgelöst wurde die Initiation durch eine Rundfunkübertragung der 3. Sinfonie von Beethoven (der Eroica). Ich geriet in eine mehrmonatige ›Beethoven-Ekstase‹ hinein, innerhalb derer ich die Dritte gut 50 mal hörte. Ich gab die Jazzmusik auf. Louis Armstrong wurde durch Beethoven ersetzt.

Die Illusion der New-Age-Musik

Seit den siebziger Jahren hat sich eine ganz neuartige Musikszene herausgebildet, die noch immer expandiert und mit dem Bedürfnis nach bewußtseinserweiternden (»psychedelischen«) Erfahrungen zu tun hat: die Meditationsmusik der New-Age-Bewegung. Wer das in den einschlägigen Buchläden präsentierte Kassettenangebot durchsieht, stößt auf jede Menge Titel, die Staunenswertes verheißen. Da ist der Anspruch, zu einer Art autosuggestiver Entspannung zu verhelfen, zum »Loslassen« (wie ein Modewort der Szene heißt), noch der geringste, zumal prinzipiell einlösbar. Eine ganz andere Frage ist, ob derartige Einlull-Musik wirklich den Anspruch erheben kann, meditative Zustände heraufzubeschwören. Rein musikalisch wird hier eine Primitivität geboten, die schon wieder bemerkenswert ist, ein häufig elektronisch hergestelltes Klanggemisch, verbunden mit zaghaften Andeutungen banaler Melodik. Viele Titel deuten auf Kosmisches, Transzendentes, auf letzte Dinge. Das ist fatal, und dies sollte auch in aller Schärfe hervorgehoben werden. Eine differenzierte Kritik der New-Age-Musik ergäbe ein Buch für sich. So müssen einige Andeutungen genügen.

Da wird fraglos manches Fröhlich-Rhythmische dargeboten, manches von östlicher Musik Inspirierte, das zumindest nicht stört. Anderes ist schlicht ärgerlich. Trivial ist das meiste, und die wenigen Ausnahmen (etwa einige Sachen von Peter Michael Hamel u.a.) bestätigen nur die Regel. Vielleicht das Hauptkennzeichen dieser Art von Musik ist ihre Elementarisierung: die Zurückstufung komplexer musikalischer Strukturen, wie die große Musik sie kennt, in Richtung auf die Grundelemente. Hier wird der Einfluß der »minimal music« erkennbar, auch der indischen Musik, die ihrerseits – neben afrikanischen Rhythmusfiguren – die »minimal music« beeinflußt hat. Auch die »minimal music« versteht sich als meditative Musik; einer ihrer Hauptvertreter, Terry Riley (geb. 1935), schreibt hierzu: »Musik sollte der Ausdruck vornehmer, spiritueller Objekte sein; der Philosophie, des Wissens und der Wahrheit – der edelsten Eigenschaften des Menschen. Um diesen Objekten Ausdruck zu geben, muß Musik notwendig Ruhe und Ausgeglichenheit besitzen.«[16] Große Worte die – wie so häufig – in scharfem Kontrast stehen zu einer weithin recht dürftigen Klangrealität. In der »minimal music« werden einige wenige rhythmisch-melodische Formeln pausenlos wiederholt, allerdings nicht starr, sondern mit geringen, oft kaum merkbaren Variationen und Verschiebungen. Es entstehen irisierende Klangprozesse, die eine Art Gleichzeitigkeit suggerieren, also den Unterschied von Bewegung und Statik aufzuheben scheinen. »Alles geht so vor sich hin, als hätte das Prinzip der Wiederholungen kein anderes Ziel, als den Zuhörer zu hypnotisieren.« (Hamel)[17] Darum geht es auch in der Meditationsmusik der achtziger Jahre. Die Folge ist eine Absenkung des Bewußtseinsniveaus, ein mehr oder weniger verfeinertes Vor-sich-hin-Dösen, das fälschlicherweise als Meditation ausgegeben wird. Die tibetisch-buddhistische Praxis der pausenlos hämmernden Wiederholung bestimmter heiliger Silben oder Wörter (Mantras) wird hier, trivialisierend, ins Klangliche übertragen. Es fehlt der authentische spirituelle und kultische Rahmen; ja, es fehlt echte Spiritualität überhaupt. Diese wird nur als Attrappe dargeboten, hinter der sich musikalisches Unvermögen und regressives Bewußtsein verbergen.

Hypnotisierende Klangprozesse mit einem Minimum an melodischer Substanz finden wir auf ungleich höherem Niveau in Teilen der Musik Richard Wagners; allerdings ist hier die Harmonik von ausgepichter Kompliziertheit. Vielleicht läßt sich die Behauptung wagen, daß Richard Wagner der eigentliche Gründervater der gesamten westlichen Meditationsmusik ist, sieht man einmal von den Einwirkungen der afrikanischen oder indischen Musik ab. Er ist der ›Erfinder‹ jener drogenähnlichen Klangwirkungen, die den Zuhörer durchdringen und wehrlos machen (so er sich überhaupt darauf einläßt). Mir ist dies erstmalig bei der Musik des Bhagwan-Anhängers Deuter aufgefallen. Bei einem seiner Stücke hatte ich plötzlich das Gefühl, hier eine Trivialausgabe, ja Karikatur der Wagnerschen »Parsifal«-Musik in ihren pathetisch-sakralen Passagen vor mir zu haben. Später habe ich ähnliche Feststellungen immer wieder gemacht.

Sicher *kann* klanglich-musikalische Elementarisierung, richtig eingesetzt, durchaus sinnvoll und produktiv sein, insbesondere in der Musikerziehung und in Verbindung mit Bewegung, Tanz und Sprache. Der Komponist Carl Orff (1895-1982) hat eindrucksvolle Beispiele geliefert für einen schöpferischen Rückgriff auf Rhythmik, Klangfarbe und Stilisierung mittelalterlicher Musik und der dazu gehörigen Stoffe (so in seiner szenischen Kantate »Carmina burana«, die Vagantenlyrik aus dem 13. und 14. Jahrhundert vertont). Und in seinem »Schulwerk« (1930-1935) legt er ein großartiges musikalisches Selbsterfahrungsmodell vor, das darauf ausgerichtet ist, junge Menschen zu eigenem Musizieren, Improvisieren und Komponieren anzuregen. »Orff verwendet für das Anfangsstadium rein rhythmische Instrumente, einheimische und exotische, dann kommen Instrumente für Melodie und Grundklang hinzu.«[18] Er selbst sagt über sein »Schulwerk«:

Elementare Musik ist erdnah, naturhaft, körperlich, für jeden erlern- und erlebbar, dem Kind gemäß ... Elementare Musik, Wort und Bewegung, Spiel, alles, was Seelenkräfte weckt und entwickelt, bildet den Humus der Seele, ohne den wir einer *seelischen Versteppung* entgegengehen.[19]

Nicht nur Kinder, auch Erwachsene brauchen den engen Kontakt mit dem Elementaren, und zwar auf allen Ebenen der Existenz. Die »seelische Versteppung« ist ja millionenfache Realität, und dies beginnt meist im Kindesalter, in der allenthalben zu beobachtenden Abstumpfung und bewußtseinsmäßigen Blockierung allem Lebendigen gegenüber.

Die seelische und körperliche Erschließung des Elementaren ist von unschätzbarem Wert; sie verbürgt jene Erdung, derer wir gerade heute bedürfen. Die höheren Chakras (Bewußtseinszentren) können nicht entfaltet werden, wenn die unteren Chakras blockiert oder abgetötet sind, aber auch: wenn die unteren Zentren dominieren, wenn der Lotus im Sumpf versinkt, aus dem er erwächst und der ihn tragen soll. Um es unmißverständlich zu sagen: Es ist unsinnig und irreführend, wenn die *künstlichen* Elementarisierungen in der modernen Meditationsmusik als »kosmisch« gepriesen und angepriesen werden, wenn weisheitsvolle und hehre Etikette herhalten müssen, um pure Klang- und Hörregression zu drapieren. Der Hörer der Meditationsmusik unterscheidet sich faktisch nur graduell vom Konsumenten trivialer Massenmusik. Sein Gefühl, mittels synthetischer Klangwelten an Höheres, ja Kosmisches angeschlossen zu werden, ist eine schlimme Selbsttäuschung. Nun sind derartige Täuschungen und Selbsttäuschungen offenbar ein Element des Zeitgeists. Auch moderne Komponisten der E-Musik-Szene bemühen gern die ganz großen Worte, beschwören Letztes und Kosmisches. Der berühmte Karlheinz Stockhausen (geb. 1928) ist darin unübertroffen. Zu seinem Monumentalopus »Licht«, dessen erster Teil im Frühjahr 1988 uraufgeführt wurde, bemerkte der Meister: »Licht ist das Ziel, das man nach dem Tode erreichen muß, die Substanz selbst des universalen göttlichen Seins.«[20]

Wenn von Täuschung und Selbsttäuschung die Rede ist, dann muß auch einer anderen Strömung innerhalb der New-Age-Musik gedacht werden: ich meine die von Joachim-Ernst Berendt so beredt propagierte neue *Obertonmusik*. Auch hier wird unverhüllt der Anspruch erhoben, Spirituelles und Kosmisches zur Offenbarung zu bringen. Obertonmusik ist nach der Überzeugung ihrer Adepten die Musik des ganzheitlichen Bewußtseins, die Musik der Zukunft. Bevor ich darauf eingehe, eine grundsätzliche Klärung: *Was sind Obertöne?* Wenn ein Ton erklingt, schwingen gleichzeitig andere, höhere Töne mit, die als Obertöne bezeichnet werden. Zum Grundton stehen sie in einem ganzzahligen Frequenzverhältnis, das heißt: der erste Oberton, identisch mit dem Grundton, schwingt genau einmal so schnell, der zweite genau zweimal und der dritte genau dreimal so schnell wie der Grundton usw. (Strenggenommen ist natürlich erst das doppelte Schwingungsverhältnis, also die erste Oktave, der erste Oberton; meist wird jedoch der Grundton zugleich als erster Oberton gewertet, was – auch logisch – nicht ganz korrekt ist.) Bezogen auf die Saitenlänge, etwa eines Monochords, erhalten wir die jeweils reziproken Werte: also der doppelten Schwingungszahl entspricht die Halbierung der Saite, der dreifachen Schwingungszahl ihre Drittelung usw. Kein im musikalischen Sinne schwingungsfähiges System liefert die ganze Reihe der Obertöne, stets wird eine Auswahl getroffen, die die sogenannte Klangfarbe eines Instrumentes oder der menschlichen Stimme ausmacht. Die Reihenfolge der Obertöne bis zum 16. Oberton stellt sich wie folgt dar (bei C als Basiston):

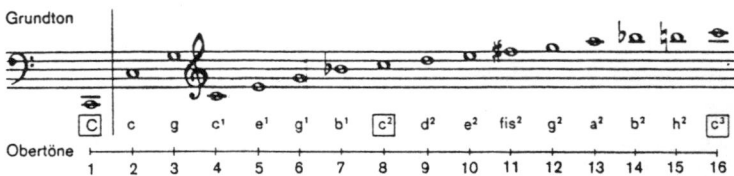

Es wird erkennbar, daß dem Grundton C zunächst die Oktave c folgt, dann die Quinte g, worauf wiederum die Oktave erklingt (c^1), auf der sich ein C-dur-Dreiklang aufbaut (c^1 e^1 g^1). Bis zum 6. Oberton also Harmonie im Sinne des tonalen Systems. Der 7. Oberton, das b^1, ist der Einbruch der Disharmonie (es erklingt übrigens ein wenig tiefer als im temperierten System). Dem b^1 folgt als 8. Oberton die 3. Oktave des Grundtons, also c^2. Das Intervall zwischen dem 3. und 4. Ton ist eine Quarte, dasjenige zwischen dem 4. und 5. Ton eine große Terz, gefolgt von einer kleinen Terz zwischen dem 5. und 6. Oberton. Dem natürlichen Dur-Dreiklang der Obertöne 4, 5 und 6 – also mit großer und kleiner Terz (4 : 5 : 6) – entspricht allerdings kein Moll-Dreiklang; dieser taucht in der Obertonreihe nicht auf. Dennoch läßt sich sagen, daß alle für die Tonalität wichtigen Tonabstände (Intervalle), von der Oktave bis zum Ganz- und Halbtonschritt, in der Reihe erscheinen, was zu der naheliegenden These geführt hat, daß das vertraute tonale System letztlich naturgegeben sei bzw. auf naturgesetzlicher Grundlage beruhe. Rein physikalisch konnte die Obertonreihe bis zum 40. Ton nachgewiesen werden. Wirklich wichtig sind nur die ersten 12 Obertöne; sie allein werden zu harmonikalen Forschungen herangezogen.

Offenbar spielen Obertöne und ein ihnen nachspürendes Hörbewußtsein in fast allen Musikkulturen außer der abendländischen (hier nicht mehr seit ca. 1600) eine wichtige Rolle, meist im Zusammenhang mit einer spirituellen Grundorientierung. Wir finden Obertongesänge im tibetisch-buddhistischen Ritual genauso wie in chan- und zen-buddhistischen Zeremonien, aber auch in Nordindien und bei einzelnen Sängern in den Anden. In verschiedenen spirituellen Traditionen wird das Hören des Obertonspektrums, das für den ungeübten Hörer zunächst so gut wie unmöglich ist, zum Feld gezielter Tonmeditation. – Seit einigen Jahren bemühen sich zunehmend mehr junge Menschen, die alte Technik des Obertonsingens zu erlernen, und überall in der einschlägigen Szene werden Kurse und Workshops hierzu angeboten. Offenbar entspricht dies einem verbreiteten Bedürfnis, nicht zu trennen von dem Bedürfnis nach einem neuen, ganzheitlichen (holistischen) Bewußtsein. Kaum einer scheint ernsthaft anzunehmen, daß ein derartiges Bewußtsein in der klassischen europäischen Musik anzutreffen sein könne. Ja, diese gilt geradezu als Symptom des Zu-Überwindenden. In Vorträgen und Musikabenden von Joachim-Ernst Berendt wird das Obertonsingen zu einer Art Heilslehre stilisiert; was er das »Tao des Hörens« nennt, bezieht sich in erster Linie hierauf. Obertonbewußtsein und holistisches Bewußtsein als Folge des Paradigmenwechsels werden einander gleichgesetzt. In seinem Buch »Das Dritte Ohr« von 1985 äußert sich Berendt eingehend zur Wiederentdeckung des Obertonsingens. Das entsprechende Kapitel (»Obertöne öffnen den Weg«) wird eingeleitet mit einem Zitat des italienischen Obertonsängers Roberto Laneri: »Können wir uns die Obertöne als eine Art universales Mantra vorstellen, das diesen ganzen Planeten stimmt – als die eigentliche universale Sprache?«[21] Welch ein Anspruch! Welch kühne Weitung ins Planetarische! Schlaglichtartig wird hier umrissen, worum es den neuen Adepten der Obertöne geht: um nichts Geringeres als die »Stimmung« des Planeten.

Was die Obertonsänger und -chöre unserer Tage leisten, ist sicher staunenswert, nicht zuletzt die Tatsache, daß ein einzelner Sänger in der Lage ist, zwei voneinander unabhängige Melodiebewegungen erklingen zu lassen. Und selbst von Fachleuten wird eingeräumt, daß erstma-

32

lig seit den Tagen der Gregorianik eine lebendige Kultur des Oberton-gesangs entstanden sei. So weit, so gut. Und fraglos ist der neue Ober-tongesang nicht als Imitation asiatischer oder indianischer Vorbilder zu werten. Vielmehr werden, wie Berendt schreibt, »artikulierte und wohl-konturierte Melodiephrasen« gesungen, »die ihre Herkunft aus westli-chem Musikempfinden in jedem Ton verraten«.[22] Nur: Der immense *Anspruch* ist ein Absurdum. Obertöne sind ein Naturphänomen. Musik, welcher Art auch, ist niemals ohne Obertöne. Gleichwohl sind sie primär ein *Basisphänomen,* sind Grundlage und Voraussetzung für das, was sich dann – aufsteigend – als Musik entfalten kann. Meditative, kultische Bedeutung haben sie (bzw. das ihnen nachspürende Bewußt-sein) nur in jenen Kulturen, die keine zuhöchst differenzierte Musik wie die abendländische kennen. Die europäische Gregorianik war eine *Vorstufe* zu späteren, höherwertigen Musikformen. Das ist kein Fort-schrittsglaube, sondern eine schlichte Feststellung, die von keinem Mu-sikkenner ernsthaft angezweifelt werden kann. Sicher kann es vorüber-gehend sinnvoll sein, musikalische Vorgänge zu elementarisieren; al-lerdings erscheint es recht abwegig, nunmehr die gesamte ungeheure westliche Musikentwicklung seit der Etablierung der Dur-Moll-Tona-lität hinwegzuwischen oder abzuwerten. Einerseits betont Berendt immer wieder, daß es ihm um die *ganze* Musik zu tun sei, also unter Einschluß auch der europäischen Musik (ein Musikabend in Berlin, Mitte März 1988, klang mit Bachs »Kunst der Fuge« aus), andererseits versieht er die klassische Musik mit deutlich negativem Vorzeichen. In Berendts Buch »Nada Brahma – Die Welt ist Klang« (1983) hatte es noch geheißen:

Erst durch die temperierte Stimmung wurde das Wunder der Modula-tion möglich. Erst durch sie können Transpositionen reibungslos ge-schehen. (…) Erst nach der Einführung der gleichschwebenden Tem-peratur im 17. Jahrhundert kam es – in einem wahrhaft explosionsar-tigen Prozeß – zu jenem ungeheuren Aufschwung der abendländischen Musik, der zu den größten Phänomenen des menschlichen Geistes zählt.[23]

Im »Dritten Ohr« ist von dieser Wertung der großen westlichen Musik keine Rede mehr; ja sie wird ins Gegenteil verkehrt. Berendt folgt nun Gedankengängen des amerikanischen Kulturphilosophen, Musiktheo-retikers und Komponisten Dane Rudyhar (1895-1985), die dieser in seinem letzten Buch »Die Magie der Töne« entwickelt hat (1984 in deutscher Übersetzung erschienen). Nebenbei ein Grundlagenbuch für die gesamte spirituelle Musikszene der neueren Zeit; nirgendwo werden die Dinge, um die es hier geht, so auf den Punkt gebracht, werden Weichenstellung und Anspruch jener Musik so deutlich, die sich berufen glaubt, die traditionelle Musik zu beerben, die intellektuelle Erstarrung des modernen Bewußtseins aufzubrechen. Für Rudhyar hat die klassische westliche Musik »sich vom Klang getrennt«:

Sie wird von der Musikpartitur bestimmt, einem verräumlichten Komplex von Beziehungen zwischen Noten, die nur *potentiell* Klang sind.[24] Als die Töne in der klassischen europäischen Musik zu bloßen Noten wurden, geschah das, weil die Potenz des schöpferischen menschlichen Geistes, *der mit Harmonie und Rhythmus des Universums* (oder seinem postulierten Ursprung, dem ›Einen‹) *im Einklang war*, durch eine intellektuelle und formalistische Befähigung zum systematischen Aufbau ersetzt worden war.[25] Der Übergang von schöpferischen, von einer verwandelnden Kraft durchdrungenen Archetypen zu einer intellektuellen Ordnung, die auf abstrakten Modellen beruht, ist charakteristisch für das Scheitern der griechischen Kultur. Europa erbte das Vermächtnis (das Karma) des Scheiterns. Als sich eine komplex strukturierte Polyphonie ausgebildet hatte und ein starres System der Notation und des Metrums gewählt worden war, entwickelte die europäische Musik das System der Tonalität und das Modell der C-Dur- Tonleiter.[25]

Was Rudhyar hier über das Scheitern der griechischen Kultur schreibt, hat durchaus eine gewisse Berechtigung, die Weiterführung dieses kulturkritischen Ansatzes jedoch in Richtung auf die Grundlegung der abendländischen Musik ist unhaltbar. Schließlich wird nichts Geringeres behauptet, als daß die klassische westliche Musik im Widerspruch stehe zu »Harmonie und Rhythmus des Universums«, was die klarste und radikalste Gegenposition zur Kernaussage meines Buches ist. Rudhyar spricht gerade dieser Art Musik die verwandelnde Kraft ab; er degradiert sie zu einem intellektuellen Konstrukt.
Zurück zu Joachim-Ernst Berendt, dem Verkünder des neuen Obertonbewußtseins. Sein Buch »Das Dritte Ohr« trägt eine Fülle von bemerkenswerten, ja faszinierenden Einzelaspekten aus der Welt der Klänge zusammen; nur was letztlich als Ergebnis herauskommt, als die zentrale Botschaft, trägt zwar das Etikett der Ganzheit und Ganzheitlichkeit der Musik, mündet aber faktisch in eine Art Einebnung und Nivellierung, eine Einerleiheit ohne sinnvolle Hierarchie der Klangebenen. Die propagierte Oberton-Heilslehre läuft einem Rundumschlag gegen die gesamte westliche Musik parallel, der die Beeinflussung durch Rudhy-

ars Musikphilosophie nur allzu deutlich bekundet. Da hier – wie auch bei Rudhyar – das exakte Gegenteil des von mir Vertretenen formuliert wird und auf dieser Folie auch *meine* Botschaft klarer heraustritt, sei eine längere Passage des genannten Obertonkapitels aus dem »Dritten Ohr« zitiert (auch um mir nicht den Vorwurf einzuhandeln, ich zitierte allzu verkürzt und damit sinnentstellend). Berendt schreibt:

In der Entwicklung der elektronischen Musik gab es in den fünfziger Jahren – und gibt es für manche elektronischen Musiker und Komponisten noch heute – einen Punkt, an dem sie das wichtigste Gesetz der Obertöne verletzten: Sie ließen sie nicht mehr ›kommen‹, sie ließen sie nicht mehr ›geschehen‹, sie manipulierten sie. Sie schlugen sie an, sie stellten sie ein – stellten jeden einzelnen Oberton am Regelpult ein, als sei er ein Basiston. In dieser Musik gibt es keine ›Chance‹ mehr, es gibt kein ›Abenteuer‹ mehr in ihr. Sie klingt so tot, als sei sie von Leichenstarre befallen. Kein Mensch will sie hören. – All dies ist im Grunde nur die Konsequenz einer Entwicklung, die zwar vor Jahrhunderten begann, aber nun nachträglich deutlich macht, wohin sie von Anfang an ging. Für die große abendländische Konzertmusik seit der Klassik und Romantik sind Obertöne im Grunde nur eine Beigabe, die ›man halt mitbekommt‹. Was zählt und gewünscht wird, ist der Basiston: der Ton, den man anschlägt, streicht oder bläst. Dies aber bedeutet, daß der Ton – primär – als isoliertes Phänomen empfunden wird. Jeder Ton ist von jedem anderen getrennt. Er wird aus seiner ›Partizipation‹ mit den anderen Tönen herausgelöst, wird abstrahiert – mit anderen Worten: Die westliche Musik hat mit Tönen getan, was die Wissenschaft seit Descartes und Bacon mit der Natur tat. Sie abstrahierte, isolierte, entfremdete sie, löste die Dinge aus ihrem natürlichen Zusammenhang.[26]

Innerhalb des harmonischen Systems der Klassik und Romantik trete der einzelne Ton (als Basiston) nur »in bezug auf die mit ihm verbundenen und ihn umgebenden Akkorde« in Funktion.

Ja, in diesen Akkorden stellt sich das musikalische Geschehen dem Obertongeschehen entgegen – als wolle die westliche Musik sagen: Hier schwingen nicht die Töne mit, welche die Natur – der Kosmos, das Universum – mitschwingen läßt, sondern diejenigen, die der Mensch mit seinem Willen – mit seinem Hang, eigene Abläufe zu schaffen – gewählt hat. Stärker noch geschieht das, wie bereits erwähnt, durch die Reihen und Serien der Zwölfton- und Seriellen Musik, aber hier bereits wird diese Tendenz deutlich; sie beginnt mit der Temperierten Stimmung: all dies kann verstanden werden als gegen den Kosmos, gegen die Natur gerichtete, emanzipatorische Akte des Menschen. (…) Das akkordische Denken der europäischen Musik ›funktioniert‹ eigentlich nur, wenn von den Obertönen weitgehend abgesehen wird, sie allenfalls in vierter, fünfter und sechster Linie geduldet werden: in Positionen, die über die Anzahl der in einem Akkord angeschlagenen Töne hinausgehen. – Das fonctionnement der Funktionalharmonik (Fachausdruck für das klassisch-romantische harmonische System J.K.) besitzt etwas Mechanistisches im Newtonschen Sinne: im Sinne des rationalistischen Wissenschaftsdenkens.[27]

Dagegen heißt es über das neue Obertonbewußtsein:

Im Verständnis musikalischer Kulturen, bei denen sich die ›eigentliche‹ Musik im Raum der Obertöne abspielt – in Indien, auf Bali, in China, in der traditionellen japanischen Musik oder in Afrika –, schwingt in jedem einzelnen Ton zugleich jeder andere Ton – ebenso wie der Mensch nach den Erkenntnissen des modernen Holismus mit dem Universum resoniert. Jeder Ton ›nimmt teil‹ an allen Tönen der Obertonreihe, hat sozusagen sein eigenes partizipierendes Bewußtsein – wie es auch der Mensch haben muß, wenn er in den zeitgenössischen Krisen – den ökologischen und politischen zumal – überleben will. Für solch ein Bewußtsein sind weder Töne noch menschliche Wesen entfremdet.[28]

Und am Ende des umfangreichen Oberton-Kapitels schreibt Berendt:

Kennzeichnend scheint mir, daß ein Teil dieser Gedanken im Gespräch mit einem Physiker entwickelt wurde – mit Fritjof Capra auf dem Forum Alpbach/Tirol 1983. Capra hatte mir erzählt, daß er von Kind auf »kein Verhältnis zur klassischen europäischen Musik« gehabt, »aber immer schon einerseits Jazz und andererseits indische Musik geliebt« habe. Das ist die Ausgangssituation, die heute für Millionen junger Menschen zutrifft. Sie wird durchschaubar – ›durchhörbar‹ –, wenn man sie in Beziehung setzt zu dem, was ich hier über das Obertonbewußtsein in den verschiedenen Bereichen der Musik gesagt habe.[29]

Richtig an den zitierten Worten von Berendt ist nur dreierlei:

1. der Hinweis auf die »Leichenstarre« der elektronischen Musik (soweit hier Obertöne manipuliert werden)

2. die Klassifizierung der atonalen Musik als kosmosfeindlich (genauer: der 12-Ton-Musik und der Seriellen Musik)

3. die Feststellung, daß das Obertonbewußtsein im Sinne nichtabendländischer Kulturen und die klassisch-romantische Harmonik des

Westens sich ausschließen (u.a. weil der Basiston im akkordischen Zusammenhang der westlichen Musik dominiert).

Was ferner behauptet wird, muß man gleichsam auf der Zunge zergehen lassen, um die hierin verpackte Ungeheuerlichkeit zu begreifen. Thesenhaft wiedergegeben will uns Berendt folgendes glauben machen:

4. Elektronische Musik und atonale Musik sind die folgerichtige Weiterentwicklung der klassisch-romantischen Harmonik, ja: die Offenbarung ihres *Wesens*. Was sich hier als »Leichenstarre« und kosmosfeindliche Klangwelt manifestiert, ist schon im tonalen System des Westens angelegt (u.a. in der temperierten Stimmung, also der Angleichung des Klangraums von 12 Quinten an den – kleineren – Klangraum von 7 Oktaven). In summa: die abendländische Musik – ob Mozart, Beethoven oder Schubert – ist auf den Tod hin orientiert, nicht auf das Leben.

5. Die westliche Musik ist eine Ausdrucksform des rationalistischen und mechanistischen Denkens, das auf Vergewaltigung und Fragmentierung der Natur hinausläuft.

6. Die westliche Musik entfremdet die Töne von ihrem eigentlichen Wesen. Sie isoliert sie durch Abstraktion. Daraus resultiert ihre Lebens- und Naturfeindlichkeit (siehe auch Rudhyar).

7. Millionen junger Menschen spüren diese Lebens- und Naturfeindlichkeit der westlichen Musik und wenden sich konsequent von ihr ab und jenen Musikformen zu, in denen die Töne noch in ihrer lebendigen Ganzheitlichkeit zum Tragen kommen.

8. Obertonbewußtsein ist Ganzheitsbewußtsein, ökologisches Bewußtsein: im Einklang mit Natur und Kosmos. Nur das ständig sich ausweitende Obertonbewußtsein verbürgt unser Überleben in der ökologischen Krise. Obertonbewußtsein ist ein Symptom des Paradigmenwechsels, des neuen Denkens (das mit der revolutionären Wandlung in der Physik seit Planck, Einstein, Bohr und Heisenberg begann und heute auch auf andere Bereiche ausstrahlt).

Wer also eine Klaviersonate von Beethoven, ein Oratorium von Händel oder ein Schubert-Streichquartett der Obertonmusik vorzieht, ist offenbar nicht nur abendländischen Hörgewohnheiten verhaftet, sondern – schlimmer noch – dem zu überwindenden mechanistischen Denken, ist also potentiell lebens- und naturfeindlich. Fraglos legen die Berendtschen Thesen eine derartige Schlußfolgerung nahe. Daß hier ein Widerspruch vorliegt zu der Idee der *ganzen* Musik, die Berendt gleichzeitig verkündet, ist dabei zweitrangig. Schlimm sind ganz andere Dinge, in erster Linie die Verkennung des Wesens der großen westlichen Musik. Wer so schreibt, *kann* schlechterdings niemals ergriffen worden sein von dem schöpferischen Atem einer Beethoven-Sinfonie oder einer Mozart-Oper, *kann niemals wirklich zugehört haben*! Gerade im melodisch-harmonischen Zusammenhang der großen europäischen Musik werden die Einzeltöne *nicht* entfremdet, sondern zu lebendigstem Klingen gebracht. Das ist offenkundig für jeden unverbildeten Hörer (also durchaus auch ohne die Entfaltung des »dritten Ohrs«) und keineswegs eine bloße Folge abendländischer Hörgewohnheiten. Bei Mozart etwa – aber auch bei Händel, Haydn, Beethoven u.a. – ist der Einzelton integraler Bestandteil der melodisch-thematischen Gestalt, die stets ein Ganzes darstellt. Es gibt kaum etwas Beseelteres und damit auch Humaneres in der Welt der Musik als die großen Werke der Klassiker und Romantiker. Hier ist wirklich *ganzheitliche* Musik oder integrale Musik, in der *alle* Chakras zum Klingen kommen, die Energien der unteren Zentren gleichwohl in sublimierter Form und überstrahlt vom Klang des Scheitelzentrums, der ins Kosmische hineinreicht bzw. von den Klangströmen des Kosmos genährt wird. Das Obertonbewußtsein will *vor* den Zeitpunkt der Entwicklung der großen Musik zurück, es ist im Letzten regressiv und keine produktive Gegenkraft zur herrschenden Natur- und Lebensfeindlichkeit.

In einem langen Gespräch mit Berendt (Herbst 1985) habe ich seinen Thesen zur Obertonmusik meine Überzeugung von der transformativen Kraft der klassisch-romantischen Musik entgegengehalten, und zwar am Beispiel der Beethovenschen Streichquartette (insbesondere des Streichquartetts opus 132). Diese seien das Pendant des Westens zur großen indischen Philosophie; dabei hob ich Beethovens Affinität zur östlichen Weisheit hervor. Berendt meinte, ein klassisches Streichquartett sei seinem Wesen nach nicht-ganzheitlich, also letztlich für das neue Bewußtsein, das unser Überleben verbürgt, unbrauchbar. Auch meinen Hinweis, daß die Dominanz der Obertöne über das melodisch-akkordische Prinzip bedeutende, differenzierte Musik unmöglich mache, wollte Berendt nicht gelten lassen. Wir konnten naturgemäß keine Einigung erzielen.

Berendt verkennt völlig die *schöpferische Gegenkraft* der großen westlichen Musik zur Megamaschine, zum Rationalismus des Abendlandes. Die abendländische Zivilisation, die die Menschheit an den Rand des Nichts geführt hat, hat in ihrem eigenen Schoß ihre *Richterin* hervorgebracht, ihr klangliches *Gegen*bild,– nicht *Spiegel*bild. Immer haben doch die meisten der großen Musiker gewußt oder geahnt, daß ihrer Kunst ein metaphysisches Element innewohnt, daß Musik weniger Spiegelbild des Bestehenden als utopisch-visionärer Gegenentwurf ist: Widerspiegelung kosmischer Klangordnungen. Der Dirigent Leonard Bernstein meint, daß die Menschheit zu retten sei, wenn es gelänge, Beethoven *richtig* zu hören, daß Haydns Oratorium »Die Schöpfung«, *richtig* gehört, einen Beitrag zum Erhalt der bedrohten Schöpfung darstellen könne. *Das* sind die Dimensionen, um die es essentiell geht. Alles, was nicht diese Ebene erreicht, ist heute unwichtig geworden...

2
Die Richtung der Verwandlung

Denn nur aus dem Erlebnis oder der Erkenntnis, daß wir nicht nur Teile eines Ganzen
sind, sondern daß jedes Individuum das
Ganze zur Basis hat und ein bewußter Ausdruck des Ganzen ist, erwachen wir zur Wirklichkeit, zur Erlösung; während das unerlöste
Individuum, einem Träumenden vergleichbar,
sich immer tiefer in das Netz seiner Wahnvor-
stellungen verstrickt.

(Lama Anagarika Govinda)[30]

Welche Art von Verwandlung brauchen wir heute?

Daß dem modernen Menschen etwas »Fundamental-Verfehltes« anhafte und daß er bestenfalls ein »Embryo des Menschen der Zukunft« sei, hat der Philosoph Friedrich Nietzsche bereits vor einem Jahrhundert hervorgehoben. Heute, nach den bitteren Erfahrungen von Auschwitz, Hiroshima und anderen Exzessen der Unmenschlichkeit sowie angesichts der ökologischen Katastrophe, können wir klarer als je zuvor bestimmen, wie der Mensch beschaffen sein *müßte*, um in Frieden mit sich selbst und der Natur zu leben, um wahrhaft Mensch zu sein. Der moderne Mensch ist drauf und dran, die eigene Spezies und einen Teil der übrigen organischen Welt auszurotten. Er hat offenbar ein zutiefst gestörtes Verhältnis zu allem Lebendigen, zu seiner eigenen Existenz. Und es ist zunehmend weniger zweifelhaft, daß der gesamte anthropologische Entwurf, der der westlich- rationalistischen Kultur zugrunde liegt, auf einer Reihe von fundamentalen Irrtümern beruht. Dies erkennen heute sehr viele. Und es ist hierbei unerheblich, daß manches Dubiose, mancher Trip und jede Menge modisches Sektierertum den Kern des Zentralimpulses hin zur Transformation des einzelnen und der Gesamtkultur verdunkeln. Wir brauchen die Verwandlung. Die Erde braucht die Verwandlung. Aber welcher Art ist sie? Wie sollte der Mensch sein – nicht im Sinne eines moralinsauren Postulats der bekannten Art, sondern im Sinne humaner Lebens- und Überlebensfähigkeit? Diese Frage zielt auf den anthropologischen *Kern*, nicht auf die Vielzahl der Oberflächenfacetten, zielt dorthin, wo es wehtut, wo es unbequem ist, wo es Farbe zu bekennen gilt, Farbe und – Klang: Der moderne Mensch muß, im Wortsinn, Farbe bekennen. Er muß sein sinnloses, lebensfeindliches Bemühen aufgeben, unter dem Regenbogen hindurchschlüpfen zu wollen. Nun ist aber die gesamte Kultur der Megamaschine gerade auf diesem aberwitzigen und langfristig selbstmörderischen Bemühen aufgebaut, auf der Feindschaft gegen den Regenbogen. Eine neue Kultur kann nur *mit* dem Regenbogen entstehen, und nicht gegen ihn. Wir müssen Farbe und Klang bekennen, um den Regenbogen wiederzugewinnen; dies gehört zur Erlösung der Natur im Innern des Menschen. Und nicht von ungefähr ist der Regenbogen *das* zentrale Symbol der neuen Kultur geworden, *das* Zeichen der Hoffnung, um das sich eine wachsende Zahl von Menschen schart.

Rudolf Bahro schreibt in seinem Buch »Logik der Rettung«: »Die Transformation, eine Tiefenverwandlung des Bewußtseins, eine neue

Integration der menschlichen Wesenskräfte, ist der grundlegende Vorgang unserer Epoche. Wir versuchen, unser Selbstbewußtsein zu erweitern und zu vollenden, uns aus den Bedingungen unserer Geburt und Sozialisation zu befreien, um doch noch ›einen neuen Himmel und eine neue Erde‹ zu schaffen, d.h. ein liebevolles neues Gesamtverhältnis von Mensch und Erde, Mann und Frau. (...) Kulturen sind auf Tiefenstrukturen im menschlichen Bewußtsein gegründet. (...) Eine neue Kultur setzt eine neue Bewußtseinsverfassung voraus, in diesem Sinne eine neue ›Religion‹.«[31] Richtungsmäßig wird in einer Vielzahl von ganzheitlich und spirituell orientierten Konzepten unserer Tage das gleiche verkündet. (Was das Bahro-Konzept unterscheidet, ist die Präzision und Differenziertheit, mit welcher er die inneren Zusammenhänge und Voraussetzungen des Industriesystems offenlegt, die »Logik der Selbstausrottung«, aus der die »Logik der Rettung« erwächst.)

Nur die Transformation einer großen Zahl einzelner kann das Wahnsystem von innen her auflösen, kann die Natur erlösen und die Erde vom lähmenden Druck einer lebensfeindlichen Last befreien. Vielleicht zum ersten Mal in der Geschichte kann der »neue Mensch«, der so oft schon verkündet worden ist, in seinen Grundzügen umrissen werden: der neue Mensch als der verwandelte Mensch, der zugleich der schon immer gemeinte, der eigentliche Mensch sein müßte. Die Grundmerkmale der zu verwirklichenden Bewußtseinsform, die eine echte Friedenskultur (= Regenbogengesellschaft) ermöglicht, die *Komponenten der Verwandlung*, lassen sich schlaglichtartig anführen:

1. Individuation jenseits der Persona (im Jungschen Sinne), also jenseits der gesellschaftlichen Maske. De-Konditionierung. De-Automatisierung. Verwirklichung des Selbst.

2. Integration der weiblichen und männlichen Schichten der eigenen Psyche. Erlösung des Weiblichen im Manne, des Männlichen in der Frau. Damit Überwindung des einseitig patriarchalen Logos *und* des einseitig logosfeindlichen Eros. Integration der Sexualität.

3. Gleichgewicht von Eros, Logos und Bios, was zusammenfällt mit einer Harmonisierung und Bewußtmachung der verschiedenen Bewußtseinszentren. Überwindung der Blockierungen, freier Energiefluß. Zugleich Bewußtsein der *Hierarchie* der Zentren.

4. Naturverbundenheit im sinnlich-erotischen *und* spirituellen Sinne. Gefühl des *tat tvam asi* (»das bist auch du«) mit allem Lebendigen: der

Wesenseinheit mit allen fühlenden Wesen. Mitgefühl – Schwester und Bruder sein von Erde, Pflanze, Tier. Erlösung der Natur in der eigenen Psyche.

5. Überwindung der Egozentrik und der (falsch verstandenen) Anthropozentrik, des Ego-Panzers und der einengenden Projektionen. Tantrische Weitung des Bewußtseins in Richtung auf ein menschheitliches, planetarisches Bewußtsein. Verantwortung für die Menschheit, Verantwortung für die Erde. Vom erweiterten Selbst- zum ›Weltbewußtsein‹ (was dem taoistischen Ansatz nahekommt). Überschreitung des weltanschaulichen Sektierertums – undogmatische Spiritualität.

6. Erdung des Körpers, des Geistes, der Seele. *Zugleich* Transzendierung. Integration von Körperbejahung und Todesbewußtsein (was zum Schwersten überhaupt gehört).

7. Wille zur Transzendenz, zum Göttlichen (buddhistisch gesprochen: zur Buddhaschaft) ohne asketisch-patriarchalen Krampf, ohne Verleugnung der Wurzeln des Bios. Integration des Eros und der eigenen Geschlechtlichkeit in den Einweihungsweg (wie im »Parzival« Wolframs von Eschenbach, *nicht* wie in Richard Wagners »Parsifal«).

8. Versöhnung von Kosmos und Geschichte, Geist und Natur. Rückbindung des Geistes in den Ring natürlichen Werdens, in das nährende, schützende Feld der Erda-Demeter. Befreiung der Erdmutter (Demeter).

9. Integrales Bewußtsein. Integration der eigenen Wurzeln, der mythisch-magischen *und* der mentalen Bewußtseinsform in ein neues, ganzheitliches Bewußtsein. (Der homo integralis als der Mensch, der die verschiedenen Stockwerke der eigenen Psyche auch *bewohnt*, ohne allerdings oben und unten zu verwechseln.)

10. Bewußtheit und Wachheit im Alltäglichen. Mitgefühl und Geistesklarheit (vieles unbewußte Tun fällt dann von selbst weg), Wahrnehmungsintensität und -frische. Kultivierung von »Anfänger- Geist« und wacher Gegenwärtigkeit.

11. Alles überwölbend und durchdringend – und zugleich eine eigene Komponente – ist die Weltanhörung (Akróasis), die Verfeinerung des Hörens bis hin zum spirituellen Hören. Der neue Mensch ist ein umfassend *Hörender*.

Dies klingt wie pure Utopie, wie eine anthropologische Vision, deren Realisierung den ›Normalmenschen‹ hoffnungslos überfordert. Nur: gibt es, global gesehen und unter den Auspizien der Existenzkrise der Menschheit, eine reale, eine lebbare Alternative zu dieser »Tiefenverwandlung des Bewußtseins«? Haben wir wirklich eine andere Chance als eben diese: hinzuleben, hinzuarbeiten auf diese Utopie, diese Vision? Langsam, aber unaufhaltsam spricht es sich herum, was heute schlicht nicht mehr geht, womit nichts mehr zu erreichen ist, wenn die Spezies Mensch überleben soll, wenn wir eine Chance haben sollen, uns mit der Natur zu versöhnen. Viele wissen oder ahnen es, wollen es aber nicht wahrhaben. Nicht um eine rückwärtsgewandte oder konservative Utopie kann es gehen (obwohl auch Teile des Konservatismus ihr Recht haben), weil der Mensch in seiner überwiegenden Mehrheit nie da war, wo er jetzt sein *muß*! Jetzt bricht dieses Neue überall auf, zeigt die Neue Spiritualität ihre ersten Konturen, obwohl noch verdeckt und unkenntlich gemacht durch neu-altes Sektierertum und neu-alten Fanatismus.

Die große Musik des Abendlandes hat all das, was wir jetzt brauchen. Sie ist die klangliche Ausdrucksform einer kosmischen Spiritualität jenseits aller religiösen Begrenzungen. Und dabei ist es beinahe unwichtig, was die großen Komponisten – an der Oberfläche ihres Bewußtseins und Denkens – jeweils an Weltvorstellungen entwickelt haben. Beethoven mag hier eine Ausnahme sein; seine pantheistisch-kosmische Religiosität spiegelt sich genauso in seiner Musik wie sein kulturrevolutionärer Elan und seine mystische Vergrübeltheit. Wie viel können wir lernen von Beethoven! Wenn es Buddha-Energien und Erleuchtungsbewußtsein in der Musik gibt, dann in derjenigen Beethovens und Mozarts. Viele sensible Japaner wissen, daß Beethoven eine Art Zen-Meister der Musik ist. Nur die meisten Abendländer wissen es nicht...

Nicht sämtliche Elemente dieser Transformation, dieser »neuen Integration der menschlichen Wesenskräfte«, können bei allen in gleichem Maße ausgebildet sein. Aber ohne Übertreibung läßt sich sagen, daß verantwortungsbewußtes und wirklich zeitgemäßes Menschsein künftig wenigstens einige dieser Merkmale beinhalten wird. Die Visionäre in dem angedeuteten Sinne sind die eigentlichen Realisten, während die sogenannten Realisten nur den materiellen Ablagerungen und Strukturen von vorgestern nachlaufen. Der Hinweis auf »Sachzwänge« ist häufig nur ein Alibi für die eigene Unfähigkeit und den

Mangel an produktiver Phantasie (was nicht heißen soll, daß es nicht *echte* Sachzwänge gibt, wenn auch in erheblich geringerem Umfange, als zumeist behauptet wird). Letztlich hat authentische schöpferische Phantasie die Menschen immer bewegt, innen und außen; meistens nur einzelne, manchmal allerdings auch eine Vielzahl von Menschen. Gerade heute gibt es nichts wichtigeres als das Wagnis der schöpferischen Phantasie auf allen Ebenen, das Wagnis der *authentisch gelebten* Vision. Gerade hier im Westen scheint sich der Umbruch vorzubereiten. Die neue Kultur, eine gewaltfreie, friedensfähige und dem Großorganismus Erde (der Gaia) vermählte Kultur, wird zugleich eine solche des *Klangs* sein. Ohne Musik wird die Neue Spiritualität auf Dauer nicht zu leben sein, nicht ohne Kulte und Feste des Klangs, nicht ohne die machtvollste Klangwelt des Planeten: die große klassisch-romantische Musik des Abendlandes. Jede Beethoven-Sinfonie, jede der großen Mozart-Opern ist ein Lehrstück in Sachen spiritueller Ökologie… Versuchen wir zunächst, das Wesen der Verwandlung etwas näher zu bestimmen.

Wege und Dimensionen der Verwandlung

Verwandlung als Gesetz des Lebens oder der Tiger der Zeit

Leben ist Gestalt in der Zeit – Gestaltwandel, Werden, Vergehen und Wiedergeburt. Ohne die Balance von Verwandlung und Beharren gibt es kein Leben, keine lebendige Gestalt.
Zu den Unaufhebbarkeiten der Existenz gehört unser Gebundensein an die Zeitachse, das gnadenlose, unaufhörliche, unaufhaltsame Rinnen oder Rasen des Zeitablaufs. Meist nehmen wir dies nur unzulänglich wahr, nur in den augenfälligsten Wirkungen. Wir registrieren in erster Linie das ›Gezeitigte‹, das was wird und vergeht, nicht aber die Zeit selbst. Nur in seltenen Augenblicken kann es geschehen, daß wir das Rinnen des Sandes der Zeit-Sand-Uhr zu vernehmen glauben. Die Metapher von der Zeit als einer Sanduhr drängt sich auf, greift aber nur zum geringsten Teil. Zeit ist nicht Sand, der töricht-pausenlos rinnt oder verrinnt. Viel eher ist Zeit der machtvoll voranstürmende Tiger – der ungeheure, brausende, dröhnende, singende Rhythmus des kosmischen

Werdens. Voranjagend auch ohne unseren Willen, unser Zutun, ohne die Bastionen unseres Intellekts, die sich kläglich dagegen ausnehmen und langfristig an der Zeit zerschellen.

Wir sind machtlos gegen die unaufhörliche Verwandlung unserer Physis bis hin zum Tode. Die so gepflegte, geliebte Körperlichkeit ist bestimmt zum unwiederbringlichen Zerfall. Alle wissen es; wenige nur setzen sich ernst- und dauerhaft damit auseinander. Sich dagegenstemmen: was bringt es? Krampf und Qual und zerstörte Hoffnung, es geht nicht. Jedenfalls nicht im Bereich des Körpers, der Sinne. Das Bewußtsein gaukelt uns die Möglichkeit des Beharrens vor, des Bleibens, der in sich ruhenden Identität des Ich. Wir wissen nicht, wie weit das Ich hineinreicht in die Wesensordnung der Dinge. Sich selbst jedenfalls nimmt das Ego wie in einem Vergrößerungsglas wahr; zugleich ist das Ego ein Spiegel der Dinge, sicher auch ein Vexierspiegel. Die hiermit gegebene Täuschung können wir nicht völlig ausschalten, ohne uns selbst aufzuheben. Wir wurzeln nicht nur in dieser Täuschung; wahrscheinlich *sind* wir diese Täuschung. Und ein Element Tragik steckt unaufhebbar im Menschsein; darüber kann kein New-Age-Optimismus hinwegtäuschen. Nun ist der Tod aber nicht ein schwarzes Loch, auf das wir zueilen, wohl aber eine Pforte, eng und schmerzhaft, in die wir hinein- und hinausgepreßt werden (in umgekehrter Richtung wie bei der Geburt). Alter esoterischer Weisheit zufolge ist der Tod der Höhepunkt, das Eigentliche und Wichtigste des Lebens. Auf ihn läuft ohnehin alles zu. Und wir wissen nicht mit Sicherheit, was von uns bleibt, was überdauert und ›weiterschreitet‹ – in neue Inkarnationen hinein. Sicher ist, daß *wir selbst*, im tiefsten Wortsinn, überdauern. Aber wer sind »wir selbst«?

Es bleibt nur dies: auf dem Tiger der Zeit zu reiten. Den Tiger zu jagen, zu bekämpfen, ihm Fallen zu stellen ist ein müßiges Unterfangen. Die Zeit atmet uns, unsere Tode und Geburten sind ihre Systolen und Diastolen. Uns bleibt nichts anderes als mitzuschwingen mit dem Rhythmus des kosmischen Werdens, bewußt und wach. Das ist tantrisch gedacht und empfunden: den Tiger als Reittier benutzen, mit ihm dahinjagen; mehr noch: der Tiger zu *sein*! Reite den Tiger der Zeit, *sei* der Tiger der Zeit! Im Verborgenen, in den Tiefenschichten der Seele bist du es ohnehin (Sein und Leben wurzeln hierin). Das Beethovensche »Dem Schicksal in den Rachen Greifen« ist nur ein anderer Ausdruck für das hierin Angedeutete. Und die Musik Beethovens atmet etwas hiervon; wie keine andere kann sie als klangliche Manifestation des Auf-dem-Tiger-Reitens begriffen werden. Treffend hat der Musikwissenschaftler Carl Dahlhaus das Zeitbewußtsein, das dem tönenden Prozeß einer Beethoven-Sinfonie zugrunde liegt, als ein vom Ziel her bestimmtes und in die Zukunft drängendes charakterisiert, das »niemals rückwärtsgewandt« sei (im Gegensatz zum Musikdrama Richard Wagners, wo »eine ständig wachsende Vergangenheit … auf jedem gegenwärtigen Augenblick« laste).[32] Dieses In-die-Zukunft-Drängende macht die überwältigende *Gegenwärtigkeit* des musikalischen Stroms aus, seine vibrierende Dynamik, die gleichsam darauf ausgerichtet ist, den kosmischen Prozeß der Zeit selbst zum Klingen zu bringen, was cum grano salis für jede wirklich große Musik gelten dürfte. Der Strom der Musik ist ein Strom ständig wachen, ständig gegenwärtigen Bewußtseins. So – dies drängt sich als Ahnung und Sehnsucht auf – müßte Bewußtsein überhaupt sein: so dicht, so gegenwärtig und doch zukunftsbezogen (aber *auch*, im Sinne der Wagnerschen Leitmotivik, aus dem Ursprung und aus den Quellen der Erinnerung gespeist)!

Wie selten gelingt es, den Tiger der Zeit zu reiten, das Bewußtsein einzuklinken in den gewaltigen Strom des kosmischen Geschehens, in den weisheitsvollen Fluß der Energien. Die Festung des Ego ist schwer einzunehmen – sturmreif geschossen wird sie oft nur durch Akte der Gewalt, der brutalen Eingriffe, durch Katastrophen und äußerste Bedrohungen. Der Kopf vermag nichts dazu zu tun; er klebt am starrgewordenen Sein, und mit dem Wandlungsprozeß der Dinge hat er seine Probleme. Ego und Intellekt sind starrheitsfixiert, verwandlungsfeindlich. Was befürchten wir in der Verwandlung? Doch wohl vor allem den Tod des Ego. Das Ego ist von panischer Angst erfüllt vor seiner eigenen Auflösung ins Meer des Unbewußten, des Ur-Mütterlichen, des überwältigenden Nicht-Ichs. Es stemmt sich gegen die Verwandlung seiner selbst, gegen den Tiger der Zeit und damit auch gegen das Gesetz des Lebens. Das Ich ist strukturell unfähig, sich selbst als geworden und als werdend zu begreifen. (Bei dem, was Kinder sagen, wird dies besonders deutlich; sie reden so, als ob es sie niemals *nicht* gegeben hätte. Im Grunde hat jeder, dunkel und unbestimmt, das Gefühl, eigentlich schon *immer* dagewesen zu sein.)

Ob wir es wollen oder nicht: wir sterben viele kleinere und größere Tode im Verlauf *einer* Inkarnation. Im tibetischen Buddhismus gibt es den Begriff des Bardo (was ungefähr »Zwischenzustand« bedeutet), berühmt geworden durch das Bardo-Thödol, das tibetische Buch der Toten. Im Bardo bricht alles zusammen, was uns vorher Halt gab; das

Ego wird gnadenlos zersprengt oder an seine äußersten Grenzen geführt. Dies erleben wir im Prozeß des Sterbens, wenn das Bewußtseinsprinzip den physischen Körper verläßt. Aber auch schon vorher viele Male. Gerade letzteres betonen die tibetischen Lamas immer wieder; die Meditation über die Bardos im Leben gilt als unerläßliche Voraussetzung für die Bewußtseinsklarheit im Augenblick des physischen Todes und im Nach-Tod-Zustand. Aber auch andere Weisheitslehren werden nicht müde, die Bedeutsamkeit des »Stirb und werde« für den Reifeprozeß der Seele zu betonen. »Stirb, bevor du stirbst«, heißt es im Sufismus, der islamischen Mystik. Ohne Todesbereitschaft kann sich keine erfüllte und schöpferisch wirksame Verwandlung vollziehen. Unsere kleinen Tode im Leben lassen sich genauso wach und bewußt erfahren wie der Tod am Ende unserer physischen Existenz. Beides ist miteinander verbunden, bedingt einander. Die schmerzliche Verwandlung – etwa durch die Trennung von einem geliebten Menschen, aber auch die Trennung von einer lange gehätschelten Illusion – birgt stets die Chance des produktiven Neubeginns. Wir alle müssen heute von Liebgewordenem Abschied nehmen: primär von der gigantischen Illusion der Megamaschine, der Illusion des Rationalismus und des mechanistischen Denkens. Das gesamte anthropologische Konzept des Abendlandes hat sich als eine im Kern lebensfeindliche Illusion herausgestellt! Aber auch von vielen anderen kleinen und großen Verblendungen gilt es sich zu trennen. Die alten Borniertheiten im Umgang mit uns selbst und der Natur sind heute lebensgefährlich geworden. Die Menschheit als Ganzes steht heute vor dem wohl größten Bardo ihrer bisherigen Geschichte...

Der Geist des Tales

> Der Geist des Tales stirbt nie. Er heißt das Geheimnisvoll- Weibliche.
> Laotse (aus dem »Buch vom Tao«)[33]

Die Oper »Ariadne auf Naxos« (Endfassung 1916) ist ein Glanzstück der musikdramatischen Literatur – Ergebnis der Zusammenarbeit zwischen einem großen Komponisten, Richard Strauss, und einem großen Dichter, Hugo von Hofmannsthal. Selten nur ist eine derart beglückende Übereinstimmung zwischen Text (Libretto) und Musik realisiert worden. Im Kern der eigentlichen Oper (also nach dem Vorspiel) steht die Verwandlung der Ariadne und des Dionysos durch die Kraft der Hingabe und der Liebe. Ariadne trauert um ihren verlorenen Geliebten Theseus und hat sich innerlich dem Tode anheimgegeben, als Dionysos (Bacchus) erscheint, den sie irrtümlich als Todesboten begrüßt:

Nun gibt es kein Zurück. Gibst du Vergessenheit
So zwischen Blick und Blick?
Entfernt sich alles,
Alles von mir?
Die Sonne? Die Sterne?
Ich mir selber?
Sind meine Schmerzen mir auf immer, immer
Genommen? Ach!
(Verhauchend)
Bleibt nichts von Ariadne als ein Hauch?
(Sie sinkt, er hält sie. Alles versinkt, ein Sternenhimmel spannt sich über den Zweien.)
BACCHUS (mehr ergriffen als laut) Ich sage dir, nun hebt sich erst das Leben an
Für dich und mich! (…)
ARIADNE Du Zauberer, du! Verwandler, du!
Blickt nicht aus dem Schatten deines Mantels
Der Mutter Auge auf mich her?
Ist so dein Schattenland! also gesegnet!
So unbedürftig der irdischen Welt? (…) Gibt es kein Hinüber?
Sind wir schon da?
Wie konnt es geschehen? Sind wir schon drüben?
Auch meine Höhle, schön! gewölbt
Über ein seliges Lager,
Einen heiligen Altar! Wie wunder-, wunderbar verwandelst du!
BACCHUS Du! Alles du! Ich bin ein anderer, als ich war…[34]

Richard Strauss gelingt hier das Wunder, kammermusikalische Durchsichtigkeit, im Melodischen und in der Instrumentation, mit der ekstatischen und pathetischen Kraft zu verbinden, wie sie die großen Liebesszenen im Werk Richard Wagners auszeichnet: etwa zwischen Siegmund und Sieglinde am Schluß des ersten Aktes der »Walküre« oder zwischen Siegfried und Brünnhilde im Finale des »Siegfried« und natürlich zwischen Tristan und Isolde. Dionysos-Bacchus ist gleichsam ein geheilter Tristan, Ariadne eine geheilte Isolde. Die Ekstase der Musik weiß um das verzehrende Pathos der Liebesverwandlung, ohne ihre sublime Heiterkeit und ihre Luzidität einzubüßen. Einer der besten Strauss-Kenner (Ernst Krause) schreibt hierzu: »Es ist ganz hell und klar im Klangraum des Meisters geworden; die sinfonischen Gewichte der Musikdramatik grazil und schwerelos, tragische und spielerische Beschwörung in einem und dabei in vielfachen Farben schillernd. ›Ariadne‹ hat, ästhetisch betrachtet, die schönste Musik von Strauss, die wohlklingendste und schwungvollste und, wie er selbst sagt, seine ›modernste‹. (…) Wagnersches Pathos hat sich in klassischem Maß und Einfachheit vollendet – Ariadne ist viel mehr heroische Pamina als Brünnhilde.«[35]

Große Musik ist ohne *Ekstase* nicht denkbar. Ekstase gehört zu den zentralen Dimensionen des Musikalischen. Nicht nur der schöpferische Musiker, der Komponist, sondern auch der nachschaffende Künstler, der Interpret bedarf der ekstatischen Seelen- und Geisteskraft. Wenn auch *nicht* im schamanischen Sinne, nicht im Sinne der Regression, der Zurücknahme des wachen, bewußten Geistes, sondern im Sinne der alchemistischen *Steigerung* und tantrischen Weitung des Selbst. Auch der im Kern dieses Buches stehende Prozeß des gesteigerten, sublimierten, meditativen Hörens ist nicht – und kann nicht sein – ohne Ekstase. Mitunter können Suchtelemente und Rauschzustände auftreten, die – auf Dauer – die transformative Energie der großen Musik unwirksam machen oder schwächen. Hier bedarf es der integrativen Kraft der Wachheit und Nüchternheit, um die *Ekstase der Geistesklarheit* herzustellen und aufrechtzuerhalten. Manche Werke von Mozart, Beethoven, Schubert, Wagner oder Strauss können einen ja wirklich süchtig machen, wobei die Sucht in der Regel auf die emotionalen und ästhetischen Schichten der Werke gerichtet ist, weniger dagegen auf die spirituellen oder kosmischen Schichten. Hier lauern Fallstricke der subtilsten Art… Uneingeschränkt gilt: Ohne ekstatische Begeisterung, ohne ein Gran Rausch und Exaltiertheit, ohne Eros fehlt dem Hören eine der bedeutsamsten Dimensionen. »Wo ein Begeisterter steht, da ist der Gipfel der Welt«, heißt es bei Eichendorff.

Während der gemeinsamen Arbeit an der »Ariadne« schrieb Hugo von Hofmannsthal einen Brief an Richard Strauss (1912), in dem er seine Vorstellung von der im Zentrum der Opernhandlung stehenden Idee der Verwandlung erläuterte. Hier heißt es:

Sie fragen mich, was es mit der *Verwandlung* auf sich hat, die Ariadne in Bacchus' Armen erfährt, denn Sie fühlen: hier ist der Lebenspunkt, nicht bloß für Ariadne und Bacchus, sondern für das Ganze. (…) Verwandlung ist Leben des Lebens, ist das eigentliche Mysterium der schöpfenden Natur; Beharren ist Erstarren und Tod. Wer leben will, der muß über sich selber hinwegkommen, muß sich verwandeln: er muß vergessen. Und dennoch ist ans Beharren, ans Nichtvergessen, an die Treue alle menschliche Würde geknüpft. Dies ist einer von den abgrundtiefen Widersprüchen, über denen das Dasein aufgebaut ist, wie der delphische Tempel über seinem bodenlosen Erdspalt. (...) Auch Ariadne wähnt, sich an den Tod dahinzugeben; da »sinkt ihr Kahn und sinkt zu neuen Meeren«. Dies ist Verwandlung, das Wunder aller Wunder, das eigentliche Geheimnis der Liebe. Die unmeßbaren Tiefen der eigenen Natur, das Band von uns zu einem Unnennbarem, Ewigdauernden hin, das unseren Kinderzeiten, ja den Zeiten des Ungeborenen in uns nahe war, können sich von innen her zu einer bleibenden, peinlichen Starrnis verschließen: kurz vor dem Tode, ahnen wir, würden sie sich auftun: etwas der Art, das sich kaum sagen läßt, kündigt sich in den Minuten an, die dem Tod der Elektra vorangehen. Aber in einem vom Schicksal nicht so gezeichneten Dasein wird auch eine sanftere Gewalt als der Tod diese Tiefen aufschließen: durch das Dasein hin ist Liebe verbreitet; ergreift sie mit ihrer ganzen Kraft ein Wesen, so löst sich dieses aus seiner Starrnis bis in den tiefsten Grund: die Welt ist ihm wiedergegeben, ja, es zaubert sich selber die Welt hervor als ein Diesseits und Jenseits zugleich. Wenn Ariadne vor ihrem verwandelten Selbst auch die Höhle ihrer Schmerzen zum Freudentempel verwandelt sieht, wenn ihr der Mutter Augen aus dem Mantel des Bacchus entgegenblicken und die Insel aus einem Kerker ein Elysium wird – was bekennt sie damit anderes, als daß sie *liebt* und *lebt*. Sie war gestorben und ist aufgelebt, ihre Seele ist in Wahrheit verwandelt.[36]

Das hier Angesprochene findet seinen reinsten, überzeugendsten Ausdruck in der Musik. Und die in der »Ariadne« erreichte Symbiose von Text und Musik gehört zu den Glücksfällen und Ausnahmen. Meist klaffen Thematik und musikalische Ausformung weit auseinander, und es ist generell geboten, von der eigenwertigen, eigengesetzlichen Substanz des Musikalischen auszugehen und nicht Text und Musik naiv gleichzusetzen. Die Musik zu Mozarts »Die Hochzeit des Figaro« beispielsweise ist von kosmischer Kraft und Gleichnishaftigkeit; der Text ist vergleichsweise belanglos. Der hehre oder gar kosmische *Anspruch* eines Musikers sagt, für sich genommen, gar nichts. So bemüht Karlheinz Stockhausen unermüdlich die Schwingungen des Kosmos (verbal), während seine Musik eine eher pompös-banale Sprache spricht, zugleich dem engsten irdischen Dunstkreis verhaftet bleibt. Und auch bei durchaus gelungenen Gedichtvertonungen, etwa den Eichendorff-Liedern Robert Schumanns, übersteigt die Musik die Textvorlage bei weitem, so sehr sie *auch* die Aura des poetischen Textes widerspiegelt. Zurück zur Verwandlung der Ariadne.
Der Hofmannsthal-Text legt den Finger in die Wunde des modernen

Menschen und deutet zugleich einen Ausweg, einen Weg der Rettung und Heilung an. Die Starrheit des Menschen – seine bewußtseinsmäßige und seelische Verpanzerung – ist nur aufzubrechen durch die die Tiefen des seelischen Seins erschütternde Potenz der Verwandlung – der Verwandlung durch das Dionysische, durch Liebe, Hingabe und kosmische Weitung. Daß hier Kosmisches im Spiel ist, wird durch den Sternenhimmel angedeutet, der in der Bühnenanweisung von Hofmannsthal erwähnt wird: »Alles versinkt. Ein Sternenhimmel spannt sich über den Zweien.« Dieses Kosmische wird gewonnen durch die *überschreitende* Bejahung des Irdisch-Sinnlich-Natürlichen. Die neue Welt ist zugleich Diesseits und Jenseits; was offenbar heißen will, daß die liebende Bejahung, die aus dem Einverstandensein mit der äußersten, der Todes-Verwandlung erwächst, auch die transzendente Dimension alles Sinnlich- Natürlichen einbezieht. Nur derart vermag der todbringende Kerker zum Elysium zu werden. Die Welt wird umgeschaffen aus der Schwingung einer Liebe, die den Tod integriert und die Seele in die Substanz der Wahrheit verwandelt.

Das gehört zum Wesenhaften aller großen Weisheitslehren und Einweihungspraktiken: daß wir sterben müssen (*vor* dem physischen Tode), um unser höheres, verwandeltes und eigentliches Selbst zu gewinnen. Ein Stück *Opfer* gilt seit jeher als unabdingbar, das Opfer unserer Ego-Festung. Liebe – verstanden als Eros zwischen Mann und Frau, aber auch als kosmische Kraft im Sinne Dantes, im Sinne der altgriechischen Philosophie (Empedokles) – vermag die Seele zu weiten, vermag Starrheit aufzubrechen. Nur der in großem Stile Liebende wird die Verwandlungskräfte der eigenen Seele freisetzen. Wenn wir die Erde, die Schöpfung, die kosmische Ordnung nicht lieben, uns ihnen gegenüber nicht liebend öffnen können, wird alles vergeblich sein. Wohl jede Kultur hat sich schwer getan, Liebe – einschließlich der erotischen Liebe – schöpferisch zu integrieren; die abendländische Kultur – nicht zuletzt wegen der Natur- und Frauenfeindlichkeit der christlich-paulinischen Tradition – steht da ganz obenan. Zu den großen Herausforderungen unserer Zeit gehört die Erlösung der Natur *in uns*, was einhergeht mit der Herausforderung, Weibliches und Männliches wieder ins Lot zu bringen: das jeweils Gegengeschlechtliche in der eigenen Psyche *und* im Verhältnis zur äußeren Frau/zum äußeren Mann. Es ist schon ein Fortschritt, daß Spiritualität nicht mehr im alten Stil als sinnenfeindlich-patriarchal verstanden wird, als naturentfremdete Logos-fixiertheit, sondern zunehmend in ihren allumfassenden, ganzheitlichen

Schwingungen. Der Therapieboom im Westen speist sich nicht zuletzt aus dem Umstand, daß diese Herausforderung von vielen angenommen wird, zumindest das Bedürfnis vorliegt, die eigenen Verkrustungen zu überwinden.

Um die Schöpfung zu bewahren, müssen wir sie lieben, müssen wir *ihre* Seele in *unserer* Seele befreien, was einen alchemistischen Transformationsprozeß zur Voraussetzung hat. Zur Schöpfung, zur Natur gehört das, was Laotse den »Geist des Tales« nennt (zuweilen auch als »Geist des Ursprungs« übersetzt): das »Geheimnisvoll-Weibliche«, gehört Demeter oder Erda, die Erdmutter, die »Urmütter-Weisheit« (wie es im »Ring des Nibelungen« von Richard Wagner heißt). Ariadne erblickt »der Mutter Augen aus dem Mantel des Bacchus«. Nicht nur der Mann, auch die Frau bedarf des Ur-Mütterlichen. Dionysische Bejahung ist zugleich *demetrische* Bejahung. Wir alle bedürfen der Tal-Energie des Demetrischen, der Weisheit des Brunnens. Im germanischen Mythos opfert der Gott Odin (= Wotan) sich selbst, indem er, mit dem Kopf nach unten, neun Tage und Nächte am Weltenbaum Yggdrasil hängt, um die Weisheit des Ur-Mütterlichen und des Ursprungs in sich aufzunehmen: er trinkt aus dem Urbrunnen am Fuße der Weltesche. Gleich dem siechen Fischerkönig der Grallegende leidet der derart Aufgehängte an einer Wunde, die ein Speer schlug. Die Wunde wird nur durch das *Selbstopfer* geheilt. Die Tarotkarte »Der Gehängte« (Hanged man) geht auf diesen Aspekt der Wotansage zurück. Was hier anklingt, ist eine verschüttete Möglichkeit der Seele: ein Akt der Befreiung, der mit der lebenspendenden, erneuernden Kraft des Wassers zu tun hat. Die verkrustete, verpanzerte Seele bedarf der Verflüssigung. Die Hingabe an das Fließend-Unbewußte, die Weisheit des Urbrunnens, vor der das Ego sich so sehr fürchtet, wird kaum zu umgehen sein, wenn wir überleben wollen. Bekanntlich können Träume, in denen der verschlingend-bedrohliche Charakter des Meeres hervortritt, die (verständliche) Angst vor dem regressiven Verschlucktwerden widerspiegeln, aber auch den unbewußten Wunsch, die eigene Ego-Verfestigung zu überschreiten.

Wie alles, so kann auch Hingabe mißverstanden, pervertiert und mißbraucht werden. Faktisch ist dies auch unzählige Male geschehen, und durchaus nicht nur im religiösen und erotischen Bereich. Auch hier ist es schwer, von alten Mustern Abschied zu nehmen. Es gilt, Liebe und Hingabe *neu* zu begreifen: als Vehikel der Weitung und Steigerung und nicht der tumb- sentimentalen Auslöschung der eigenen Individualität (wie dies allzu häufig geschieht). Leider unterscheiden viele spirituelle Strömungen nicht immer klar zwischen Ego und Selbst, zwischen der (gesellschaftlichen) Persona und der Individualität, was zu heilloser Verwirrung geführt hat.

Die Hingabe des Ego im Prozeß einer initiatorischen Verwandlung geht häufig einher mit transpersonalen, entgrenzenden, visionären Erfahrungen, wie sie teilweise auch mit halluzinogenen Drogen erreichbar sind; man denke an die Forschungen von Stanislav Grof. Zuweilen werden kosmische Bewußtseinsdimensionen erschlossen, die den einzelnen im Tiefsten aufwühlen und erschüttern. Eine bestimmte Stufe derartiger Überschreitungen des Ego kann fraglos den Zugang eröffnen zu Formen des Seins, die mit der Wahrnehmung nach dem physischen Tod zu tun haben; es können also echte Einweihungserlebnisse auftreten. Schon Plutarch hat darauf verwiesen, daß dem Eingeweihten der großen Mysterien Erfahrungen zuteil werden, die dem Uneingeweihten nur im Nach-Tod-Zustand zugänglich sind.

In der Antike war die griechische Stadt Eleusis über viele Jahrhunderte hinweg das Zentrum eines Natur- und Fruchtbarkeitskultes: des Kultes der Demeter (= Erdmutter). Die Adepten sollten eingebunden werden in die großen natürlich- kosmischen Rhythmen der Erde. Der Kern der Mysterien war die Einweihung: während der Nacht im Telesterion, dem Mysterien-Bau, eröffnete sich dem Initianden die erschütternde Schau einer gänzlich anderen Wirklichkeitsdimension. Was hier im Allerheiligsten vor sich ging, ist ein Geheimnis geblieben; eine strenge, niemals durchbrochene Schweigepflicht band die Eingeweihten. Mit Sicherheit läßt sich sagen, daß die Einweihungsvision, von der einhellig berichtet wird, ein Erlebnis von ungeheurer Intensität und Wirkung war, alle ›normalen‹ Erfahrungen unsagbar hinter sich lassend. Der Eingeweihte ging aus dem Telesterion hervor als ein zutiefst Gewandelter, dem Göttlichen nunmehr unverlierbar Verbundener. Sophokles schreibt:»Dreifach glücklich sind jene unter den Sterblichen, die, nachdem sie diese Riten gesehen, zum Hades schreiten; ihnen allein ist dort wahres Leben vergönnt, für die übrigen ist da alles schlimm.«[37] Man weiß, daß die Initianden einen heiligen Trank zu sich nahmen (»kykeon« genannt), der als unerläßliche Vorstufe der Einweihung galt und von einigen Forschern als halluzinogene Droge gedeutet wird, die, in der Wirkung dem LSD ähnlich, die zentrale Vision verursacht habe.[38] (Der Trank wurde von den Hierophanten, den leitenden Priestern, aus dem Mutterkorn des Roggen gewonnen.) Die Haltbarkeit oder Unhaltbarkeit der Drogenthese möge hier unerörtert bleiben. Für unseren Zusammenhang ist nur dies bedeutsam: die Verbindung von Erdmutterkult und initiatorischer Erfahrung, von sublimer Erdverbundenheit und ekstatisch-›jenseitiger‹ Vision, also die bewußtseinsmäßige Symbiose von Diesseits und Jenseits – durchaus im Sinne der Verwandlung der Ariadne, wie Hofmannsthal sie umreißt. Das ist zutiefst *tantrisch* gedacht. Das Sanskritwort Tantra meint soviel wie »Webwerkzeug«, nach einigen Tibetologen auch einfach »Gewebe« oder »Faden«; es ist in den letzten Jahren zu einer Art Modewort in der Szene geworden, primär als Sammelbezeichnung für eine vertiefte, spirituell angereicherte Sexualität. Doch das Tantrische umgreift erheblich mehr. Ich will es hier im weitestmöglichen Sinne verstanden wissen: als Kennzeichnung für die Allverbundenheit der Dinge, für die Integration des Spirituellen und des Irdisch-Sinnlichen im menschlichen Bewußtsein (Integration im Sinne fruchtbarer, lebendiger Polarität).– In den Mysterienfeiern spielte auch Musik eine bedeutsame Rolle. Überhaupt wußte man im alten Griechenland viel über die verwandelnde und reinigende Kraft der Musik. Nachwirkungen der Eleusinischen Mysterien sind noch im Gralsmythos erkennbar, aber auch in dem Einweihungsgeschehen in Mozarts »Zauberflöte«.

Ekstatische Entgrenzungen, verbunden mit visionärer Schau, werden aus allen Zeiten und Kulturen berichtet. Sie gehören zu den Urerfahrungen des Menschen, der seine Winkelperspektive zu überschreiten lernt. Meist geschehen diese Erfahrungen spontan, manchmal in einer Phase tiefer Depression, wenn der Selbstbehauptungswille des Ich ins Wanken gekommen ist, wenn nach außen alle Wege versperrt erscheinen und die Wendung nach innen als einziger Ausweg bleibt. Der berühmte Hindu-Mystiker Ramakrishna (1836-1886) beispielsweise berichtet von seiner ersten ekstatischen Vision in einem Kali-Tempel, die er als Einweihung in das Mysterium der Großen Kali (Maha-Kali) empfand. In einem Zustand äußerster Verzweiflung und am Rande des Selbstmordes habe sich ihm jäh und unverhofft die Ur-Mutter Kali offenbart: »… der Tempel und alles übrige verschwand, ohne eine Spur zu hinterlassen; an Stelle dessen war da ein grenzenloser, unendlicher, leuchtender Ozean von Bewußtsein oder Geist. Soweit meine Augen sehen konnten, überspülten mich seine Wogen von allen Seiten…, um mich zu verschlucken (to swallow me up). Ich schnappte nach Luft. Ich war gefangen in den Wogen und stürzte besinnungslos zu Boden.«[39] Das Tagesbewußtsein vermag Einweihungs-Erlebnisse dieser Prägung nur bis zu einer bestimmten, individuell verschiedenen Grenze zu integrieren, selten dauerhaft zu bewahren. Im November 1984 habe ich selbst eine derartige spontane Initiation und ekstatische Entgrenzung ins Kosmische hinein erfahren. Dies sei nur erwähnt, um den lebendigen Erfahrungshintergrund des hier Dargestellten wenigstens anzudeuten.

Ohne den »Gang zu den Müttern« geht es nicht; wir brauchen Demeter bzw. Erda. Wir brauchen die Yin-Energie des Großen Tales, dem wir entstammen. Wir brauchen den Urbrunnen, das Selbstopfer, auch die dionysische oder demetrische Bejahung der Natur *und* ihre initiatorische Überschreitung. Wenn das dem patriarchalen Logos verhaftete Ich nicht ›zurückzutreten‹ vermag, *ohne* einer dauerhaften Regression zu verfallen, kann es keine rettende Zukunft geben. In seinem Buch »Ich ging den Weg des Derwisch« läßt der englische Sufi Reshad Feild den Sufi-Meister Hamid zu dem Ich-Erzähler sagen: »Es verlangt großen Mut, in jedem Augenblick zu sterben. Doch ehe du dich nicht wahrhaft aufgeben kannst, bist du noch kein salik, kein Reisender des WEGES. Ein salik ist jemand, der sich selbst gefunden hat. Und indem er sich selbst erkannt hat, hat er die Wahrheit erkannt und weiß, was zu tun ist. Er blickt von der Höhe des Wissens und trägt so zu dem Wandel bei, der kommen muß. Er weiß, daß Gott des Opfers und der Hingabe des Menschen bedarf, damit die Evolution fortschreiten kann. (…) Wenn jetzt nicht etwas geschieht und die Menschen zu saliks werden, dann besteht die sehr wirkliche Gefahr, daß die Erde in den Zustand des uranfänglichen Chaos zurückfällt. Es könnte sein, daß wir, wenn wir nicht bald und auf höchster Stufe das tun, was nötig ist, das Ende der Zivilisation noch selbst erleben. (…) ›Du meinst also‹, sagte ich schließlich, ›daß die Zukunft der Welt, unseres Planeten, von uns und den wirklichen Veränderungen abhängt, die wir jetzt bewirken?‹ ›Das ist genau das, was ich meine‹, erwiderte Hamid. ›Jetzt bereiten wir uns vor auf die künftige Welt, doch wann sie kommen wird, das liegt in Gottes Zeit und nicht in der unseren. Du kannst jetzt nur eines tun: härter und härter an dir selbst arbeiten, weniger im Schlaf wandeln…«[40]

Wenn etwas geeignet sein könnte, diesen lebensnotwendigen Prozeß des Erwachens und der Verwandlung in den »salik«, den Reisenden des spirituellen Weges, zu fördern, dann ist es eine Art *Satyagraha des Hörens*: des meditativen, integrativen Hörens großer Musik. Das Sanskritwort Satyagraha heißt soviel wie »Ergreifen der Wahrheit« (bekanntlich wurde es von Mahatma Gandhi in den Mittelpunkt seines gewaltlosen Kampfes gestellt). Satyagraha läßt sich nicht verwirklichen gegen Demeter, gegen den Geist des Tales, gegen das Geheimnisvoll-Weibliche. Dies dennoch versucht zu haben, war der Fehler der einseitig patriarchal und naturfeindlich ausgerichteten Spiritualität, die heute am Ende ist oder sein sollte. Noch einmal Hamid: »Solange die Frau nicht vom Mann erkannt wird, kann sie niemals frei sein. Der Mann hat zuviel vergessen. Doch würde er die Frau erkennen, so würde er auch sich selbst befreien. Die Frau, die Erde, wartet noch immer, mit großer Geduld, doch es mag sein, daß ihre Geduld bald ein Ende hat.«[41]

Verwandlung nach oben – Verwandlung nach unten

Vor der Begegnung mit Ariadne gerät Dionysos-Bacchus in die Arme Circes, einer dämonischen Zauberin, die ihre Liebhaber in Tiere verwandelt; er wird nur leicht verwundet bzw. infiziert und kann sich aus ihrem Wirkungskreis befreien. In dem bereits zitierten Brief Hofmannsthals an Richard Strauss heißt es hierzu: »Gestern war Bacchus ein Knabe, sein erstes Abenteuer war Circe, die nichts ist als die natürliche Natur, die dämonisierte Zerbinetta. Für Harlekin wäre es seinesgleichen, wäre es ein leichtes Abenteuer gewesen, das erste Glied einer langen Kette: auch Don Juan lag in irgendeinem Arme zum erstenmal. (Zerbinetta, die von Mann zu Mann wechselt und Harlekin, der von Frau zu Frau wechselt, sind die Gegenfiguren zu Ariadne und Bacchus. J.K.) Aber es ist Bacchus – er sieht sich begehrt, fühlt sich fast schon genommen, und er liebt noch nicht. (…) Wo die gemeine Natur widerstandslos hinsinkt, vermag er zu widerstehen: alles entschleiert sich seiner scharfen, schicksalsvollen Ahnung: Verwandlung nach oben, Verwandlung nach unten. Tier und Gott enthüllen sich ihm, und ihre Verkettung – in einem Blitz, und so entzieht er sich Circes Armen, aber nicht ohne eine Wunde, eine Sehnsucht, ein ahnendes Wissen.«[42]
Was hier als »natürliche Natur« bezeichnet wird, entspricht der »Verwandlung nach unten«, entspricht dem Tierhaften als einer dämonischen Versuchung, aus der sich die Seele nicht unverwundet zu befreien vermag. Verwandlung nach unten: das ist die ›rohe‹, individualitätsfeindliche und verschlingende Natur. Sie macht den Menschen zum Tier, ruft ihn zurück in Regionen, denen er sich einst entwand, als sein

Selbstbewußtsein erwachte. Die so verstandene Natur enthält alle grausamen, unbewußten dunklen Strebungen, enthält den dämonischen Aspekt des Großen Weiblichen, der Urmutter, – der durchaus nicht nur eine Männerphantasie ist, wie Feministinnen mutmaßen. Natürliche Natur ist die Nur-Natur, die Natur ohne individualisierten Geist, deren ewiges Werden und Vergehen das metaphysische Sein negiert. Verwandlung nach unten ist der Weg »hinunter in die Naturgeschichte, in die tierische Instinktgrundlage des menschlichen Wesens«, wie C.G.Jung schreibt,[43] ist der linksläufige Weg. Dies geschieht durch rauschhafte Entgrenzung in die unteren Reiche, in die unteren Chakras hinein: nach Art der schamanischen Trance. Es gibt auch Formen der Musik, die dies bewirken. Ich möchte in diesem Zusammenhang vom Kybelisch-Weiblichen sprechen: als Gegenbild zum Demetrisch-Weiblichen. Die Priester der Kybele suchten die ichzerstörende Trance, innerhalb derer sie sich selbst entmannten. Jede (meist nur psychische) Selbstkastration dieser Art ist den Wirkungen des Kybelisch-Weiblichen zuzurechnen. Man denke an die Gestalt des kastrierten Magiers Klingsor aus der Gralslegende (in der Fassung Wolframs von Eschenbach). Gerade durch seine Entmannung erhält Klingsor die Möglichkeit, schwarzmagisch zu wirken, und zwar mit den Energien des Weiblichen (des Kybelisch-Weiblichen). In der Gestalt Gawans wird auch der Gralssucher Parzival mit der Klingsor-Magie konfrontiert (Gawan und Parzival sind ursprünglich identisch). Erst nachdem er dem Zauber des Schwarzmagiers widerstanden hat, kann er die heilende Frage stellen, so daß das Wüste Land wieder fruchtbar wird. Es ist vielleicht kein Zufall, daß schon der Name »Klingsor« einen Bezug zum Klang und zum Hören aufweist: die Klingsor-Sphäre des Kybelisch-Weiblichen ist zugleich eine *Klangsphäre*, eine Sphäre der Sirenenklänge, der dämonischen Klangmagie. Während der Wagnersche Parsifal den Zaubergarten Klingsors und das rätselhafte Weib Kundry nur dadurch zu überwinden vermag, daß er alle Sinnlichkeit in sich abtötet und sich in gewisser Weise gleichfalls kastriert, erlangt der Wolframsche Parzival das höchste Amt an der Seite der ihm zugeordneten Frau, also unter *Einschluß* des Eros.

Was wir brauchen, ist die Verwandlung nach oben. Dies muß *Phasen* der Regression nicht ausschließen, Phasen der Trance und der ›Verflüssigung‹, um die schlimmsten Blockierungen aufzubrechen. Allenthalben wird dies auch versucht, und die regressiven Züge großer Teile der New-Age-Szene sind unübersehbar. Nirgendwo wird dies deutlicher als im Bereich der Musik. Nur hat eine Regression *auf Dauer* verhängnisvolle Auswirkungen: sie blockiert die wirklich schöpferischen Energien, die wir brauchen, um den technokratischen Nihilismus zu überwinden.

3
Der Klangraum der Seele

Wenn man mir, oder jedem halbwegs Musikalischen, etwa die Choräle Bachs, die Arien
aus der Zauberflöte und dem Figaro wegnäh-
me, verböte oder gewaltsam aus dem Ge-
dächtnis risse, so wäre das für uns wie der
Verlust eines Organes, wie der Verlust eines
halben, eines ganzen Sinnes. Wie oft, wenn
nichts mehr helfen will, wenn auch Himmels-
blau und Sternennacht uns nimmer erfreuen
und kein Buch eines Dichters mehr für uns
vorhanden ist, wie oft erscheint da aus den
Schätzen der Erinnerung ein Lied von Schubert, ein Takt von Mozart, ein Klang aus
einer Messe, einer Sonate – wir wissen nicht
mehr, wo und wann wir sie gehört – und
leuchtet hell und rüttelt uns auf und legt uns
Liebeshände auf schmerzliche Wunden …
Ach, was wäre unser Leben ohne Musik!

(Hermann Hesse)[44]

Musik und Archetypus

So unmittelbar, so machtvoll, so seelenaufwühlend wirkt keine Kunstform wie die Musik. Große Musik reißt die Tiefen der Seele auf, erschüttert, beglückt und entgrenzt, steigert die Wahrnehmung auf sublimste Weise. Sie trifft den Menschen ins Zentrum, bringt das Zentrum zum Mitschwingen, zum Mittönen. Sie packt den Menschen in seiner Ganzheit, und er findet sich widergespiegelt, widerklingend in der Ganzheit großer Musik… Warum wohnt der (großen) Musik diese Wirkungskraft inne? Was ist ihr Wesen, ihr Kern, ihre Eigentlichkeit – also losgelöst von allem Beiwerk, allen Zugaben? Was macht sie zur größten und geheimnisvollsten aller Künste?

Nur Gleiches vermag auf Gleiches zu wirken. Nur Gleiches kann von Gleichem erkannt werden. Dieses Prinzip ist auch auf das Rätsel der Musik, der musikalischen Wirkung anwendbar. Musik wirkt auf die menschliche Seele (um die Wirkungen auf den Körper sowie auf Pflanzen und Tiere hier auszuklammern), weil Seele und Musik im letzten *aus einem Stoff* gemacht sind. *Der Stoff der Musik ist der Stoff der Seele*. Nicht nur aus einem Stoff, auch aus den gleichen Formungskräften gehen Seele und Musik hervor. Der unhörbare Klang der Seele findet seinen hörbaren Ausdruck im Klingen der Töne. Nur eine große, dem Kosmos geöffnete Seele schafft wirklich große, kosmische Musik. *Stets* ist Musik der Klangausdruck einer Seelenverfassung. *Die Seele ist Klang*, ist ein resonanzfähiges System von feinsten Schwingungen, Bewußtseinsschwingungen, die weit ins Weltall und tief hinab in die Abgründe des Seins reichen.

Klang ist immer auch *Klangraum*. Der Klang bedarf des Raums zu seiner Entfaltung. Und alten esoterisch-philosophischen Lehren zufolge ist der unendliche Raum ein unerschöpfliches Reservoir an Klängen, Klangströmen, Klangenergien – ist der Raum selbst göttlicher Ur-Klang. Offenbar gehört es zum Wesen des Raums, zugleich Klangraum zu sein. *Die Seele ist ein Teil des kosmischen Klangraums*.

Der große Dirigent Bruno Walter (1876-1962) schreibt über die pythagoreische Idee der Harmonie der Sphären:

Niemals habe ich diese einem hohen Geist gewordene Offenbarung nur als das phantasievolle Erzeugnis erhabener Imagination aufgefaßt. Ich glaube daran, daß dem großen Menschheitslehrer (also Pythagoras J.K.) sich Urtiefen der Natur im Klang eröffneten, daß er – wenn auch nicht mit dem physischen Ohr – die Harmonie der Sphären wirklich vernahm… Der Gedanke einer zwar für das sinnliche Gehör nicht wahrnehmbaren, aber im Kosmos tönenden und waltenden Urmusik, wie sie Pythagoras' und Goethes Geistesohren erklang, ist mir mehr und mehr überzeugend geworden, denn aus solch hohem Ursprung begann ich das Werden und das Wesen unserer Kunst und ihre elementare Macht über des Menschen Seele allmählich tiefer zu begreifen. Als Geschöpf der Natur, den Einwirkungen der kosmischen Vorgänge auf alles Irdische unterworfen, mußte der Mensch von früher Menschenkindheit an unter dem Einfluß jener Musik des Universums stehen – sein Organismus schwang in ihren klingenden Vibrationen mit und empfing ihre rhythmischen Impulse. Aus jenen, vom inneren Wesen der Welt kündenden sphärischen Vorgängen und von ihrer Auswirkung auf des Menschen Entwicklung stammt wohl seine musikalische Grundanlage, die dann – von einem dafür geeigneten Reifestadium seiner Sinneswachheit und geistigen Bewußtheit an – zur musikalischen Äußerung in lebendigem Klang aufblühen konnte.[45]

Diese Lehre von der kosmischen Harmonie, vom Zusammenklang der Sphären, wird uns noch näher beschäftigen. Viele sensible Geister der vergangenen zweieinhalb Jahrtausende waren ihr in der einen oder anderen Form zugeneigt; die Stimmen der Komponisten und nachschaffenden Musiker sowie der ganzheitlich denkenden Philosophen haben hierbei fraglos das größte Gewicht. Unverbildete musikbegeisterte Menschen haben meist ein klares Gespür für die im musikalischen Geschehen in Erscheinung tretende höhere Seinsdimension, auch wenn sie keiner bestimmten Metaphysik der Musik anhängen oder nichts wissen von den Klangstrukturen des Universums. Der klangentfremdete Intellektuelle, meist ein Sachwalter des patriarchalen Logos, der die transzendente Schicht in der Musik und jede Form der höheren Inspiration leugnet, wird sich nur schwerlich von dem überzeugen lassen, wovon in diesem Buch die Rede ist. Wer sich dagegen einlassen will auf die lebendige Erfahrung des initiatorischen Weges der Musik, dem wird der eine oder andere Hinweis willkommen sein. Viele, so meine ich, bedürfen nur eines erinnernden Anstoßes, einer leisen Mahnung, um (wieder) dessen innezuwerden, was sie eigentlich bereits ›wissen‹. Und auch das will mein Buch sein: *erinnernder Anstoß und leise Mahnung.*

Seele und Musik, so sagte ich, sind aus einem Stoffe, unterliegen den gleichen Gestaltungsprinzipien, die – wie nun hinzugefügt werden muß – auch im Kosmos, im Weltall Gültigkeit haben. Das erst macht die alte Lehre von der Widerspiegelung des Makrokosmos im Mikrokosmos Mensch verständlich. Wenn jener geheimnisvolle Kreuzungspunkt von Ich und Universum, der in den Tiefenschichten der Psyche anzusetzen ist und von dem Meister Eckhart kündet, irgendwo seinen Ausdruck gefunden hat, dann in den Klanggebilden der großen Musik! Die klangliche Wesenseinheit von Seele, Welt (Kosmos) und Musik wird bereits von Pythagoras hervorgehoben, und zwar unter Hinweis auf die universelle Ordnungsfunktion der (ganzen) Zahlen und der zahlenmäßig faßbaren Proportionen auf dem Monochord (Einsaiteninstrument mit beweglichem Steg). Der romantische Dichter und Mystiker-Philosoph Novalis spricht von der »unendlichen schöpferischen Musik des Weltalls«[46] und der musikalischen Struktur des menschlichen Organismus. Und der Philosoph Arthur Schopenhauer (1788-1860) entwickelt eine Metaphysik der Musik , die von dem Gedanken ausgeht, daß die Musik das innerste Wesen der Welt und des Menschen, den Weltenwillen, *direkt und unmittelbar* zum Ausdruck bringe und damit die bedeutsamste aller Künste sei...

Was hat nun die Musik, was hat der Klangraum der Seele mit dem zu tun, was C.G.Jung einen Archetypus nennt? Archetypen sind nach Jung unanschauliche Strukturformen der Menschheitspsyche, die sich in vielfältigen Bildern, Motiven, Gestalten und mythisch- künstlerischen Formen, aber auch in Träumen manifestieren. Es sind Muster jener seelischen Urschicht, die allen Menschen, zu allen Zeiten und in allen Kulturen, gemeinsam ist; Muster dessen, was Jung das kollektive Unbewußte nennt. Stets ist ein aktivierter Archetypus im Spiel, wenn die Seele im Tiefsten getroffen, wenn der Mensch in seiner Substanz berührt wird. Verschiedentlich hat Jung angedeutet, daß es auch im klanglich- musikalischen Bereich Archetypen gebe, ohne daß dies jemals näher ausgeführt wurde. Von den großen Komponisten erwähnt er Richard Wagner am häufigsten: Wagnersche Musik erscheint als klangliche Ausdrucksform des Linksläufig-Dionysischen, als ein potentiell regressives Gebilde, das zur Vorgeschichte des Nationalsozialismus gehört (so etwa in dem Aufsatz »Nach der Katastrophe« vom Sommer 1945).[47] Jung hebt primär die rauschhafte Komponente dieser Musik hervor. In einem Brief von 1950 finden wir die wohl aufschlußreichste Aussage Jungs zur Frage des Archetypischen in der Musik:

Daß Musik, ebenso wie das Drama, mit dem kollektiven Unbewußten zu tun hat, steht fest, denken Sie z.B. an Richard Wagner. Die Musik ist hier gewissermaßen Ausdruck für Gefühlsbewegungen (oder emotionale Werte), die die unbewußten Prozesse begleiten. Was sich im kollektiven Unbewußten abspielt, ist seiner Natur nach archetypisch, und alle Archetypen besitzen eine gewisse numinose Qualität, die sich in einer Betonung des Emotionalen anzeigt. Die Musik drückt in Tönen dasselbe aus wie die Bilder der Phantasien oder Visionen. Ich bin kein Musiker und nicht imstande, Ihnen diese Gedanken im einzelnen auseinanderzusetzen. Ich kann Sie nur darauf hinweisen, daß Musik die Bewegung, Entwicklung und Wandlung der Motive im kollektiven Unbewußten darstellt. Bei Wagner und z.B. auch bei Beethoven wird das sehr deutlich; es zeigt sich aber auch in Bachs »Kunst der Fuge«. - Mehr könnte ich Ihnen über dieses Thema nicht sagen. Nur ein Musiker, der über psychologische Kenntnisse verfügt, wäre imstande, die Psychologie des Kontrapunktes, der kreisförmigen Anordnung etc. zu beschreiben... [48]

Der Religionspsychologe Ulrich Mann, der die Briefstelle von Jung in seinem Beitrag zu »Religion und Mythos in Richard Wagners Musikdrama« (von 1983) zitiert, sagt in diesem Zusammenhang:

Es gibt archetypische Gestalten (etwa der ›alte Weise‹, der ›Lichtheld‹, die ›große Mutter‹, die ›Jungfrau-Braut‹ usw.), archetypische Figuren oder Symbole (etwa Kreuz, Kreis), archetypische Geschehnisse (etwa Flucht, Tötungszwang, Nicht-Finden, Wiederfinden); es gibt aber auch archetypische Klänge, Klangfiguren, Harmonien und Melodien: nicht wenige Menschen träumen solche Klangerfahrungen. Ich schlage den Ausdruck ›Archephon‹ und ›Archephonie‹ dafür vor. ›Archephonisches‹ erinnert oft an im Wachen gehörte musikalische Klangformen, doch es zeichnen sich diese realen Tongebilde immer durch äußerste Reduktion auf das Minimum an Figuration aus. Es ist unverkennbar, daß Wagners Verzicht im »Parsifal« auf jenen Reichtum an Figuration, den die »Ring«-Komposition aufweist, archephonischen Charakter hat. (...) Die Bilderwelt der archetypischen Tiefe ist durchaus sinnvoll gegliedert – die des ›Archephonischen‹ natürlich ebenso; dies eben ermöglicht es ja, von Typischem zu sprechen. So unbegrenzt diese Bilder- und Klangwelt auch erscheinen mag, sie ist doch nicht unendlich, sie zeigt sich vielmehr als gequantelt und gestaltet. [49]

Ulrich Mann folgend, möchte ich die Existenz derartiger »Archephone« als sicher annehmen. Diese Klang-Archetypen müssen in der Menschheitspsyche verankert und im Letzten kosmischen bzw. göttlichen Ursprungs sein. Es steht zu vermuten, daß andere Menschheiten auf anderen Himmelskörpern auch andere Archephone haben und daß Struktur und Eigenart dieser Archephone von der kosmisch bedingten Ursprungsgeschichte des jeweiligen Gestirns abhängen. Doch bleiben wir bei der Erde, bei dem Großorganismus Gaia, der uns trägt und erhält, und fragen wir aus unseren Erfahrungen mit der ganzen Breite der hier entwickelten Musik heraus: Wie sieht das innere Gefüge dieser archetypischen Tongebilde aus? Diese innere Gestalt müßte etwas zu tun haben mit der Wirkung, die jeweils ausgelöst wird, und mit den musikalischen Zusammenhängen, in denen die Archephone auftreten, darüber hinaus natürlich mit der archetypischen Struktur der menschlichen Seele als solcher. Hier werden letzte Fragen der Musik angesprochen: die Frage nach ihrer *Seinstiefe* und die Frage nach ihrem *Wesen*. Worin der Wesenskern, die Essenz der Musik besteht, ist ja keineswegs eindeutig festgelegt. Im Gegenteil: allenthalben herrscht Willkür, und eine Musikästhetik von grundlegender Verbindlichkeit existiert nicht. Niemand kann wirklich begründen, warum er diese Art von Musik jener Art vorzieht oder, im Rahmen einer bestimmten Musikart, dieses Stück einem beliebigen anderen. Man fällt Geschmacksurteile. Meist werden ganz persönliche Eindrücke, Vorlieben und Kenntnisse, auch Urteile und Vorurteile verallgemeinert. Und doch gibt es so etwas wie objektive Maßstäbe, die allerdings aus der heute zumeist üblichen Art der Betrachtung und des Hörens nicht ableitbar sind. Das ganze Buch will so etwas wie musikalische Verbindlichkeit herstellen oder vorbereiten; eine Verbindlichkeit, die viele Musikliebhaber auch durchaus ahnen oder von der sie im Innersten überzeugt sind.

Der Wert großer Musik bestimmt sich in erster Linie dadurch, daß und in welcher Intensität bedeutsame Archephone aufgenommen und künstlerisch ›weiterverarbeitet‹ worden sind, wobei es offenbar auch innerhalb dieser klanglichen Urformen bestimmte hierarchische Abstufungen gibt. Auch dürfte die energetische Aufladung der Archephone recht verschieden sein. Eines steht fest: archetypische Klangformen gehören zur Seelennahrung des Menschen, zum musikalischen Urbedürfnis, dem auf Dauer nicht auszuweichen, das auf Dauer nicht zu korrumpieren ist. Aufgegeben ist uns der schöpferische Umgang mit den großen Archephonen der Menschheit bzw. des Klangkörpers Erde. Archephone ihrerseits, auch wenn sich dies zunächst absonderlich anhört, brauchen den Menschen; sie verlangen gleichsam danach, durch die menschliche Seelenkraft ›gefüllt‹ und belebt zu werden. Auch der Klang bedarf der Erlösung durch das menschliche Bewußtsein.

Die Gesamtheit der Archephone des Planeten Erde – Spiegel seiner kosmisch-klanglichen Reichweite und Bedeutung – ist die *Urmusik*, von der Bruno Walter spricht. Der romantische Philosoph Franz von

Baader (1765-1841) schreibt: »Wer Musik macht, erzeugt sie nicht, sondern öffnet nur mehr oder minder die Tür, durch welche wir die immerwährende Ur-Musik hören.«[50]

Die wachen Geister vieler Jahrhunderte, die von der Existenz einer *Urmusik* überzeugt waren (was immer sie darunter im einzelnen verstanden), betrachteten den Vorgang der musikalischen Schöpfung, der Komposition, weniger als ein Machen oder Erfinden denn als ein Aufdecken, ein Entbergen von etwas bereits Vorhandenem. Natürlich bleibt hierbei zunächst offen, was der einzelne Komponist, über seine Funktion als medialer Übermittler hinaus, an Subjektivem, auch an Handwerklich-Technischem dazutut – kurz: wie es um das Verhältnis von objektivem Geist oder objektiven Klängen und subjektivem Geist bestellt ist. Am Beispiel verdeutlicht: Die Verschiedenartigkeit von Mozart und Beethoven kann ja nicht *nur* darin begründet sein, daß beide jeweils andere *Ausschnitte* aus der – objektiv vorhandenen – Urmusik ins Hörbare transponiert haben, sondern doch wohl auch darin, daß beide das objektiv-kosmisch Gegebene durch das lebendige Feld ihrer Individualität jeweils ganz anders und jeweils ganz eigenständig beeinflußten, daß sie es subjektiv umformten, mit subjektiven (u.a. emotionalen) Elementen anreicherten. Es wäre abwegig, den großen Musiker einfach als kosmischen Registrierapparat zu betrachten und ihn derart seiner Individualität, seiner unverwechselbar geprägten Menschlichkeit zu entkleiden.

Auch ist die Urmusik ja kein kosmisches Sinfonieorchester, das sozusagen pausenlos spielt, das der Weltgeist zu seiner eigenen ewigen Unterhaltung braucht, etwa im Sinne der Worte Goethes im Faust: »Gestaltung, Umgestaltung. Des ewigen Sinnes ewige Unterhaltung.« *Entbergung* im Akt der Komposition ist also nicht einfach die Herstellung eines klanglichen Spiegelbildes, eines Abbildes im direktesten Sinn. Dies anzunehmen wäre naiv. (Bekanntlich finden sich derartige Vorstellungen in spiritistischen Kreisen, wo vielfach auch angenommen wird, daß die großen Musiker nach ihrem Ableben so weitermachen, als ob der physische Tod eine nur geringfügige Unterbrechung wäre.) Das Verhältnis von Abgeleitetem und Ursprünglichem gehört zu den philosophisch und spirituell schwierigsten Problemen; das gilt auch für das Feld der Musik. Und wenn wir Aufschluß darüber gewinnen wollen, dann müssen wir die schöpferischen Musiker selbst befragen, aber auch die großen Esoteriker und ganzheitlich denkenden Philosophen und – natürlich – die eigene klangvisionäre Erfahrung. Also: Sind die »klingenden Vibrationen«, die »sphärischen Vorgänge« oder »rhythmischen Impulse«,von denen Bruno Walter spricht, bereits melodischharmonisch geprägt oder geschieht diese Prägung erst im Schaffensakt des Komponisten? Wenn letzteres zutrifft: was sind die Vibrationen, Impulse und klanglichen Vorgänge dann in ihrem Wesen, in ihrer inneren Gestalt? Jedes bedeutsame musikalische Geschehen muß, als *Abbild*, sein *Urbild* haben. Dieses Urbild wäre dann die eigentliche «absolute Musik « (ein übrigens auf Richard Wagner zurückgehender Begriff). Aber welcher Art ist dieses Urbild? – Man muß derartige bohrend-intensive Fragen, die keine intellektuellen, sondern Wesensfragen sind, immer wieder stellen. Mit schwärmerischen Allgemeinheiten oder Oberflächlichkeiten kommen wir keinen Schritt weiter. Auch der Hinweis auf die Sphärenharmonie als Urbild der großen Musik sagt, für sich genommen, wenig…

Die Urmusik – oder die Gesamtheit der für die Menschheit der Erde erreichbaren Archephone – müßte auch mit dem Entstehungsprozeß des Gestirns zu tun haben. Nicht von ungefähr wird in vielen esoterischen und mythischen Traditionen die weltenschaffende (kosmogonische) Kraft der Ur-Klänge betont. Klangkosmogonische Vorstellungen finden wir in neuerer Zeit primär bei den Philosophen Dane Rudhyar, hier vornehmlich theosophisch beeinflußt, und Helmut Friedrich W. Krause, dessen Hauptwerk »Vom Regenbogen und vom Gesetz der Schöpfung« bereits 1970 abgeschlossen wurde, aber erst jetzt (16 Jahre nach seinem Tod) als Ganzes gedruckt vorliegt. Jeder kompositorische Akt, sofern er eine bestimmte Tiefendimension erreicht, vergegenwärtigt gleichsam den kosmogonischen Akt als solchen, den Vorgang der Gestirnschöpfung, wo aus der bloßen Potentialität, aus dem eingefalteten ›Nebeneinander‹ der Klangenergie deren kosmisch wirksamer *Fluß* und damit die kosmisch faßbare Zeit erwächst. Alte esoterische Lehren über den kosmischen Klang zusammenfassend, schreibt Rudhyar hierzu: »Das, was wir Zeit nennen, beginnt mit dieser Freisetzung von Energie. Die Freisetzung wirkt in den und durch die Zerfallprodukte eines früheren Universums, seine karmischen Reste, seinen Humus – die ›dunklen Wasser des Raumes‹, die im ersten Buch Mose erwähnt werden. Diese undifferenzierte präkosmische Materie setzt der schöpferischen Bewegung enormen Widerstand entgegen. Auf Grund dieses Widerstandes (oder dieser Trägheit) wird es ›eine Zeit dauern‹, bis die Materie ganz auf den schöpferischen Willen reagiert. Die Geschwindigkeit, mit der der kosmische Prozeß abläuft

– das heißt die Zeit, die verstreicht, bis sich alles völlig gewandelt hat
–, hängt daher vom Verhältnis der Kraft des Schöpfungsakts (oder in
menschlichen Begriffen der Willensstärke) zum Widerstand (der Trägheit) des Materials ab, das neu geordnet werden soll.«[51] Dieser schöpferische Wille, als Emanation des Göttlichen, ist für Rudhyar (wie für
Krause) im Letzten Klang. Nur spricht Rudhyar der klassischen europäischen Musik gerade jene kosmische Bedeutung ab, die ich ihr –
hierin Krause folgend – zuspreche.

Am besten können wir die klanglichen Urformen, um die es hier geht,
vielleicht als *eingefaltete Muster* betrachten, die wir in unserer Seele
tragen und zu denen wir, eine entsprechende Schulung vorausgesetzt,
auch Zugang haben. Das im Schöpfungsakt der Komposition in Erscheinung tretende musikalische Geschehen entlang der Zeitachse wäre
dann als *Aus*faltung oder *Ent*faltung anzusprechen. (Denkfiguren dieser
Art finden sich schon bei Nikolaus von Kues im 15. Jahrhundert und
wirken auch in die moderne Naturwissenschaft hinein, sofern sie um
holistische Zusammenhänge bemüht ist.) Damit sind die Archephone
nicht einfach jenseits der Zeit oder zeitlos, sondern *auf dem Grunde
der Zeit*; sie sind zeitlich und überzeitlich *zugleich*, was der herkömmlichen westlichen Logik widerspricht. So enthalten sie, wie immer ihre
innere Gestalt ›konkret‹ beschaffen sein mag, ein Element von Ruhe
und Bewegung. Einerseits ist musikalisches Geschehen eine Form der
gegliederten Zeit, andererseits ist die musikalische Gestalt *als Ganzheit*
in jedem ihrer Einzelteile lebendig und präsent. Hiermit ist nicht jener
häufig genannte Gegensatz von Melodie und Akkord gemeint – also
von zeitlich-linearen und räumlich-vertikalen Elementen –, so wichtig
dieser Gegensatz ist, sondern das *Wesen des Melodischen* selbst, der
thematisch-motivischen Einheit (= Periode). Der einzelne Ton wird hier
nicht für sich oder in seinem isolierten Eigenwert wahrgenommen,
sondern im lebendigen Wechselbezug zu den jeweils vorher und danach
erklingenden Tönen. (Natürlich spielt das akkordisch-harmonische
Element hier stets hinein.) Eine Melodie, als Gestalt, ist stets mehr als
die Addition ihrer klanglichen Einzelteile. Das gilt auch, erweitert, für
ein musikalisches Kunstwerk als Ganzes (ja im Grunde für *jedes* Kunstwerk). Die Melodie entfaltet sich, aber sie ist schon vorher als lebendige Einheit vorhanden! Auch wenn sie nicht akustisch erklingt, ist sie
doch ›da‹: eben zeitlich und überzeitlich in einem. In einem anderen
Zusammenhang, aber im Kern auf das gleiche Mysterium verweisend,
sagt der Musikwissenschaftler Ulrich Michels über die Schubertsche

Musik: »Jedes Detail ist erfüllt vom ganzheitlichen Sein des Augenblicks, als ob Schubert in eine tiefere Schicht der Welt eingetaucht wäre.«[52] Der Konjunktiv kann hier getrost wegfallen: Schubert *ist* faktisch »in eine tiefere Schicht der Welt eingetaucht«; in noch höherem Grade gilt dies für Mozart oder Beethoven.

Das Strömen des Klangs, in rhythmisch-harmonisch gegliederter Form, ergreift unsere Seele im Innersten, weil wir selbst – wie die große Musik – das sind, was Goethe als »geprägte Form, die lebend sich entwickelt« bezeichnet: zeitlich-überzeitliche Wesen. Rudolf Steiner sagt in einem Vortrag aus dem Jahre 1906: »Doch die Werke der Musik müssen sich immer wieder von neuem erzeugen. Sie fluten dahin im Wogen und Wallen ihrer Harmonien und Melodien, ein Abbild der Seele, die in ihren Inkarnationen sich auch immer wieder von neuem erleben muß im Dahinfluten der Zeiten. Wie die menschliche Seele ein Werdendes ist, so ist ihr Abbild hier auf Erden ein Fließendes. Die tiefe Wirkung der Musik beruht auf dieser Verwandtschaft. (...) Aus ihrer Urheimat, aus der geistigen Welt, aus der Heimatwelt, da tönen zu uns herüber die Klänge der Musik und sprechen tröstend und erhebend zu uns in den wogenden Melodien und Harmonien.«[53]

Der Komponist und Pianist Ferruccio Busoni (1866-1924) schreibt im Jahre 1910 (und wir sollten seine von ekstatischer Begeisterung erfüllten Worte weniger als poetische Umschreibungen denn als Hinweise auf eine kosmische *Wirklichkeit* werten):

Kommt, folgt mir in das Reich der Musik. Hier ist das Gitter, das Irdisches vom Ewigen trennt. Habt Ihr die Fesseln gelöst und abgeworfen? Nun kommt.– Es ist nicht so, als wenn wir früher in ein fremdes Land traten; bald lernten wir dort alles kennen, und nichts überraschte uns mehr. Hier wird des Staunens kein Ende, und wir fühlen uns doch von Anfang an heimisch. Noch hört Ihr nichts, weil *Alles tönt*. Nun beginnt Ihr schon zu unterscheiden. Lauscht, jeder Stern hat seinen Rhythmus und jede Welt ihren Takt. Und auf jedem Stern und jeder der Welten schlägt das Herz jedes einzelnen Lebendigen anders, und nach seinem eigenen Müssen. Und alle Schläge stimmen überein und sind ein Einziges und ein Ganzes. Euer inneres Ohr wird schärfer. Hört Ihr die Tiefen und die Höhen? Sie sind unmeßbar wie der Raum und unendlich wie die Zahl. Wie Bänder ziehen sich ungeahnte Skalen von einer Welt zur anderen, *feststehend* und *ewig bewegt*. Jeder Laut ist ein Zentrum unermeßlicher Kreise.[54] (Hervorhebungen von Busoni)

Das Ineinander von kosmisch-klanglicher Bewegung und Ruhe ist hier eindrucksvoll dargestellt. Und weil die Worte Busonis etwas wiedergeben von dem musikalisch-kosmischen Weltgefühl, das auch, als Impetus, dieses Buch bestimmt, so möchte ich Busoni noch etwas weiter zitieren:

Alle, alle Melodien, vorher gehörte und ungehörte, erklingen vollzählig und zugleich, tragen Euch, überhängen Euch, streifen Euch – der Liebe und der Leidenschaft, des Frühlings und des Winters, der Schwermut und der Ausgelassenheit –, sind selbst die Gemüter von Millionen von Wesen in Millionen von Epochen.– Faßt Ihr eine davon näher ins Auge, so merkt Ihr, wie sie mit allen übrigen zusammenhängt, mit allen Rhythmen kombiniert, von allen Klangarten gefärbt ist, von allen Harmonien begleitet, bis in den Grund der Gründe und die Wölbung aller Wölbungen in den Höhen. Nun begreift Ihr, wie Planeten und Herzen eins sind miteinander und nirgends ein Ende, nirgends ein Hemmnis sein kann ...[55]

Melodie als Königsprinzip der Musik

Die Wesensstruktur der Urmusik, der archetypischen Klangformen in Kosmos und Seele, spiegelt sich auch in ihrem Abbild, der hörbaren Musik. Welches sind nun die Grundelemente der (hörbaren) Musik, und wie sind diese einander zugeordnet?

Um die Mitte des 19. Jahrhunderts schreibt Arthur Schopenhauer, dessen Metaphysik der Musik ein Kernstück seiner Philosophie ist, über die Musik seiner Zeit, diese biete »vielen Lärm, viele Instrumente, viel Kunst, aber gar wenig deutliche, eindringliche und ergreifende Grundgedanken«, um dann fortzufahren: »Gebt mir Rossinische Musik, die da spricht ohne Worte! – In den Kompositionen jetziger Zeit ist es mehr auf die Harmonie, als die Melodie abgesehen: ich bin jedoch entgegengesetzter Ansicht und halte die Melodie für den Kern der Musik, zu welchem die Harmonie sich verhält, wie zum Braten die Sauce.«[56]

Vielleicht ist der Hinweis auf Rossini nicht gerade dazu angetan, den Wert der Schopenhauer-Äußerung zu erhöhen. Gleichviel: ihrer zentralen Aussage stimmten und stimmen unzählige Menschen zu. Genau betrachtet, hat kein Musiker von Gewicht jemals etwas prinzipiell anderes gesagt. Musik ohne melodische Substanz, ohne erkennbare thematisch-motivische Muster und Bewegungsimpulse ist einfach schlechte Musik. Die Grund- und Ausgangsfigur aller Musik, *vor* allen rhythmischen und chromatischen Nuancierungen oder Akzenten, ist der plastische melodische Einfall. Die »erste und wichtigste Frage«, so

Richard Strauss, sei stets die »nach der Werthaftigkeit und Stärke des musikalischen Einfalls« (der eben stets ein melodischer ist).[57] Und selbst ein Musiker wie Igor Strawinsky (1882-1971) äußert in seiner späten »Musikalischen Poetik« , die Melodie müsse »den oberen Platz in der Hierarchie der Elemente behalten«.[58] Auch Richard Wagner, dem Kritiker immer wieder einen Mangel an Melodie vorwarfen, empfand im Kern genauso, was u.a. aus seiner Kritik an Robert Schumann erhellt: in dessen Werk sei »keine Melodie« anzutreffen.(Schumann machte seinerseits Wagner genau den gleichen Vorwurf.)

Unbezweifelbar gilt: Melodie gehört zur Essenz der Musik, ja sie *ist* deren Essenz! Ohne Melodie keine Musik, die diesen Namen verdient. Der melodische Bewegungsimpuls ist nicht abzutrennen vom Prinzip des *Rhythmus*. Jede Melodie, jeder thematisch-motivische Vorgang ist an bestimmte rhythmische Muster gebunden. Rhythmus ist die innere Spannkraft und Dynamik des Melodischen, ist erheblich mehr als nur die Frage des jeweils vorherrschenden Taktes. Rhythmus ist der energetische Grundimpuls der Melodie.

Neben Melodie und Rhythmus wäre die *Harmonik* zu nennen, das Prinzip des Akkordischen; durch die harmonischen Gesetze und tonalen Bezüge bekommt eine Melodie ihre eigentliche Gestalt, was ihre ›Autonomie‹ nicht schmälert: Die Harmonik ist nichts der Melodie Äußerliches, sondern, wie der Rhythmus, in ihr immanent enthalten. Die wirklich große Melodie ist ein Mysterium, ein Urphänomen, das sich jedem Versuch entzieht, es zu etwas Abgeleitetem, zu einem Sekundärphänomen zu machen. Daß die Größe einer melodischen Figur nicht ›gemessen‹ werden kann, liegt auf der Hand. Und es gibt vielleicht nichts Müßigeres als eine Diskussion über den ästhetischen Wert einer Melodie. Bei minderer Musik liegt die Trivialität des Melodischen meist offen zutage. Eine große Melodie ist unauslotbar, sie läßt sich nicht bis zu Ende sinnen und kann – ja *sollte*! – zum Mantra oder Koan werden, zum Gegenstand unermüdlicher Meditation. Die relevanten Musiker *arbeiten* mit den plastischen melodischen Einfällen, sie schmecken ihre Substanz ab, zeigen sie in ihren Ausdrucksfacetten (durch Variation, Modulation u.ä.). Beethovens Variationsarbeit mit dem thematischen Material ist in sich schon ein klangliches Spiegelbild mantrischer Meditation…

Melodik, Rhythmik und Harmonik bilden eine unlösbare Einheit. Ganz oben steht das Prinzip des Melodischen; es ist das *Königsprinzip* der Musik, ihr *Geist* und ihre *Seele*. Der Rhythmus ist gleichsam der Energiekörper der Melodie, ihr Pulsschlag oder Atemschlag. Nicht zufällig hängt das Zeitmaß der Notenwerte mit den physiologischen Grundrhythmen von Herz und Atem zusammen; eine Viertelnote entspricht in etwa dem Pulsschlag, eine ganze Note einem vollen Atemzug, dem Vierfachen des Pulstaktes. (Diese physiologischen Rhythmen sind selbst wiederum die Folge oder Auswirkung kosmischer Grundrhythmen, die der Entstehung des organischen Lebens vorausgehen.) Mit dem Rhythmus kommt ein Element des Vorwärtsdrängens und des *Wollens* in das Melodische. Der in der klassisch- romantischen Musik häufig anzutreffende Viertel- oder Sechzehntelpuls im Baß oder in der Mittellage (im Kontrast zum ruhig schreitenden Generalbaß der Barockmusik) macht dieses vorandrängende Wollen, die Dynamik und Spannung des Rhythmischen besonders sinnfällig: Das Zeiterlebnis im Musikalischen wird auf diese Weise rätselhaft gesteigert und vertieft. In vielen Schubert-Liedern zum Beispiel kann man dies sehr deutlich spüren. Die Harmonik gibt der Melodie ihre Einbettung, ihr Oben und Unten, ihren vertikalen Zusammenhang und in gewisser Weise auch ihren Halt. Das alles gilt jedoch nur mit Einschränkungen, weil im Letzten die gesamte Harmonik im Melodischen selbst liegt! Harmonik ermöglicht Polyphonie, also Mehrstimmigkeit; sie ermöglicht die Schichtung und Verschiebung der Akkorde im melodischen Fluß oder in vormelodischen Phrasen. Sie ist das *Medium der Farbe* im musikalischen Vorgang, das auch dem Seelischen zuzurechnen ist.

Daß übrigens Melodie, Harmonie und Rhythmus unlösbar zusammengehören (bei eindeutigem Primat des Melodischen), ist von den Musikern selbst immer wieder betont worden. So schreibt etwa der russische Komponist Peter Iljitsch Tschaikowsky (1840-1893):

Keine Melodie fällt mir ein ohne die dazugehörige Harmonie. Ganz allgemein gesprochen, kann man diese beiden Elemente der Musik und den Rhythmus unmöglich getrennt voneinander konzipieren. Jeder melodische Kern trägt unausweichlich auch Harmonie und Rhythmus in sich.– Wenn man für Orchester komponiert, so schließt der musikalische Einfall auch das Instrument mit ein, auf dem er wiedergegeben wird, mag man gleich die Instrumentation später ändern.[59]

Dieses Tschaikowsky-Zitat läßt bereits ein viertes Element anklingen: das der Instrumentation, der Zuordnung von Melodie, Harmonie, Rhythmus zu bestimmten Instrumenten, also Klangkörpern mit bestimmten Resonanzeigenschaften, wozu auch die jeweils produzierte Obertonauswahl gehört. (Auch der menschliche Körper ist ein Musikinstrument, das komplizierteste und zugleich einfachste von allen, und dies durchaus nicht nur begrenzt auf die Stimmbänder und die anatomisch gegebenen Resonanzräume.) Die Instrumentation ist, wie alle Erfahrungen belegen, keine starre Größe; gleichwohl gibt es offenbar enge Verbindungen zwischen melodisch-harmonisch-rhythmischen Figuren und bestimmten Instrumenten. Wie weit diese Verbindungen gehen, ist im einzelnen schwer auszumachen.

Ein fünftes Element ist die *Tonart*, in gewisser Weise eine Sonderform des Harmonisch-Akkordischen, nur daß es hier nicht um die Relation der Töne zueinander geht, sondern um den absoluten Wert eines bestimmten Grundtons (auf dem eine Dur- oder Moll-Skala aufgebaut ist). Tonarten werden häufig wie eigene, seelisch-geistige Wesenheiten charakterisiert, ihnen werden bestimmte Eigenschaften zugeordnet, welche die Aussagekraft und die Wirkung der Musik entscheidend prägen (so spricht man etwa vom strahlenden C-dur, vom düsteren, verschleierten a-moll u.ä.). Die interessantesten Forschungen in dieser Hinsicht stammen von den Anthroposophen Hermann Beckh und Friedrich Oberkogler.

Das Ohr will Harmonie

Die fünf Grundelemente werden überwölbt und durchdrungen von dem Grundprinzip alles Musikalischen: dem Streben nach Zusammenklang, nach Harmonie, nach konsonierender Spannungsauflösung. Harmonie als Ziel (Telos): das ist offenbar ein Grundzug der Natur – wie auch der Wille zur ständig höheren Organisation von Sein und Bewußtsein. Das menschliche Gehör folgt hier natürlich-genetisch vorgegebenen Bahnen: es ist geeicht auf harmonische, konsonierende Klangmuster, die zugleich eine ökologische Bedeutung haben, also nicht willkürlich durchbrochen werden können. Auf der harmonikalen Ebene stellt sich diese Ausrichtung des Gehörs so dar, daß grundsätzlich und in allen Kulturen die einfachen Intervallproportionen bevorzugt werden. Der Begriff »Harmonik« bzw. »harmonikal« bezieht sich auf die von Hans Kayser (1891-1964) wiederbelebte Wissenschaft von den Proportionsgesetzen in der Natur, im Menschen und in der Musik. Der wichtigste Vertreter der zeitgenössischen Harmonik ist Rudolf Haase, Leiter des Hans-Kayser-Institus für harmonikale Grundlagenforschung an der Hochschule für Musik und darstellende Kunst in Wien. Haase hat in seiner grundlegenden Studie »Über das disponierte Gehör« (1977) gezeigt, daß die natürliche Beschaffenheit des menschlichen Gehörs überall auf der Erde zu strukturell ähnlichen Tonsystemen geführt hat: Stets steht das Prinzip der Harmonie bzw. Konsonanz im Zentrum des Tonzusammenhangs. Auch bei sogenannten Naturvölkern finden wir, wenn wir die hier gesungenen Melodien untersuchen, eine durchaus tonale Entwicklung, die Bezogenheit der Töne auf ein tonales Zentrum als Basis von bestimmten Tonleitern (Skalen). Was in der abendländischen Musik seine höchste, differenzierteste Ausformung erhalten hat, ist in Vorformen oder im Ansatz in *jeder* Musikkultur enthalten, ist schlichtweg in der Art und Weise, wie der Mensch nun einmal ist, angelegt.

Die menschliche Gehörsdisposition weist einen analogen Aufbau wie die natürliche Obertonreihe auf, einschließlich der hier auftretenden Intervalle – beginnend mit der Oktave. Diese ist das »Rahmenintervall in der Musik aller Völker«;[60] sie basiert auf der Proportion 2 : 1. Für die musikalische Fortentwicklung entscheidend sind außer diesem Grundintervall die Quinte (also die fünfte Tonstufe, Proportion 3 : 2), die Quarte (die vierte Tonstufe, Proportion 4 : 3), die große Sexte (die sechste Tonstufe, in der C-dur-Skala also das a, Proportion 5 : 3) und die große Terz (die dritte Tonstufe, Kennzeichen für die Dur-Skala, von c aus also e, Proportion 5 : 4). Diese fünf Tonabstände finden wir als Fundament aller Musikkulture dieser Erde. Die Proportionen 2 : 1, 3 : 2, 4 : 3, 5 : 3 und 5 : 4 bilden, global, »den Kern der stufenweisen Tonalitätsentwicklung«.[61] Einfachste ganzzahlige Proportionen also liegen der Musik aller Völker zugrunde und treiben die Musikentwicklung voran. Auch in der für westliche Ohren exotischen Musik wirken die gleichen harmonikalen Grundprinzipien;in der bedeutsamsten Skala der klassischen indischen Musik beispielsweise, dem Sa-Grama, beziehen sich die fünf Hauptkonsonanzen – Oktave, Quinte, Quarte, große Sexte, große Terz – eindeutig auf einen gemeinsamen Grundton. Diese Bezogenheit der Töne und Tonabstände auf einen gemeinsamen Grundton, zu dem die musikalische Bewegung immer wieder zurückkehrt, ist ja das wichtigste Kennzeichen von Tonalität überhaupt. Mit Recht hebt Rudolf Haase am Ende seiner Arbeit hervor, daß »die Krise der zeitgenössischen Musik in der Verkennung der Gehörsdisposition des Menschen begründet« liege; »sinnloserweise« habe man die Tonalität »zur bloßen Konvention« erklärt. »Man schuf neue Grundlagen für die Verfertigung von Klangerscheinungen und wundert sich immer noch, daß diese nicht breitere Anerkennung finden. Die erhoffte Gewöhnung setzte nicht ein und ist auch für die Zukunft nicht zu erhoffen, da jene anorganische neue Musik keine causa finalis (=Zweckursache, J.K.) mehr hat; denn das Gehör des Menschen apperzipiert (= erfaßt bewußt, J.K.) eben nur Klangerscheinungen, für welche die Natur es einrichtete.«[62] Diese in der neuen Musik fehlende »Zweckursache« – das fehlende Ziel (Telos) – ist Harmonie, harmonischer Zusammenklang, der nur in einem tonalen System gegeben ist.

Die Forschungen Haases sollten bei jeder Erörterung über Sinn und Unsinn von atonaler Musik (von bloßer ›Geräuschmusik‹ zu schweigen) herangezogen werden. Eine prinzipiell atonale, also auf Dissonanz angelegte Musik, die keinen klanglichen Spannungsausgleich mehr kennt, kein tonales Zentrum oder harmonisches Grundgefüge, ist eine gegen die Grundlagen der Natur und der Ökologie gerichtete *Nicht-Musik*. Etwas ganz anderes ist die vorübergehende Aufgabe tonaler Grundlagen zum Zwecke der Steigerung des Ausdrucks (diese finden wir an einigen Stellen sogar bei Mozart, etwa in Teilen der Oper »Idomeneo«, verstärkt dann in der romantischen und spätromantischen Musik). Gleitende Tonalitäten, tonale Mehrdeutigkeiten und Phasen der Dissonanz, der unaufgelösten Akkorde, wirken häufig als Stimulans.

Unser Gehör hat eine naturgegebene Disposition zum ›Messen‹ von Tönen, wobei dieses Messen mit verblüffender Exaktheit erfolgt; denn schon kleinste Abweichungen werden als solche registriert. Andererseits ist das Ohr in der Lage, Abweichungen bis zu einer bestimmten Größenordnung zurechtzuhören, Dissonanz zu Konsonanz zu machen: Ein nur geringfügig verstimmtes Klavier zum Beispiel wird im Ohr und vom Ohr ›gestimmt‹. Die Sensibilität des Gehörs, die sich darin ausdrückt, daß die wichtigsten Intervalle und die damit verbundenen Zahlenverhältnisse präzise empfunden werden, geht nach Hans Kayser auf die entsprechenden »urbildlichen Formen in unserer Seele« zurück.[63] Womit ein metaphysischer Grund für die menschliche Gehörsdisposition genannt ist. Aber ich meine, daß man noch tiefer gehen muß.

Das führt uns zurück auf die Frage nach der inneren Gestalt der Klang-Archetypen, der Urmusik. Nicht nur die ganzzahlige Einfachheit der musikalischen Grundproportionen, die mit dem Konsonanzempfinden zusammenhängt, ist urbildlich oder archetypisch gegeben, vielmehr müssen wir annehmen, daß auch die differenzierten Klanggestalten des Melodischen und Harmonisch- Rhythmischen eine urbildliche Grundlage haben. Es gibt offenbar Urmelodien (Urharmonien, Urrhythmen) in ›eingefalteter‹ Form, die der schöpferische menschliche Geist aufgreifen und ins Hörbare übertragen kann. Diese musikalischen Urformen, soweit sie Erdbewohnern erreichbar sind, müßten zurückgehen auf Klangströme, welche die Erde aus ihrer kosmischen Umwelt empfängt und die vielleicht schon, im Sinne der erwähnten Klangkosmogonie, im Schöpfungsakt des Gestirns Erde wirksam waren…

Musik – Traum – Vision

Gehen wir zunächst auf den Schöpfungsvorgang der großen Werke der Musik ein und versuchen wir, dessen Eigenarten ein wenig zu erhellen. Befragen wir die Komponisten selbst. Dies erscheint sinnvoll auch mit der Einschränkung, daß nicht jeder Musiker sich (hinterher!) voll im klaren ist über das, was während des Komponierens wirklich oder ›eigentlich‹ geschieht. Komponieren und über den Akt des Komponierens reden oder nachdenken: das sind nun einmal zwei grundlegend verschiedene Dinge. Im schöpferischen Akt geschieht vieles *unbewußt*, traumwandlerisch – übrigens auch im rein Handwerklichen, wenn dieses zur zweiten Natur geworden ist. Auch muß man unterscheiden zwischen – oft banalen – Anlässen oder äußeren Anstößen zu einer Komposition und dieser selbst, ihrem Wesen. Inspiration braucht oft seltsame Stimulantien.

Ein berühmtes Beispiel für die Banalität des Anlasses oder Anstoßes ist eine von Franz Lachner erwähnte Episode im Leben Franz Schuberts (Anfang 1826): Schubert seien, so Lachner, einige Themen zu seinem d-moll-Streichquartett (»Der Tod und das Mädchen«) beim Kaffeemahlen eingefallen, und zwar angeregt durch den hierbei entstandenen Rhythmus. Schubert sagte: »… dieses Ra-ra-ra, das is es! Das schafft uns Inspirationen, das versetzt uns in das wundervolle Reich der Phantasie!« »Also dei Kaffeemühl' is es, die komponiert, und net dei Kopf«, fragte daraufhin Lachner. »Ganz recht«, schrie Schubert, »der Kopf sucht manchmal taglang nach einem Motiv, das die kleine Maschin' da in aner Sekund' find't. Hör amal!«[64] Hier könnte das Wort des Dirigenten und Pianisten Hans von Bülow Anwendung finden: »Am Anfang war der Rhythmus.« Schuberts d-moll-Quartett gehört unbestritten zu den bedeutendsten Kammermusikwerken überhaupt, und jeder Kenner der romantischen Musik weiß um die Bedeutung der pochenden und jagenden Rhythmen bei Schubert. Dietrich Fischer-Dieskau, der herausragende Liedsänger der letzten Jahrzehnte, nennt Schubert den »größten Melodiker des 19. Jahrhunderts«.[65] Mit gleichem Recht könnte man ihn einen der größten Rhythmiker der Musikgeschichte nennen: Nur wenige große Musiker dürften den rhythmischen Aspekten der Archephone, der Urmusiksphäre so innig verbunden gewesen sein und aus ihrer Substanz geschöpft haben wie eben Franz Schubert. Ob das Rattern einer Kaffeemühle oder das nervende Quietschen eines Holzpferdes (siehe den gefeierten Schubert-Film von Fritz Lehner): Auch in trivialen Alltagsrhythmen kann rhythmisches Urgeschehen deutlich werden.

Da dem Reden über Inspiration häufig etwas Schwärmerisches innewohnt, sei an dieser Stelle auf die Bedeutung des Handwerklich-Technischen im Schaffensprozeß und in der Interpretation verwiesen. Bezogen auf die dichterische Produktion, soll Goethe sinngemäß gesagt haben, daß dort, wo die Inspiration stockt oder aussetzt, das handwerkliche Können die Übergänge und Brücken – bis zur nächsten Inspiration – schaffen müsse; der Leser dürfe davon nichts merken. Das gilt wohl in etwas veränderter Form auch für die Musik. Das Beispiel des Interpreten macht die Sache augenfällig: Ein Sänger kann nur dann dem zu gestaltenden Vokalwerk eigenständige oder eigenwillige Ausdruckskonturen geben, wenn er die technisch- gesanglichen Voraussetzungen beherrscht, wenn das Handwerkszeug ›sitzt‹ (also etwa die sogenannte Stütze, die Gähnweite bei allen Vokalen u.ä.). Technik kann inspirierte Gestaltung niemals ersetzen, aber *ohne* Technik geht buchstäblich nichts!

Auch der Komponist bedarf der handwerklichen – in diesem Falle musiktheoretischen und kompositionstechnischen – Voraussetzungen. Diese wurzeln in der souveränen Kenntnis des tonalen Systems, seiner harmonischen Möglichkeiten und Gesetzmäßigkeiten (aber auch der Kenntnis der technischen Möglichkeiten der jeweils vorgesehenen Instrumente). Diese Kenntnis ist erlernbar. Nicht erlernbar dagegen ist der Schaffensakt selbst, soweit er eine bestimmte Tiefendimension erreicht. Gleichwohl ist es die Souveränität im Handwerklichen, welche das Anrufen der Muse erst ermöglicht! Das Flußbett muß da sein, bevor der Strom *gegliedert* fließen kann. Das *ungegliederte* Strömen mag Mystik sein oder Ekstase, *Kunst* ist es nicht. Kunst ist Form, wobei im Falle der Musik Inhalt und Form identisch sind. Das Flußbett wiederum gehört zum Eigentlichen, zur Essenz des Stroms: des strömenden Klangs aus der Urmusik, und ist keineswegs etwas dem Strom Äußerliches, wie verschiedentlich behauptet worden ist, so von Dane Rudhyar, der meinte, der schöpferische Klangstrom aus dem Kosmos werde durch das tonale System eher verhindert bzw. in seiner psychoaktiven Wirkung beschnitten. Das westliche tonale und harmonische System – also das Flußbett – ist bereits *in sich selbst* kosmisch fundiert!

Sicher können auch ohne souveräne Kenntnis der Harmonik musikalische Inspirationen erfolgen, und durchaus solche hohen Ranges, nur: sie bleiben herausgehobene, letztlich isolierte Momentaufnahmen, denen Einbettung und Verankerung fehlen. Es sind gleichsam Wellenkämme ohne die tragende Breite des gesamten Wellengeschehens. Die Urmusiksphäre ist auch so anzapfbar (also auch für einen Nicht-Musiker, dem musikalische Einfälle zuteil werden), archephonische Klänge und Melodien können auch so ins Bewußtsein treten, können wirken und verwandeln – und dies geschieht auch häufig, unbewußt oder traumartig-halbbewußt. Nur sind derartige Klangintuitionen, als Schlaglichter auf die Urmusiksphäre, keine Kompositionen im eigentlichen Verständnis des Wortes…

Johannes Brahms hat sich verschiedentlich über die Notwendigkeit des Zusammenwirkens von Inspiration und handwerklichem Können geäußert. Einmal soll er über den bedeutenden Pianisten und (weniger bedeutenden) Komponisten Anton Rubinstein gesagt haben: »Als Pianist war er groß; sein Spiel erfüllte mich immer mit der höchsten Bewunderung. Als Komponist war er jedoch ganz klar zweit- und drittrangig. Warum? Weil es ihm an der handwerklichen Geschicklichkeit fehlte. Er besaß die Gabe für die Melodie, und seine Ideen sind manchmal wirklich inspiriert. Seine größeren Werke sind aber nur lose zusammengeworfen und dürftig gebaut; er schrieb Opern, Oratorien, Konzerte, Symphonien, aber ich kann voraussagen, daß keines seiner Werke nach seinem Tode noch aufgeführt wird, eben wegen ihres geringen handwerklichen Wertes.«[66]

Nach dieser Klärung nun zum Phänomen der musikalischen Inspiration. Wenn die kosmische Urmusik archetypischen Charakter hat, dann müßten sich die Urmelodien (Urharmonien, Urrhythmen) auch in den Manifestationen unseres Unbewußten spiegeln, also etwa in unseren Träumen. Nun sind schöpferische Prozesse generell häufig mit der Wirksamkeit der traumschaffenden Phantasie verglichen worden (im Traum sei jeder ein Shakespeare, sagt Egon Friedell einmal). Nur: Allen überlieferten Erfahrungen nach sind *Musikträume* vergleichsweise selten, übrigens auch bei Musikern. Jedenfalls wenn wir hierunter ein Traumgeschehen verstehen, in dem klar gegliederte oder gar präzise instrumentierte Musik gehört wird. Etwas anderes ist das Sich- Einschwingen, Sich-Hinein-Meditieren in einen traum*ähnlichen* Bewußtseinszustand, in eine Art *Tagtraum*, innerhalb dessen dann Klangbögen oder melodisch- rhythmische Phrasen dem inneren Ohr vernehmbar werden. Zur esoterischen Arbeit in manchen Kulturen gehört die dauerhafte Entwicklung sogenannter Klarträume (auch luzide Träume genannt), in denen das Traum-Ich zum bewußten Ich des Träumers wird, das weiß, daß es träumt. Luzide Träume gehören zu den faszinierendsten Erfahrungen des Menschen; spontan ereignen sie sich häufig in relativ flachen Schlafphasen, gegen Morgen oder kurz vor dem Aufwachen. Das traumbewußte Ich kann, wenn es gelingt, diesen Bewußtseinszustand aufrechtzuerhalten, das Traumgeschehen in hohem Maße mitbestimmen, ihm prägende Impulse verleihen, die auch für den Wachzustand fruchtbar werden können. Im tibetischen Buddhismus etwa gibt es differenzierte Praktiken des Traum-Yoga, die als unerläßlich erachtet werden zur Erlangung höherer Bewußtseinszustände. Und Esoteriker betonen häufig die Möglichkeit, über den Weg der bewußten Beeinflussung des Traumgeschehens auch in tiefere, transzendente Bewußtseinsschichten hineinzugelangen.

Mit gewissen Einschränkungen läßt sich der Vorgang des Komponierens als eine Art *Tagtraum-Yoga* bezeichnen; den Klangströmen und Archephonen kann derart Zugang verschafft werden zu den unbewußten Schichten der Seele, die dann, im Verlaufe der produktiven Niederlegung und Formung, stufenweise in Wachheit und Bewußtseinsklarheit verwandelt werden. Die Arbeit an der Form und die tagtraumähnliche Erschließung des Unbewußten bedingen und ergänzen einander.

> Glaubt mir, des Menschen wahrster Wahn
> wird ihm im Traume aufgetan:
> all Dichtkunst und Poeterei
> ist nichts als Wahrtraumdeuterei.[67]

Dies singt Hans Sachs in Richard Wagners Oper »Die Meistersinger von Nürnberg«. Und sicher hatte Sachs-Wagner dabei auch das Komponieren im Sinne: Musik als Wahrtraum oder Wahrtraumdeuterei. In seinem Aufsatz »Religion und Kunst« (1880) schreibt Wagner: »Aber was sagten unserer heutigen Welt auch die göttlichsten Werke der Tonkunst? Was können diese tönenden Offenbarungen aus der erlösenden Traumwelt reinster Erkenntnis einem heutigen Konzertpublikum sagen?«[68] – eine Frage, die auch heute noch, mehr als ein Jahrhundert danach, sinnvoll erscheint. Große Musik, so könnte man die Formulierung Wagners abwandeln, ist eine tönende Offenbarung der im schöpferischen Tagtraum erfahrbaren Urmusik; richtig gehört, vermag diese Offenbarung »erlösend« zu wirken – im Sinne von initiatorisch verwandelnd. Letzteres scheint Wagner selbst ähnlich gesehen zu haben, denn er schreibt wenig später, »das Untertauchen in das Element jener symphonischen Offenbarungen« (gemeint sind die vier letzten Beethoven-Sinfonien) habe »als ein weihevoll reinigender religiöser Akt« zu gelten![69]

In grober Unterteilung lassen sich drei Arten von Musikträumen unterscheiden (die naturgemäß vielfältig ineinandergreifen):

1. Das Träumen von Musikstücken, die der Träumende vom Wachzustand her kennt. Meist werden hier nur schmale Ausschnitte akustisch vernommen, die zusätzlich in verfremdeter Form auftreten können. Dazu zwei Beispiele aus eigener Erfahrung: einmal träumte ich die Adagio-Einleitung aus der 103. Sinfonie von Joseph Haydn als Cello-Solo (ich sah eine Cellistin in einem von violettem Licht erleuchteten Raum). Ein anderes Mal hörte ich das Gralsglocken-Thema aus Wagners »Parsifal« – das Ende der sogenannten Verwandlungsmusik, als Parsifal und Gurnemanz in die Gralsburg eintreten; während unverkennbar, wie auch von Wagner vorgesehen, Glocken erklangen, *schienen* die Töne doch von einem harfen- oder leierartigen Instrument herzurühren, das vor meinen Augen gespielt wurde. In beiden Fällen lag also eine geringfügige Verfremdung vor. – Die Verfremdung des aus der sinnlichen Erfahrung her Vertrauten kann so weit gehen, daß die ›Vorlage‹ fast vollständig verlassen wird und seltsame, auch bizarre Variationen auftreten. Das führt bereits zu der zweiten Kategorie von Musikträumen:

2. Der Träumende hört Musik, und zwar in melodisch-harmonisch konturierter Gestalt, die er *nicht* kennt. Schließen wir die Fälle aus, in denen eine unbewußte Erinnerung an einst Gehörtes vorliegt, so müssen die in derartigen Träumen wahrgenommenen Musikstücke als echte ›Kompositionen‹ gelten, als schöpferische Produkte des Unbewußten. Die Art der Manifestation der Traummusik ist sehr verschieden, letztlich so variationsreich wie Träume überhaupt, vor allem was die damit ver-

bundenen emotionalen und visuellen Faktoren anlangt. Ich selbst habe eine Fülle von Träumen dieses Zuschnitts gehabt; häufig auch in Bewußtseinszuständen, die eher einem Tagtraum als einem ›normalen‹ Traum zuzurechnen sind.

3. Träume, in denen Musik gehört wird, der die bekannten melodisch-harmonischen Konturen fehlen, die aber trotzdem die Bezeichnung Musik verdient und auch so empfunden wird: fremdartige Klangströme, Klangfiguren, Klangrhythmen. Auffällig ist hier die enge Verbindung mit intensiven Farbwahrnehmungen: von innen her glühende Farben, wie von Drogen hervorgerufen, und ihnen rätselhaft entsprechende Klänge verbinden sich zu machtvoll-eindringlichen Figurationen. Beim Erwachen herrscht das starke Gefühl vor, in eine klangliche Elementarsphäre eingetaucht gewesen zu sein. Das ganze Traumgeschehen ist energetisch stark aufgeladen, und auch hier ist die Grenze zum Tagtraum – zur ekstatischen Vision, die nicht mehr eigentlich Traum ist – fließend. Musikträume dieser Art traten in meinem Leben nur in großen Zeitabständen auf.

Ein berühmtes Beispiel für die zweite Kategorie von Musikträumen und ihre Umsetzung in eine ›reale‹ Komposition wird von dem Violinvirtuosen Giuseppe Tartini berichtet (aus dem Jahre 1713): Im Traum habe ihm der Teufel, mit dem er einen (Traum-) Pakt geschlossen hatte, »eine so merkwürdige und so schöne Sonate mit solcher Meisterschaft und soviel Geist« vorgespielt, »daß nichts, was ich geschaffen hatte, damit verglichen werden konnte«. »Ich war darüber so verwundert, entzückt und begeistert, daß mir der Atem verging. Ich erwachte durch eine heftige Erregung, nahm sofort meine Geige und hoffte, etwas von dem, was ich soeben gehört hatte, wiederzufinden. Doch es war vergeblich. Das Stück, welches ich dann komponierte, ist in Wahrheit das beste, was ich je gemacht habe, und ich nannte es auch ›die Teufelssonate‹; doch blieb es weit hinter dem zurück, was ich im Traum gehört hatte, so daß ich meine Geige zerbrochen und für immer der Musik entsagt haben würde, wenn ich imstande gewesen wäre, von ihr zu lassen.«[70] Als »Teufelstriller-Sonate« ist das Werk in die Musikliteratur eingegangen. Komposition und Traummusik stehen hier offenbar im Verhältnis von (unzulänglichem) Abbild und Urbild zueinander; was Tartini im Wachzustand zu realisieren vermochte, war für ihn nur eine Annäherung an das im Traum Gehörte. Naturgemäß sind Aussagen wie diejenige Tartinis nicht überprüfbar, und Skeptiker werden kaum zu überzeugen sein; ich selbst sehe aber keinen Grund, am Wahrheitsgehalt zu zweifeln.

Wenn wir annehmen, daß das musikalische Traumgeschehen seinerseits nur Abbildcharakter hat, dann wäre die »Teufelstriller-Sonate« das kompositorische Ergebnis einer doppelten Übertragung oder ›Brechung‹. Der Traum fungierte hier, wie so oft, als Vermittlungssphäre. Jeder, der authentische esoterische oder transpersonale Erfahrungen gemacht hat, weiß um diese Vermittlerfunktion der Träume: die Vermittlung zwischen der Sinnenwelt und der Welt des Seelisch-Geistigen. Und fraglos kann eine Steigerung der Traumwahrnehmung an jene Grenze heranführen, jenseits derer von Traum-Yoga oder gar, in einer weiteren Stufe, von Tagtraum-Yoga zu sprechen ist.

Tartini gehört zu den Ausnahmen. Selten nur geben Musiker an, eigene Kompositionen *direkt* im Traum gehört zu haben. Etwas anderes ist die unbestreitbare Tatsache, daß die Ausschaltung des rationalen Bewußtseins in Traum und Schlaf alles Schöpferisch- Klangliche zu nähren und geheimnisvoll voranzutreiben vermag. So ist die Seele besonders beeindruckungsfähig oder durchlässig in den frühen Morgenstunden (vor Sonnenaufgang); und vieles von dem hier Aufgenommenen stellt dann das Klangmaterial bereit für die produktive Arbeit des Tages. Von Franz Schubert zum Beispiel (übrigens auch von Beethoven) wird berichtet, daß er fast ausschließlich am Vormittag komponierte, offenbar aus den musikalischen Impulsen heraus, die er – in der letzten Schlafphase empfangen – kurz nach dem Aufwachen noch präsent hatte, so daß er sich sofort an die Arbeit machen konnte; eine Arbeit, die bisweilen den Eindruck des Somnambulen (des Schlafwandlerischen) erweckte, wie Zeitgenossen vermerken. Um es noch einmal zu sagen: Das ist kein Widerspruch zur bewußten, oft kurzschrittigen Arbeit an der musikalischen Form. Brahms hat diese zweifache Natur des schöpferischen Prozesses prägnant formuliert: »Das, was man eigentlich Erfindung nennt, also ein wirklicher Gedanke, ist sozusagen höhere Eingebung, Inspiration, das heißt: Dafür kann ich nichts. – Von diesem Moment an kann ich dies Geschenk gar nicht genug verachten, ich muß es durch unaufhörliche Arbeit zu meinem rechtmäßigen, wohlerworbenen Eigentum machen … Komme ich vielleicht nach langer Zeit wieder darauf, dann hat es unversehens schon Gestalt angenommen, ich kann nun anfangen, daran zu arbeiten.«[71] Daß allerdings der einzelne Musiker »nichts dafür kann«, wenn er bestimmte Inspirationen hat, dürfte mit Sicherheit falsch sein. Man empfängt generell nur solche ›Botschaften‹ oder Inspirationen, für welche die Seele die notwendige Offenheit und Bereitschaft erworben hat (wenn auch häufig unbewußt). Ja, man ist in gewissem Sinne verantwortlich für seine Eingebungen und – natürlich – für das, was man aus ihnen macht...

Die Nährung des Schöpferisch-Klanglichen während der Schlaf- und Traumphase ist von Rudolf Steiner, verallgemeinernd, dahingehend gedeutet worden, daß der Mensch jede Nacht hindurchgehe »durch ein Musikalisches, durch ein Meer von Tönen«. »Während der Mensch beim Aufwachen des morgens sich nicht bewußt wird, daß er nachts Töne aufgenommen hat, spürt er doch, wenn er Musik hört, daß diese Abdrücke der geistigen Welt in ihm sind.« In der Devachanwelt (einer Art Mentalsphäre nach Steiner, J.K.) nehme der Mensch Nacht für Nacht ein »flutendes Meer von Tönen« wahr. »Der schaffende Tonkünstler nun setzt den Rhythmus, die Harmonien und Melodien, die sich während der Nacht seinem Ätherkörper einprägen, um in einen physischen Ton. Unbewußt hat der Musiker das Vorbild in der geistigen Welt, das er umsetzt in die physischen Klänge. Das ist der geheimnisvolle Zusammenhang zwischen der Musik, die hier im Physischen erklingt, und dem Hören der geistigen Musik in der Nacht. Wenn ein Mensch beleuchtet ist vom Lichte, dann bildet sich von ihm ein Schatten an der Wand. Das ist nicht der wirkliche Mensch. So ist die Musik, die im Physischen erzeugt wird, ein Schatten, ein wirklicher Schatten von einer viel höheren Musik des Devachans. Das Urbild, die Vorlage der Musik ist im Devachan, die physische Welt ist nur ein Abbild der geistigen Wirklichkeit.«[72] Die anthroposophische Esoterik der Musik ist eingebettet in ein differenziertes System von Schichten und Stufen der menschlichen Wesenheit, auf das hier nicht eingegangen wird.

Die Fühlhörner der Seele reichen weit in die Urklangsphäre hinein, in die eingefaltete Ordnung der Archephone und Urmelodien, Urharmonien, Urrhythmen. »Der Seele Grenzen kannst du im Gehen nicht ausfindig machen, und ob du jegliche Straße abschrittest, so tiefen Sinn hat sie«,[73] sagt Heraklit, der größte Philosoph des alten Griechenland. Je mehr sich die Seele ins Kosmische hinein zu weiten und die Blockierungen der Unbewußtheit, der Ego-Fixierung und der Projektionen zu überwinden vermag, desto durchlässiger und aufnahmefähiger wird sie – deren *Grund* ja selbst Klang ist! – für die »unendliche schöpferische Musik des Weltalls«, von der Novalis spricht. Die Kompositionen der großen klassisch- romantischen Musik werden von dem spirituellen Philosophen Helmut Krause geradezu als (unbewußte) »Klangvermessungen« der kosmischen Umwelt gewertet, als präzise Aussagen über kosmische Klangfelder und Klangstrukturen.

Zurück zur musikalischen Inspiration. In einem Brief Mozarts von 1790 heißt es über den klangschöpferischen Prozeß:

… und das Ding wird im Kopfe wahrlich fast fertig, wenn es auch lang ist, so daß ichs hernach mit einem Blick, gleichsam wie ein schönes Bild oder einen hübschen Menschen, im Geiste übersehe, und es auch gar nicht nacheinander, wie es hernach kommen muß, in der Einbildung höre, sondern wie gleich alles zusammen. Das ist nun ein Schmauß. Alles das Finden und Machen gehet in mir nur, wie in einem schönstarken Traume vor: aber das Überhören, so alles zusammen, ist doch das Beste. Was nun so geworden ist, das vergesse ich nicht leicht wieder.[74]

Diese Worte eines der Größten stehen keineswegs isoliert oder einmalig da, vielmehr sind sie durchaus repräsentativ und können auch legitimerweise so gedeutet werden; es gibt viele ähnliche Aussagen von großen Komponisten. Auffällig ist auch hier der Vergleich mit einem *Traum*: »wie in einem schönstarken Traume« gehe das Komponieren vonstatten. Und einmal mehr sei meine These vom musikalischen Schaffensakt als einer Art Tagtraum-Yoga hervorgehoben. Die intuitive, traumanaloge Klangwahrnehmung erfolgt nach Mozart in einem *Nebeneinander*, ja eigentlich *Ineinander!* Was in der realen Komposition und ihrer akustischen Realisierung als ein Nacheinander auftritt, als ein Klang*prozeß*, wird von der schöpferischen Seele als gleichsam stehendes Klanggefüge wahrgenommen, als ein *Seinszustand*, der die erfahrbare Zeit überschreitet oder relativiert. Offenbar hatte Mozart, von dem Wolfgang Hildesheimer sagt, daß er »vielleicht das größte Genie der bekannten Menschheitsgeschichte« und »ein unverdientes Geschenk an die Menschheit« gewesen sei,[75] die Fähigkeit, die eingefaltete Ordnung der Urmusiksphäre gleichsam direkt anzuzapfen. Es versteht sich, daß diese Formulierung nur ein Annäherungsversuch an ein Mysterium ist, das im Letzten unenthüllt bleibt, und das gilt für *alle* Aussagen über die kosmische Essenz der Musik. Das Musikbewußtsein eines Mozart oder Beethoven bewegt sich im unmittelbaren Umkreis dessen, was die Mahayana-Buddhisten als »bodhicitta« (= Erleuchtungsbewußtsein) bezeichnen. Und *so* sollten wir die große Musik werten, *so* sie hören…

Die Archephone und Urmelodien müssen auf eine schwer bestimmbare Weise *im Raum* verwurzelt sein, als Emanation seiner unbegrenzten schöpferischen Potenz. Nicht von ungefähr haben *alle* bedeutsamen esoterischen Philosophien Asiens und des Abendlandes dem Raum selbst eine eigenständige metaphysische Wesenheit zugesprochen, haben Raum und Bewußtsein einander angenähert (manchmal gar miteinander identifiziert!). Dane Rudhyar formuliert nur alte esoterische Weisheit, wenn er den Weltraum *gleichsetzt* mit der Quellsphäre schöpferischer Klänge. Bei Helmut Krause heißt es in mantrischer Knappheit: »Weltraum ist Weltseele.« Wenn wir im Raum wurzeln, wenn Weltraum-Weltseele-Weltklang unsere Urheimat ist, dann ist jede Anzapfung dieser Ursphäre wesenhaft Erinnerung, also das, was der Philosoph Platon *Anamnesis* nennt (die Rückerinnerung der Seele an ihren Ursprung). Auch die Formulierung Mozarts legt diesen Gedanken nahe. Ja, alle das Wesen des kompositorischen Prozesses aufschließenden Äußerungen großer Musiker lassen sich nur dann sinnvoll deuten, wenn wir die Idee der Anamnesis zugrunde legen. Komponieren ist Rückerinnerung, ist Wiedererkennen. Und auch Hören ist Rückerinnerung. Unsere Seele wird nur dann im Innersten bewegt, wenn ihr *Klanggrund* in Schwingungen gerät, wenn wir ahnend erfassen, daß diese oder jene melodische Figur, diese oder jene Akkordfolge (Kadenz) *von uns selbst* kündet – weniger von dem, wie wir real sind (genauer: als Erscheinungswesen sind), als von dem, was wir *urbildhaft* sind, was wir sein könnten oder sollten. Große Musik kündet von den kosmischen Möglichkeiten der humanen Existenz, sie entbirgt unser Eigentlichstes, weitet unsere Seele, macht sie durchlässig und gefährdet damit die Bastionen des Intellekts, des Bewußtseinspanzers. Was wir heute mehr denn je brauchen, ist ein Stück von jenem »schönstarken Traum« Mozartischer Prägung, ein Stück Tagtraum-Klang-Yoga.

Die vielleicht aufschlußreichste Formulierung eines schöpferischen Musikers über den Prozeß des Komponierens finden wir bei einem Künstler des 20. Jahrhunderts: bei Paul Hindemith (1895-1963). Sicher keiner der ganz Großen in der Musik, war er dennoch eine bemerkenswerte musikalische Begabung und als Vertreter des sogenannten Neoklassizismus um eine Neukonstituierung der tonalen Musik bemüht. Seine Harmonielehre (»Unterweisung im Tonsatz« von 1937) ist stark von den harmonikalen Forschungen Hans Kaysers beeinflußt. Gegen Ende seines Lebens setzte sich Hindemith eingehend mit dem Gedanken der Weltharmonie auseinander; seine letzte Oper, die sich mit dem Pythagoreer Johannes Kepler beschäftigt, trägt den Titel »Die Harmonie der Welt«. Hindemith schreibt:

Das Wort Einfall ist der vollkommenste Ausdruck für die seltsame Unmittelbarkeit und Unerklärbarkeit, die wir gewöhnlich mit künstlerischen Ideen im allgemeinen und mit musikalischen im besonderen verbinden. Irgend etwas – man weiß nicht, was es ist – fällt in uns hinein – man weiß nicht woher –, dort wächst es – man weiß nicht wie – zu einer klingenden Form – man weiß nicht warum. (…) Wenn wir von Einfällen sprechen, meinen wir gewöhnlich kurze, aus wenigen Tönen bestehende Motive. Oft werden sogar nicht einmal eigentliche Töne, sondern nur vage Klangkurven gefühlt. (…) Beim Laien sterben sie allerdings bald und ungebraucht wieder ab, während der geübte Musiker die Fähigkeit besitzt, sie am Leben zu halten. (…) Was den wirklich Begabten (…) unterscheidet, ist: die Vision. Was ist musikalische Vision? Wir kennen alle den Eindruck, den während eines nächtlichen Gewitters ein heftiger Blitzstrahl auf uns macht. Im Zeitraum einer Sekunde sehen wir eine weite Landschaft, nicht nur in ihren allgemeinen Umrissen, sondern mit jeder Einzelheit.(…) Wir erleben einen unglaublich zusammengerafften, zugleich aber unwahrscheinlich das Einzelne betonenden Augenblick, den wir im Tageslicht niemals haben könnten. (…) Musikalische Kompositionen müssen auf dieselbe Weise erschaut werden. Denn man kann kaum einen einen echten Komponisten nennen, dem nicht im plötzlichen Aufleuchten eines schöpferischen Moments ein Musikstück in seiner völligen Ganzheit erschiene, mit jedem seiner Bauglieder an der rechten Stelle. (…) (Der mit musikalischer Schöpferkraft Begabte) (…) wird nicht nur das Talent haben, sein künftiges Werk in seiner Totalität aufleuchten zu sehen, selbst wenn zu dessen künftiger Realisation in einer Aufführung vielleicht drei oder mehr Stunden benötigt werden; er wird außerdem die Ausdauer, die Energie und die Fertigkeit besitzen, sein Werk in der unverhältnismäßig mühseligen Niederschrift zu verwirklichen. (…) Die einmal gesehene Vision wird während der Ausarbeitung der Partitur immer vor seinem Geiste gegenwärtig sein. Melodien und Harmonien braucht er nicht wirklich aufzusuchen und aneinanderzureihen, er muß lediglich wartende Hohlräume melodisch und harmonisch ausfüllen, um die gefühlte Totalität zu erreichen. Hier sehen wir den wahren Grund für Beethovens mehr als philisterhaftes Herumbosseln an seinem Themenmaterial: er will nicht einen Einfall verbessern oder verändern; er muß ihn dem in der Vision erschienenen Original anpassen, selbst wenn diese unabweisbare Notwendigkeit ihn zwingt, unermüdlich zu suchen und mit all seiner Handfertigkeit und Erfahrung das Material durch fünf oder mehr niedergeschriebene Realisationen zu treiben, die er schließlich fast bis zur Unkenntlichkeit von der ersten aufgezeichneten Form wegverrenken wird.[76]

Es versteht sich von selbst, daß diese hier umrissene Struktur des Kompositionsprozesses auf jedes echte Schöpfer- und Künstlertum anwendbar ist. Auch große Dichtung, etwa diejenige Friedrich Hölderlins, folgt diesem Muster. Das Hindemith-Zitat macht den visionären, ganzheitlichen Charakter der musikalischen Inspiration deutlich: Das Werk wird in seiner Totalität geschaut, es blitzt visionär in der Seele auf. Also durchaus als Nebeneinander oder Ineinander im Sinne des von Mozart erwähnten »schönstarken Traums«. Ferner wird die Eigenart der ›Ausfaltung‹ der ursprünglichen Klangvision im Arbeitsprozeß des Komponisten deutlich; diese Ausfaltung oder Realisierung ist eben eine andere, als diejenigen mutmaßen, die wiederholte Umgestaltungen eines Klangmaterials für einen Einwand *gegen* die Tatsache einer ursprünglichen Ganzheitsvision halten. Arbeit an der endgültigen Formgestalt ist Arbeit an der *Essenz* der anfänglichen Vision! Was an eigenständig erscheinenden Klangimpulsen im Arbeitsprozeß auftaucht, sind meist Aspekte des geschauten Ganzen, die nur jetzt erst erinnert werden. Und auch wo dies nicht der Fall ist, dominiert der »metaphysische Eigenwille« des Werkes (Thomas Mann), der auch ›Fremdes‹ ins Eigene verwandelt. Auch mögen aus dem improvisierenden Spiel mit bestimmten Akkorden und Kadenzen neue (zufällige?) Figurationen erwachsen – man kennt die immense Bedeutung des Improvisierens für das Beethovensche Klavierwerk –, doch dies hebt die von Hindemith umrissene Grundwahrheit des musikalischen Schaffens nicht aus den Angeln: die Vision als Achse und Geist des Werkes.

Eine wohl unlösbare Frage ist natürlich die nach dem *objektiven* Wahrheitsgehalt der so geschauten Vision, nach dem Verhältnis von objektivem (= kosmischem) Geist und subjektivem Geist. Viele Klangvisionen sind ja schon im Ursprung subjektiv eingefärbt, tragen schon im Ursprung das Gesicht des Schauenden, spiegeln seine Individualität wider. Jede Seele ist ein unverwechselbares Kaleidoskop, welches das Wahrgenommene in jeweils eigene Muster und Linien zwängt. Dennoch: Es gibt offenbar die Möglichkeit, das eigene Seelenkaleidoskop so weit, so durchlässig und offen zu halten für die aus dem Kosmos hereinflutenden Klangströme und Klangfiguren, daß das Individuum *als Filter* in den Hintergrund rückt, dafür um so reiner und klarer sein eigentliches (höheres) Antlitz offenbart. Sicher ist die größte Annäherung an die ›kosmische Objektivität‹ im Musikalischen zugleich die höchste Ausdrucksform der künstlerischen Individualität! So wird der große Musiker nicht zum *bloßen Medium*, sondern gerade das Äußerste an Medialität holt sein *Eigenstes* hervor: Vielleicht hat Mozart die ›objektivste Musik‹ gemacht, die denkbar ist, dennoch ist er – gerade deswegen – in seiner Individuation am weitesten vorangeschritten. Und zwar im Sinne der tiefen Worte aus der »Weisheit des Brahmanen« von Friedrich Rückert:

O glaube nicht, daß du nicht seiest mitgezählt;
Die Weltzahl ist nicht voll, wenn deine Ziffer fehlt.
Die große Rechnung zwar ist ohne dich gemacht,
Allein du selber bist in Rechnung mitgebracht.
Ja mitgerechnet ist auf dich in aller Weise;
Dein kleiner Ring greift ein in jene größern Kreise.[77]

Die höchste Selbstverwirklichung ist Teil des kosmischen Ganzen, des kosmischen Plans. Wer ganz er selbst wird, kann als Spiegel des Ganzen wirken...

Hören ist Wiedererkennen

Gleiches wird nur von Gleichem erkannt. Was wir erkennend wahrnehmen von der Welt, entspricht der inneren Form unseres Wahrnehmungsvermögens, der Struktur unseres Geistes. Was wir nicht selbst im Innersten *sind*, können wir auch nicht wirklich erkennen; und alles Nicht-Erkannte wird zum Schirm unserer Projektionen, zum Spiegelkabinett des Ego.

Daß Hören einem Akt der Rückerinnerung entspringt, und zwar sowohl sinnliches als auch geistiges oder spirituelles Hören, läßt sich schon aus dem Erkenntnisansatz des Pythagoras ableiten: Pythagoras ging von der formgebenden Kraft der (ganzen) Zahlen bzw. bestimmter zahlenmäßiger Proportionen aus, die zugleich Klängen entsprechen. Von diesen »Tonzahlen« (wie Hans Kayser sie nennt) nahm er an, daß sie sowohl im Kosmos als auch in der Seele des Menschen wirksam seien. Es hatten Kosmos und Seele in der harmonikalen Philosophie des Pythagoras und seiner Schüler *einen* Ursprung, der eben in Zahlen und Zahlenproportionen (= Klängen) faßbar wurde. So entdeckte Pythagoras die zahlenmäßige Komponente der Tonempfindungen, etwa den Parallelismus zwischen der (subjektiven) Oktavempfindung und dem (objektiv gegebenen)Saitenlängenverhältnis 2 : 1. Hören wird derart zum unbewußten Messen: zur Klangvermessung als Verschmelzung von Quantität (Zahlenverhältnis) und Qualität (Ton- und Harmonieempfindung). Die Seele erinnert sich im Hören ganzzahliger Proportionen an die entsprechenden Eigenschaften ihrer selbst; das Innere wird im Außen wiedererkannt – und umgekehrt. Der Pythagoras-Bewunderer Platon rückte die Anamnesis in den Mittelpunkt seiner Erkenntnislehre: *jede* wirkliche Erkenntnis ist nach Platon Anamnesis, die Rückerinnerung der Seele an das vor ihrer Einkörperung Geschaute.

Wir erkennen nur das, was wir ›eigentlich‹ bereits wissen, ja: *sind*! Es hat mit dem Klangcharakter der Welt zu tun, daß Hören, umfassend verstanden, Erinnerung ist, Erinnerung der Seele an ihre eigenen Tiefenschichten, in denen Klangströme, Klangrhythmen und Urmelodien immer neue Figurationen bilden. Die Seele selbst ist Klanggestalt, sie singt und tönt. Im Stadium der Unbewußtheit und der Entfremdung wird sie zu schrillem Mißklang, zur kompakten Disharmonie. Die nicht von kosmischem Klingen durchpulste Seele produziert Neurosen und Unbewußtheitssymptome aller Art, die dann auf die disharmonische Verpanzerung der Seele zurückwirken, wodurch ein schwer zu durchbrechender Teufelskreis entsteht. Nicht nur der Komponist, sondern auch der Hörer seiner Werke bedarf der Aura der Anamnesis; ist die anamnetische Fähigkeit des Innern abgestorben oder vorübergehend ausgesetzt, kann auch die großartigste Musik keine Wirkungen auslösen. Ein Minimum an Erinnerungsfähigkeit muß vorhanden sein, sonst ist alle Mühe vergeblich.

Die anamnetische Erinnerung, also das Wiedererkennen der eigenen Tiefenstruktur, des eigenen Klangrundes, bedarf der genaueren Bestimmung. Es gibt ja, genau betrachtet, nicht einfach *den* Klanggrund der Seele, sozusagen als eine fest umrissene Größe: etwa als Ton, als Akkord oder als melodisch-rhythmische Einheit. Vielmehr ist der Klanggrund der Seele einerseits unauslotbar, ist buchstäblich bodenlos: durchlässig und, zumindest potentiell, offen für die den Kosmos durchflutenden Klänge. Ich erinnere an das Heraklit-Zitat über die Grenzenlosigkeit der Seele. Diese Grenzenlosigkeit ist keine Formlosigkeit, sondern bezieht sich auf die Fähigkeit der Seele, zum Kreuzungspunkt von Ich und Universum zu werden, auf die Einheit von Individualität und Universalität. Andererseits hat der Seelen-Klanggrund offenbar eine *bestimmte Klangstruktur*, ein klanglich-energetisches Muster. Ich möchte hier den Begriff *Klang-Mandala* einführen. Dieses Muster oder Mandala ist bei jedem Menschen verschieden; seine Feinstruktur ist die Manifestation des Selbst, der unverwechselbar geprägten Individualität. Nach C.G.Jung sind Mandalas – also jene nicht nur in Asien bekannten kreisförmigen Meditationsdiagramme – Bilder des

Selbst in seiner Ganzheit; insofern hat meine Vorstellung vom Klang-Mandala auch eine ›Jungsche Komponente‹. Das Klang-Mandala ist zugleich ein *Instrument*, ein Schwingungssystem, durch das der Kosmos hindurchtönen kann. Das lateinische Wort »personare« heißt »hindurchtönen«. Nur jener kann als Persönlichkeit bezeichnet werden, durch den der Kosmos hindurchtönt, der sich dem Klingen und Tönen des Kosmos zu öffnen vermag. Dazu muß er keine Musik machen; es kann auch auf andere Weise – und durchaus in der Stille – geschehen. Echte Selbstverwirklichung heißt Verwirklichung der Klangmuster der Seele, heißt Rundung des Klang-Mandalas. Hier wäre erneut das Bild vom Ausfalten zu verwenden, von der *Aus*faltung oder *Ent*faltung des Eingefalteten, der bloßen Potentialität. Seelisches Werden und Reifen ist ein Klangangleichungsprozeß, ein klangliches Geschehen, in dessen Verlauf das Seelenmandala an lebendigen Konturen gewinnt, an lebendigem Pulsschlag und kosmischer Resonanz.

Hier gibt es, analog der menschlichen Gestalt, dem menschlichen Antlitz, allgemeine und individuelle Schichten, gleichsam eine Grob-struktur und eine Feinstruktur. Zur Grobstruktur gehört das ›Allgemein-Menschliche‹ des Hörens: die Ausrichtung auf das Endziel der Harmonie, des Zusammenklangs, und damit auf ein Tonsystem, in dem die Töne und Grundintervalle auf einen Grundton hin organisiert sind. Tonalität ist universell; sie gehört zum Wesen des Menschen. Das Gehör ist auf sie geeicht. Das diatonische Siebentonsystem, also die Aufteilung des Urintervalls der Oktave in sieben Tonschritte (fünf ganze und zwei halbe), ist eine Weiterentwicklung der allenthalben erkennbaren tonalen Ansätze; es ist gleichfalls mit der Existenz des Menschen gegeben, kommt aber erst in einer bestimmten Kulturstufe und Kulturform voll zum Erblühen. Das gilt insbesondere für das Dur- Moll-System und die temperierte Stimmung (die die Unreinheit aller Intervalle außer der Oktave bewirkt). Hier ist das gegeben, was ich als Fluß-bett bezeichnet habe, wobei, wie immer wieder deutlich wird, der kosmische Klangstrom dieses Flußbettes bedarf und nicht von ihm losgelöst werden kann.

Also: Harmoniestreben und diatonisches System gehören zur mensch-heitlichen, überindividuellen Schicht des Seelen-Mandalas. Das Siebenprinzip in der Tonalität – der jeweils achte Ton, die Oktave, ist wieder der Grundton – dürfte mit der kosmischen Bedeutung der Zahl Sieben zusammenhängen, die in fast allen esoterischen Traditionen betont wird. Im geozentrischen Weltbild (kosmische Mittelpunktstellung der Erde) wurde die Sieben häufig als eine Art Herrscherin der sublunaren Welt, also der irdischen Region unterhalb der Mondbahn betrachtet; zugleich war sie die Zahl der um die Erde gelagerten Sphären (die als durchsichtige Hohlkugeln vorgestellt wurden). In theosophischen und theosophisch beeinflußten Lehren wird der Sieben eine kosmische Schöpfungsfunktion zugeschrieben. Dane Rudhyar etwa bringt diese in Zusammenhang mit dem System der sieben Oktaven als dem Tonraum der gesamten Musik. Nach Helmut Krause ist die Sieben nur für den Planeten Erde gültig, genauer sogar nur für die Menschheit, denn im Pflanzen- und Tierreich walte (noch) die kosmische Kraft der Fünf. Hier ließen sich auch die harmonikalen Forschungen Hans Kaysers über die formbildende Kraft der Fünf im Pflanzenreich anführen: »Die Fünf tritt also im Pflanzenreich erstmalig als isolierte Formkonstante auf.«[78] – Im Sonnensystem als Ganzem wirken höhere kosmische Formimpulse.

Bekanntlich wird die Sieben häufig mit der Struktur des Zeitablaufs in Verbindung gebracht, mit den prägenden Sieben- Jahre-Rhythmen im Menschenleben (den Lebensaltern von 28 = 4 mal 7 und 56 = 8 mal 7 Jahren z.B. werden seelisch-geistige Todeserlebnisse zugeordnet). Musik ist melodisch-rhythmisch gestalteter Zeitfluß. Und dem irdischen Ohr kommt keine Tonskala inniger entgegen als das diatonische Siebentonsystem.

Auch die Dominanz der vier- oder achttaktigen Melodie in der klassisch-romantischen Musik (vor Richard Wagners »Rheingold«) kann zu allgemeinen, archetypischen Strukturen in Parallele gesetzt werden. Das Prinzip der Quaternität (der Vierheit) hat schon C.G.Jung als Ganzheitssymbol erkannt. Und die acht Speichen des Gesetzesrades der tibetischen Buddhisten sind ein Entsprechungsphänomen zu den achttaktigen Melodien der klassisch- romantischen Musik, die zumeist auf der Zusammenfügung zweier viertaktiger Phrasen beruhen. Die Umrundung des Mandalas erfolgt in vier oder acht Stationen, und die volle Umrundung schließt den Klangring des Selbst in seiner Ganzheit... Mehr zu den archetypischen Bezügen der Sieben, der Vier und der Acht in Kapitel 5 und 6.

Das Überindividuelle des Klang-Mandalas der Seele reicht noch erheblich weiter. Letztlich sind ja alle Archephone oder Klang- Archetypen der Menschheitspsyche, alle dem menschlichen Bewußtsein auf diesem Planeten zugänglichen Klangfigurationen überindividuell. Und sicher gibt es Zeiten, in denen ganz bestimmte Klangfigurationen ›in der Luft liegen‹, also in der Aura der Erde stärker als sonst anzutreffen und folglich leichter zu ›kontaktieren‹ sind. Das Jahrhundert von ca. 1750 bis 1850 muß ein in diesem Sinne herausgehobener Zeitabschnitt gewesen sein, in dem vieles einfacher zugänglich war als in der Zeit davor und danach. Auch geringere Musiker waren dem kosmischen Pulsschlag nahe und erreichten häufig ein staunenswertes Niveau.

In der menschlichen Psyche gibt es viele paradoxe und rätselhafte Elemente, die kaum aufzuhellen sind. Große Musik, als Wesensäußerung der schöpferischen Seele, ist ähnlich unauslotbar, ein echtes Mysterium, die Beschäftigung mit ihr ein nie endender Prozeß. Immer wieder gibt sie neue Fragen und Rätsel auf, beglückt und erschüttert sie uns auf neue Weise. Dennoch ist Unverbindlich-Schwärmerisches wenig hilfreich, wenn es um die initiatorische Potenz der Musik geht. Wir müssen, unbeschadet der musikalischen Ekstase, die Nüchternheit des erkennenden Geistes (*nicht* des Intellekts) auf die Musik anwenden und so weit voranzutreiben versuchen, wie dies möglich ist. Und dabei ist es schon wichtig, nur die richtigen, die wirklich aufschließenden Fragen zu stellen… Nicht um eine restlos in sich schlüssige Musikphilosophie ist es mir zu tun – diese halte ich für unmöglich –, sondern um Fingerzeige zu einem schöpferischen Umgang mit großer Musik, Fingerzeige zur initiatorischen Kraft des meditativen Hörens. Große Musik als Weg zum integralen Bewußtsein – *nur* darum geht es. Was an theoretischen, philosophischen und esoterischen Aspekten der Musik zum Tragen kommt, dient einzig diesem Zweck.

Ich sagte, daß die Form der Inspiration des schöpferischen Musikers den Schluß nahelegt, hier sei eine – wie immer gestaltete – Urmusiksphäre angezapft worden. Diese Anzapfung kann nur als Rückerinnerung, als Anamnesis im Sinne Platons, sinnvoll gedeutet werden. Im Letzten muß es wohl rätselhaft bleiben, warum der eine Komponist diese, der andere jene melodisch-harmonischen Impulse aufgreift und in hörbare Musik verwandelt. Diese Unterschiede werden mit karmischen Tiefenprägungen zusammenhängen, die hier unerörtert bleiben müssen. Jedes Klang-Mandala der Seele stellt vielleicht selbst einen Teil der Urmusiksphäre dar, ist selbst ein Teil der »großen Rechnung«, von der Rückert spricht, eine Ziffer in der »Weltzahl«. Jeder einzelne hat sein eigenes Klangmuster zu finden und mit seinen wiederholten Leben zu verwirklichen. Der Mensch bleibt aufgerufen, sich an sich selbst zu erinnern, an das, was er ist oder sein könnte. Die Selbsterinnerung fällt zusammen mit der Entschlüsselung einer Art Code, den jeder schöpferische Mensch in sich trägt und der mit seiner kosmischen Aufgabe, seinem Auftrag zu tun hat. Dieser Code entspricht einer bestimmten, ganz und gar einmaligen Klang-Zahl-Figuration, einer präzisen Klangprägung der Seele. Erst wenn dieser Code entschlüsselt wird, was ein langer, mühevoller Bewußtwerdungsprozeß ist, beginnt die Seele sich ins Kosmische zu weiten, beginnt sie mit dem Klangfeld der Erde zu pulsieren, das eigene Muster als Teil des großen Musters zu erkennen, das dem heimatlichen Planeten eingeprägt ist und ihn rhythmisch durchpulst. Der erinnerte Eigenklang führt zur schöpferisch- energetischen Aufladung des Bewußtseins.

Großartig ist der hier angedeutete Zusammenhang literarisch gestaltet worden von Doris Lessing in ihrem, von Sufi- Vorstellungen beeinflußten Roman »Anweisung für einen Abstieg zur Hölle« von 1971, dem ich wichtige Anregungen verdanke (u.a. zur Mandala- und Code-Symbolik): Der Altphilologe Charles Watkins erfährt einen mentalen Zusammenbruch, als die ersten Erinnerungsfragmente an seine eigentliche (kosmische) Aufgabe durchbrechen. Die geistige Zerrüttung, die in einer psychiatrischen Anstalt behandelt wird, ist die Ausdrucksform eines Bewußtseinsbruchs: zwischen dem Alltagsbewußtsein als Hochschullehrer und dem immer wieder jäh aufbrechenden visionär- planetarischen Bewußtsein. In dieser bewußtseinsmäßigen Zwischenzone tauchen Tagträume und Erinnerungsfetzen auf, die mit dem Auftrag von Watkins zu tun haben, seiner planetarischen Mission. In einem visionär erfahrenen Geschehen, das Züge eines Alptraums trägt, erlebt er den blutigen Kampf zwischen Affen und Rattenhunden in einer verlassenen Ruinenstadt. In deren Zentrum befindet sich ein Platz mit einem Kreis oder Ring, einem großen Mandala. Dieses Mandala, so weiß er intuitiv, gilt es zu reinigen und zu einem bestimmten, kosmisch festgelegten Zeitpunkt als Landeplatz bereitzustellen für den rettenden »Kristall« (the Crystal), eine Licht-Klang-Energie-Konzentration, zugleich eine Art von kosmischem Gefährt. Als es Watkins schließlich gelingt, das Mandala zu reinigen und die Affen und Rattenhunde davon fernzuhalten, landet der Kristall und wirbelt ihn in sich und »in eine singende Ruhe« (wie es wörtlich heißt) hinein, schaltet ihn gleichsam auf eine höhere Energiestufe, transformiert sein Bewußtsein ins Planetarische. Watkins erzählt:

»Langsam festigten sich meine Sinne, meine neuen Sinne. Ich war innerhalb einer getönten Lichtfülle, meinem neuen Körper, und dies Lichtsein war, wie eine Flamme innerhalb des Feuers, Teil des Kristallwirbels, und dieser wiederum brannte weißlich, ein unsichtbarer Tanz, wo der Mittelpunkt des Rings auf dem Platz gewesen war – und immer noch war, denn ich konnte seinen Umriß sehen, doch war das der Geist seines Umrisses. (...)«[79] »Die Welt drehte sich wie eine aufs Zarteste getönte Seifenblase, ganz Licht. Es war das Bewußtsein der Menschheit, das ich sah, und war wiederum keineswegs zu trennen vom tierischen Bewußtsein, das sich allerorten mit ihm vermählte und mit ihm verschmolz. (...) Ich beobachtete einen pulsierenden Wirbel allen Seins, wie er sich ständig veränderte, bewegte, tanzte – ein kontrollierter, unfreiwilliger Tanz, der sich seiner Natur nach in Schranken hielt, und Teil dieser unausweichlichen Gesetzmäßigkeit war der Zusammenschluß des inneren Lichtmusters mit der äußeren Welt aus Stein, Laub, Fleisch und gewöhnlichem Licht. In diesem gewaltigen, alles umhüllenden Spinngewebe aus unablässig wechselndem Licht regten sich Flammen und Töne und Zuckungen von Licht, die sangen und klangen, in tieferen und höheren Tonlagen, das heißt, was ich sah, oder besser das, wovon ich ein Teil war, war weder Licht noch Klang, sondern der Ort oder die Zone, wo diese zwei Identitäten einswerden. Der pulsierende Ball aus Licht oder Klang war der Erdenwelt, die er umschloß, angepaßt, und wie ich es zuvor an den Tierscharen, jenen armen, alles verheerenden Viechern, gesehen hatte, verliefen auf der Erdenwelt überall die Risse und Säume einer höheren Substanz, ein feinerer Takt im Zeitverlauf oder des Lichts oder Klangs, der der höheren, die Erdenwelt umhüllenden Sphäre die Kanäle zog, durch die sie sich in die niedrigere ergießen konnte.«[80]

Bei näherem Hinschauen erkennt Watkins bestimmte Licht- Klangstrukturen und -Verdichtungen, die auf Vorgänge und Zusammenhänge in der Menschheit verweisen. Impulse und Leitungen, entlang den Kanälen in der planetarischen Licht-Klang-Hülle, laufen überall über den Erdball und verbinden Menschen miteinander. Watkins erlebt eine globale Schau, er sieht die Energiemuster der Menschheit, die Klang-Energie-Linien des Planeten, die einander korrespondieren.

»Das äußere Gespinst aus musikalischem Licht schuf das innere, irdische und hielt es in seinem aus der Spannung geborenen Tanz fest. Und weitverstreute Menschen, eine Kette solcher Menschen, eine leichte, gespinsthafte Spannung, die überall auf dem Erdball von ihnen ausging, waren die Kanäle, durch die die feinere Luft in die Erde gelangte und sie nährte und am Leben erhielt.«[81] Wer in dieser Kette steht, überschreitet sein begrenztes Ego und verwandelt sich in Richtung auf ein menschheitliches, planetarisches Bewußtsein. »Gemeinsam ergaben sie einen Taktschlag im großen Tanz, einen Ton im Lied. Überall und auf jeder Ebene bildeten die kleinen Individuen Ganzheiten, schlugen sie schwache Töne an, stellten sie Farbtöne her. (...) In dem großen singenden Tanz verband sich alles zu einer gemeinsamen Bewegung. Mein Bewußtsein war wie die Facette eines Bewußtseins, wie die Zellen einer Honigwabe.«[82]

Die großartige Vision von Charles Watkins, die er nur für kurze Zeit aufrechtzuerhalten vermag, wird von Doris Lessing ausdrücklich als ein Akt der Rückerinnerung gewertet, wobei durchaus Elemente der platonischen Anamnesis mitschwingen. Die Tragik Watkins' besteht darin, daß er, mit dem Überwechseln in die bürgerliche Normalität, die Fähigkeit zu dieser Art Erinnerung einbüßt. Als Vergessender wird er zum Scheiternden. Wir alle werden scheitern, wenn es uns nicht gelingt, uns an uns selbst und unsere planetarische Funktion zu erinnern; wenn es uns nicht gelingt, ins Zentrum des Klang-Mandalas der Seele vor-zustoßen und damit unseren Ort zu finden im Klang-Energie-Netz des Planeten. Allenthalben sind die Kanäle, von denen Doris Lessing spricht, blockiert; die Spannung ist da, doch der Klangenergiestrom kann nicht global wirksam werden; der »Taktschlag im großen Tanz« reicht nicht aus, ist nicht machtvoll genug, das innere Licht-Klang-Muster und seine Linien mit der Menschheit, der Erde zu verbinden. Nur Erinnerung (Anamnesis) verbürgt unsere und der Erde Rettung, nur die Bewußtwerdung des Klangnetzes der Erde über das Medium des eigenen, inneren Mandalas. Der rettende Energiering muß zusam-menwachsen, die Ketten müssen sich berühren, das tönende Gespinst muß sich unverlierbar eindrücken in das menschliche Bewußtsein. Die Archephone der Rettung müssen *jetzt* erinnert werden! Was der Philo-soph Leopold Ziegler (1881-1958) Anfang der fünfziger Jahre über Europa schrieb, ist heute auf die Menschheit als Ganzes anwendbar: »Allzu lange hat Europa aus der stygischen Lethe Vergessenheit ge-trunken und darum mehr und mehr vergessen, was nie hätte vergessen werden dürfen. Nun wird Anamnesis gegen Lethe aufgeboten, falls es nicht bereits zu spät ist.«[83]

Klangerfahrung und Bewußtseinszentren

Nur die Höhe des Menschen ist der Mensch.

(Paracelsus)[84]

Die Versuchung ist heute groß, aus der Einsicht in die Irrwege des patriarchalen Geistes und der Rationalität Denken überhaupt zu streichen, sich hineinfallen zu lassen in die umhüllende Aura der Gefühle, der Intuitionen und des Weiblichen (als Gegenbild zum Eindimensional-Männlichen). Teile der New-Age-Bewegung sind in diesem Sinne eindeutig regressiv ausgerichtet, zumindest ideologisch oder in dem, was gesagt und als Ziel verkündet wird. Die Bewußtseinsrealität, die Tag für Tag gelebt wird, ist wieder eine andere Sache. Und da ist der verteufelte »mind« ja stärker und wirksamer, als diejenigen, die seiner überdrüssig sind, wahrhaben wollen.

Nun ist gegen *Phasen* der Regression, Phasen des Sich- zurückfallen-Lassens, des Hinabtauchens in kollektiv-schamanische Seelenbezirke wenig einzuwenden. Schließlich muß das weithin betonierte Bewußtsein erst einmal verflüssigt werden. Im Eros, in der erotischen Liebe geschieht dies ohnehin, spontan und natürlich. Und fraglos ist der Eros die große Herausforderung für das allseitig verpanzerte Ego. Viele scheitern daran; gerade heute, wo die wechselseitigen Ansprüche der Geschlechter ins Unermeßliche gewachsen sind, wo Liebe häufig als Ersatz herhalten muß für alles, was sonst fehlt. Auch die machtvollen Stimulantien des Eros können sich regressiv auswirken, wenn das Bewußtsein die beglückend-irritierende Aufgeladenheit und energetische Überflutung nicht integrieren kann; wenn es sich – auf falsche Weise – aufgibt; wenn es die Balance verliert zwischen Selbstbehauptungswillen und Hingabe…

Ein Großteil der überall angebotenen Psycho-Workshops zielt, mehr oder weniger ausgeprägt, auf eine Überschreitung der Ego-Verpanzerung, häufig auf dem Wege einer bewußt herbeigeführten Regression. Leider kommen viele aus dieser Regression nicht mehr heraus. Faktisch bleibt der Intellekt genauso mächtig (und störend) wie vorher, aber man/ frau strebt doch von ihm weg: hinein, hinaus, hinab (wie auch immer) in eine neue, eine egoüberschreitende, möglichst gleich kosmische Ganzheit und Verbindlichkeit. »Verwandlung nach oben« und »Verwandlung nach unten« – ich erinnere an das Hofmannsthal-

Wort – verschwimmen ineinander; ja häufig wird gar nicht mehr gesehen, wo hier überhaupt ein Unterschied liegen soll. Ekstatische Entgrenzung wird zum Eigenwert, das hermetische »Wie oben, so unten« zur alles abdeckenden Formel, zur weltanschaulichen Rechtfertigung.

Die Auswirkungen auf das Musikbewußtsein sind allenthalben spürbar. Warum, so fragen sich viele, soll eine Beethoven- Sinfonie einen besonders hohen Wert in der Weltmusik beanspruchen? Warum soll ich mich mit den Subtilitäten eines Mozartischen Streichquartetts herumplagen (das mich ja, oberflächlich gehört, so läßt, wie ich bin, aber nicht mehr sein möchte) – wenn's doch leichter zu haben ist? Zumal das Angebot an Meditationsmusik ja groß ist und Bewußtseinserweiterungen allenthalben verkündet werden.

Zum integralen Bewußtsein gehört eine integrale Musikform. Das wird nur selten in der genügenden Klarheit gesehen. Daß die neue Obertonmusik diesem integralen Bewußtsein *nicht* entspricht, sei noch einmal betont. Integrales Bewußtsein meint menschheitliches, planetarisches, ja kosmosorientiertes Bewußtsein, meint im tiefsten Wortsinn repräsentatives Bewußtsein. Wirklich große Kunst ist immer menschheitlich und repräsentativ: die »Zauberflöte« genauso wie die Missa solemnis von Beethoven, Schumanns Musik zu »Faust« oder »Die Frau ohne Schatten« von Richard Strauss … Gerade in den großen Werken der abendländischen Musik leuchtet das integrale Bewußtsein hindurch. Gerade hier, mehr als in jeder anderen Musik, werden wir herausgefordert, das klanggewordene Versprechen, die klanggewordene Verheißung zu erfüllen und einzulösen. Ganzheitlichkeit heißt nicht ungegliedertes Nebeneinander, Einheit nicht Einerleiheit. Ganzheitlichkeit hebt die Hierarchie der Natur, die immanente Stufenordnung des Seins – und Bewußtseins – nicht aus den Angeln. Die siebte Sinfonie von Beethoven beispielsweise ist der Prototyp ganzheitlicher, integraler Musik. Die Gesamtheit der Bewußtseinsebenen und seelisch-körperlichen Wahrnehmungsformen wird hier angesprochen und zum Klingen gebracht: von der zuhöchst vergeistigten motivisch-thematischen Bewegung und Form über die Tiefe und machtvolle Fülle des Herzens bis zur rhythmisch-tänzerischen Ekstase, zum dionysischen Bewegungsimpuls, der den Körper zum Tanzen veranlaßt (Richard Wagner sprach hier von einer »Apotheose des Tanzes«). Hier ist – kosmischer – Logos, Weibliches und Männliches verbindender Eros und die lebendige Fülle sinnlich-erdhafter Bejahung. Eine Musik, die aufs Äußerste herausfordert, die – einmal ernst genommen in ihrem Anspruch – die ganze Gesellschaft in ihren Fugen erschüttern müßte; die nach kultischer Einbindung, nach Festen großen Stils verlangt und nicht nach bürgerlicher Beschaulichkeit.

Die Beethovensche Ganzheitlichkeit läßt die Stufenordnung der Musikelemente bestehen, ja in ihrer Würde erstrahlen. Das Rhythmisch-Eruptive ist eingebunden in die zauberische Suggestion und Einfachheit des Melos, in die Durchsichtigkeit der thematischen Arbeit, in die das Klanggeschehen durchpulsende und es zugleich überwölbende Spiritualität. *Das* ist es, was wir mehr denn je brauchen: eine lebbare Harmonisierung von Unterleib (Sexualität und Bauch), Herz und Intellekt im Geiste der spirituellen Transformation. *Das* ist integrales Bewußtsein, das die archaischen, mythischen und mentalen Komponenten menschlichen Bewußtseins zusammenschließt und *hierarchisch* integriert. Das ist die Bewußtseinsaufgabe unserer Zeit; das sollte der große, erneuernde Kulturimpuls sein! Integration und Ganzheitlichkeit müssen wir in diesen höchsten Formen begreifen und nicht – wie so häufig – vermeinen, wir seien schon dann die Träger des Neuen Bewußtseins, wenn wir die Eindimensionalität des Intellekts durchschauen, uns für Schamanismus und (meist ohnehin mißverstandenen) Tantrismus begeistern und von der Egolosigkeit fabulieren. »Nur die *Höhe* des Menschen ist der Mensch.« Nur das Höchste im Menschen ist wahrhaft menschenwürdig, wahrhaft human.

Die Höhe bedarf der Tiefe; die Entfaltung der oberen Chakras (Zentren) setzt die lebendige Integration der unteren voraus. Der Lotus entfaltet sich in sumpfiger Feuchte, und wir brauchen die natürlichen Wurzeln unserer Existenz mit jedem Wimpernschlag. Nur: daß wir die Lebensprozesse des Unterleibs, der Sexualität genauso wie der Verdauung, brauchen, muß nicht bedeuten, daß wir uns mit ihnen identifizieren. Im traditionellen indischen Yogasystem (Pantanjali) wird stets betont, daß Menschsein im eigentlichen Sinn erst oberhalb des Nabelzentrums beginnt. Die darunter liegenden Zentren werden nicht verächtlich behandelt, nicht negiert oder unterdrückt, sondern eingebunden in die Bewußtseinsordnung der Chakras, in das Stufensystem entlang der Vertikalachse des Körpers; eingebunden auch in den Transformationsprozeß der Energien, ihre Verfeinerung und Steigerung. Es gibt Musik, die fast ausschließlich die unteren Zentren anspricht, die den Unterleib affiziert, mitreißt, in Schwingungen versetzt und die höheren Zentren weitgehend ausblendet. Andere Musik spricht primär zum Herzen, häufig in abgeflachter, banaler Form: als pure Sentimentalität. (Ein erheblicher Teil der Rockmusik ist eine Mischung aus Sentimentalität und Aggressivität.) Wieder andere Musik spricht primär den Intellekt an, den rationalen Geist. Nur die höchste Form der Musik bringt den *ganzen* Menschen zum Schwingen, den Menschen in seiner Mehrdimensionalität. Es gehört zu den Kernaussagen dieses Buches, daß die klassisch-romantische Musik des Westens eben diese höchste Form repräsentiert. Dies hat wahrlich nichts mit kultureller Überheblichkeit oder Arroganz zu tun, sondern schlicht mit *gesteigertem Hören*. Wenn das melodisch-harmonische Element zur Essenz des Musikalischen gehört und sich in erster Linie hierin die kosmische Urmusiksphäre spiegelt, dann dürfte unbestreitbar sein, daß es keine andere Musik gibt, die derart ins Kosmische hineinreicht wie die große abendländische. Auch die klassische indische Musik, so achtunggebietend sie ist, erreicht nicht jenen hohen Verfeinerungs- und Differenzierungsgrad im Melos sowie in der harmonisch-akkordischen ›Arbeit‹ mit dem Klangmaterial. Die schöpferische Geistigkeit Indiens konzentrierte sich nicht auf die Musik, sondern auf die philosophisch-mystische Innenschau, wie sie in den Upanishaden oder in der buddhistischen Weisheitslehre zum Ausdruck kommt. *Das* sind die kulturellen Komplementärphänomene zur großen abendländischen Musik...

4

Klangmagie und das Doppelgesicht der Verwandlung

Der Fall Wagner ist für den Philosophen ein *Glücksfall.*

(Friedrich Nietzsche)[85]

Man ist immer schnell bei der Hand, den Begriff »Magie« mit der Musik in Zusammenhang zu bringen. Und sicher gibt es gute Gründe dafür, die mit der archetypischen (archephonischen) Dimension des Musikalischen zu tun haben, der sich häufig auch eingefleischte Rationalisten nicht entziehen können. Mancher große Dirigent ist schon, von Musikkritikern, mit dem Etikett des Magischen versehen worden. Häufig wird »Magie« als Universalbegriff benutzt für alles Unfaßbare und Unvorhersehbare in der musikalischen Wirkung, ja für das unauflösbare Geheimnis der Musik schlechthin. Richard Wagner und Richard Strauss, die beiden großen Meister der spätromantischen Harmonik, werden in den einschlägigen Darstellungen mitunter als »Klang-Magier« apostrophiert. Das ist sehr bezeichnend und führt bereits einen Schritt weiter; denn es ist kein Zufall, daß Händel oder Haydn oder Mozart dieses Etikett nicht erhalten. Was also ist – außerhalb des Allgemeinplatzes – musikalische Magie?

In seinem kenntnisreichen Buch »Musik – Magie – Mystik« definiert der Musikforscher Fritz Stege musikalische Magie als »die Erzielung außerkünstlerischer Wirkungen mit künstlerischen Mitteln«.[86] Wichtig ist hierbei, daß diese außerkünstlerische Wirkung auch *primär* beabsichtigt ist, nicht also nur als Nebenprodukt beim Hörer auftritt, womit eine erhebliche Einschränkung genannt ist. Jeder große Musiker will stets *zugleich* eine über das Rein-Künstlerische hinausgehende Wirkung: religiöser, weltanschaulicher, kultischer, spiritueller oder sonstiger Art. Nur hat diese Art Wirkung – im Bewußtsein der Musiker – keinen Eigenwert, der vom Ästhetischen zu lösen wäre. Eine Ausnahme ist hier vielleicht Richard Wagner, bei dem die ›Nebenabsichten‹ manchmal größer zu sein scheinen als das Künstlerische. Wagners Kunst ist zu einem erheblichen Teil Unterwerfungs- und Suggestionskunst, bewußtes Klangritual und Ersatzreligion (und manches mehr). Und wenn die initiatorische Verwandlung, die spirituelle Transformation des Menschen in dem von mir genannten Sinne mit der musikalischen Wirkung verbunden wird, dann ist damit ja von vornherein *auch* eine magische Dimension angesprochen, ja: diese wird im Grunde vorausgesetzt. Ohne die Überzeugung von der Magie der klassisch-romantischen Musik – und das aus der Erfahrung erwachsene Wissen um diese Magie – wäre die Konzeption dieses Buches unsinnig.

Musikalische Magie im eingeschränkten Sinne dieses Kapitels bezieht sich auf die Wirkungsrichtung der *Verwandlung nach unten*, also eine bestimmte Form der Bewußtseinstransformation durch Musik: die massive Verlagerung der Eckpfeiler des Bewußtseins durch kultisch-rituelle, hypnotisch-schamanische Klangwirkung. Und zwar mit dem Ziel, den Hörer, ob eingestanden oder uneingestanden, in einen Zustand der Unfreiheit zu versetzen, ihn einzubinden in ein spirituelles (oder sonstiges) *Kollektiv*. Das ist der entscheidende Punkt. Magie meint hier, modern gesprochen, Bewußtseinsmanipulation, und zwar in Richtung auf die Unterwerfung oder vorübergehende Ausschaltung des seiner selbst bewußten Geistes. In plattester Form geschieht dies heute durch die sogenannte Weghörmusik (Trivialmusik), die uns allenthalben umgibt, die das Bewußtseinsniveau senkt und die Wahrnehmungsfähigkeit abstumpft. An dieser Stelle ist es mir um Klangmagie zu tun, die einerseits archaisch, andererseits zuhöchst ›raffiniert‹ und tief ist. Diese treffen wir vornehmlich in außereuropäischen Kulturen an; und auch hier wirken fraglos Archephone, Archetypen des Klangs, – aber welcher Art sind diese? Worin unterscheiden sie sich von den anderen Urklangformen, die eine andere Wirkungsrichtung aufweisen? Das Doppelgesicht der Verwandlung ist schwer zu durchschauen. Aber wir können dieser Frage nicht ausweichen, weil gerade hier die *Amfortas-Wunde der Musik* überhaupt deutlich wird. Um der Erreichung eines wirklich integralen Bewußtseinszustandes willen müssen wir das hier angedeutete Problem angehen. Und ich weiß, daß dies vielen, gerade in der New-Age-Szene, gegen den Strich geht, daß hier ein Umlernen gerade für spirituell orientierte Geister schwer ist, heißt es doch, von manchen liebgewordenen Klischees Abschied zu nehmen.

In allen nichteuropäischen Musikkulturen war Musik meist eingebunden in einen kultischen, einen mythischen und spirituellen Rahmen. Musik war kein Selbstzweck, nicht ästhetische Erbauung; sie sollte nicht einfach ›schön‹ sein. Natürlich gab es außerhalb der kultischen Zusammenhänge immer auch volkstümliche, aus der Spontaneität des Augenblicks erwachsene Musik, freies Spiel des Klangs, Singen als Ausdruck sinnlicher Freude u.ä.; davon soll hier jedoch nicht die Rede sein. Den jeweils eingesetzten Instrumenten – der Trommel, der Flöte, den Saiteninstrumenten usw. – wurden klar umrissene mythische und spirituelle Bedeutungen zugeschrieben, nicht selten aus der Tiersymbolik abgeleitet. Singen war rhythmisierter Sprechgesang, war raunende Beschwörung, mantrischer Zauber. Überhaupt fällt die vergleichsweise geringe Bedeutung des Ausgeprägt-Melodischen auf. Rhythmus und Kultus, auch die Obertonschwingungen des Einzeltons, waren allemal wichtiger als das melodische Element. Zur kultischen Gebärde gehörte die symbolträchtige Bewegung, gehörte – als deren Steigerung – der Tanz. Tanz als Vergegenwärtigung des Göttlichen, der Gestirnbewegungen, der kosmischen Rhythmen – bis hin zur Trance, zur ekstatischen Entrückung. Musik – Tanz – Sprache: das wuchs zur sakralen Einheit, meist mit dem Ziel, den einzelnen in eine andere Bewußtseinsdimension hineinzuführen, ihn seiner Vereinzelung zu entheben, ihn einzubinden ins Umfassend-Göttliche. Die tibetische Ritualmusik, die ich aus eigener Erfahrung gut kenne, sei hier als Beispiel für das kultische Klangritual einer vormentalen Bewußtseinsstufe angeführt. (Die umfassendste filmische Dokumentation – unverzichtbar für jeden, der nicht selbst Gelegenheit hat, in die Himalayaregion zu reisen – ist der Film »Der Herr der Tänze«, der das Mani-Rimdu-Fest in zwei tibetisch-buddhistischen Klöstern am Südhang des Himalaya in Nepal darstellt.)

Klangrituale auf dem »Dach der Welt«

Als ich am Nachmittag des 1. Juli 1986 den Ramochhe-Tempel in der tibetischen Hauptstadt Lhasa betrete, werde ich Zeuge eines Rituals mongolischer Mönche, die hier als Pilger hergekommen sind. Der Ramochhe-Tempel war während der maoistischen »Kulturrevolution« fast völlig verwüstet worden und wird jetzt restauriert; erst das Erdgeschoß ist, wenn auch provisorisch, wiederhergestellt und als Pilgerstätte erneut in seine alten Rechte eingetreten, wenn auch seine Bedeutung nicht mit der des Jokhang-Tempel im Zentrum Lhasas gleichgesetzt werden kann. Für die mongolischen Pilgermönche, wie für alle tantrischen Buddhisten Asiens, insbesondere der »Gelbmützen«-Richtung, die den Dalai Lama als ihr spirituelles Oberhaupt anerkennen, ist Lhasa das topographische Zentrum ihrer Glaubenswelt, gleichsam die Mitte des Mandalas – der heilige Ort schlechthin.

Im Ramochhe-Tempel herrscht jenes mystische Halbdunkel, das jeden Besucher eines lamaistischen Klosters oder Tempels umfängt. Überall an den Wänden und Säulen Zeugnisse der tantrisch- buddhistischen Bilderwelt, Wandmalereien und Thangkas, alles in intensivsten Farben bei eindeutiger Dominanz von Gelb, Orange und Rot als den Zentralfarben der Vajrayana-Buddhisten. Eine für den Europäer zunächst verwir-

rende, gleichwohl faszinierende, suggestive, ja an Drogenrauschzustände gemahnende Szenerie von archaischer Kraft, gesteigert durch den Geruch der Butterlampen und des abgebrannten Räucherwerks und durch die physiologische Veränderung, die mit der für einen Flachländer ungewohnten Höhe zusammenhängt (geringere Sauerstoffsättigung des Blutes). Die Mongolen sitzen sich in zwei Reihen gegenüber; vorne am Eingang sitzen vier rotgewandete Mönche aus Tibet, offenbar die Gastgeber. Während des tantrischen Zeremoniells wird, als dumpfe Rhythmusbegleitung zum mantrischen Sprechgesang der Mönche, eine gewaltige Trommel geschlagen, und zwar in einer durch einen Vorhang abgetrennten Kammer, wie man sie oft in tibetischen Klöstern antrifft. Außer den Ghantas (den rituellen Glocken, dem Vajra komplementär zugeordnet) und den verschiedentlich eingesetzten Damarus (kleinen Handtrommeln) ist diese große Trommel das einzige Klanginstrument neben der menschlichen Stimme, zumindest in diesem Ritual; andere tantrische Rituale verwenden zusätzlich noch andere Instrumente. Die Mönche singen, begleitet von den rituell abgezirkelten, kreisförmigen Bewegungen der Hände mit Vajra und Ghanta, in tiefster Tonlage…
Was ich erlebe, wirkt auf mich wie ein Trip. Ich habe mich seit Jahren mit tantrisch-buddhistischer Philosophie und Meditation befaßt, werde aber hier auf dem Dach der Welt stärker als je zuvor hineingezogen in die suggestive Aura und Hermetik des tibetisch-buddhistischen Systems; und dies, obwohl nur noch Reste des einstigen Tibet vorhanden und die traurigen Zeugnisse der Zerstörungswut der Rotgardisten und ihrer Helfershelfer überall im Lande zu sehen sind. Zwar sind die Restaurationsarbeiten in vollem Gange, auch ist der Pulsschlag des – wiedererwachten – religiösen Lebens der Tibeter spürbar – nur: was ist das alles im Vergleich zu dem Tibet vor der Flucht des Dalai Lama, vor der chinesischen Invasion!– Der Eindruck übersteigt meine Erwartungen, und ich begreife etwas von den gesteigerten Formen meditativer Erfahrung, die hier in Tibet möglich waren und sind. Zugleich weiß ich, daß nichts von dem hier praktizierten religiösen Bezugssystem *unverwandelt* übertragbar ist auf den Westen, und daß alle Versuche in dieser Richtung vergeblich sind bzw. in subtile Formen des Selbstbetrugs münden.
Neben dem Gesang in tiefster Tonlage, der zum Teil in Obertongesang übergeht, gibt es in der tantrischen Ritualmusik einfachste Melodiebögen, meist nur Umspielungen des Grundtons, denen die Anrufungen und Mantraformeln eingefügt werden. Auch gibt es ganze Mönchsor-

chester, in denen ausschließlich Blas- und Schlaginstrumente vorkommen, die bei jedem, der sie einmal gehört hat, einen unvergeßlichen Eindruck hinterlassen. Hier werden Klangphänomene äußerster Elementarisierung erfahren, die den Hörer im Innersten erschüttern können, versteckte Seelentiefen aufreißen und die Bewußtseinskoordinaten massiv verlagern: hinein und hinab ins Archaisch-Vorbewußte. Eine westliche Hörerin hat ihren Eindruck der tibetischen Ritualmusik wie folgt wiedergegeben:

(...) Als die hohen Blasinstrumente mit ihrem flirrenden Getön einsetzten, schienen sich meine Nerven zum Zerreißen zu spannen, bis schließlich etwas in meinem Kopf mit einer blitzartigen Lichterscheinung barst und mein Hören nicht mehr wie zuvor mit dem Widerstand, der das Gefühl des Auffangens gibt, belastet war, sondern durchlässig wurde, frei mitschwang, die Töne selbst zu werden schien – der unmenschliche Klang der Tuben, das Aufschreien der Becken, die kleinen Jubeltöne der Hörner. Da war – so merkte ich in den Stunden danach – etwas Entscheidendes geschehen. Die Urmacht dieser archaischen Musik hatte umfangreiche Breschen in die Wände meines Bewußtseins geschlagen, hatte es gewaltsam aufgerissen, und ich erfuhr mich nun selbst in einem offenliegenden, verstörten, verletzbaren, überempfindlichen, aber zugleich wundersam erfahrungsbereiten Zustand, der sich erst langsam zwischen tiefster Verunsicherung und hochgespannter Euphorie auspendelte.[87]

Diese Schilderung ist sehr bezeichnend und läßt etwas erahnen von den Möglichkeiten der hier zutage tretenden Klangmagie, die auf die vorbuddhistische Bön-Religion zurückzuführen ist. Die Götter- und Dämonenwelt der tibetischen Bön-Religion hat zwar im Lamaismus eine tantrisch-buddhistische Umwertung erfahren, ist damit aber in keiner Weise ihrer gewaltigen Naturmagie verlustig gegangen. Die neuen Kanäle, die durch den großen Tantriker Padmasambhava, den Guru Rinpoche, im 8. Jahrhundert eröffnet wurden, transportierten die *alten* Ströme, auch wenn diese in das spirituelle Bezugssystem des Buddhismus integriert wurden. Gerade dieser Umstand macht einen erheblichen Teil der Faszinationskraft und der ungeheuren Potenz des tantrisch-tibetischen Buddhismus aus. Es ließ sich nicht restlos verhindern, daß Schwarzmagisch- Schamanisches aus der Bön-Tradition auch in der neuen religiösen Struktur eine gewisse Eigenmacht behauptete. Die alten Götter und Dämonen sind keineswegs völlig unterworfen worden, wie es die buddhistische Legende will. Dies zeigt sich nicht zuletzt in der Musik der tantrischen Rituale, in ihrem Archaismus, der tief in den

Energiekörper hineinwirkt, in die unteren Chakras, aber kaum jemals das Herzzentrum erreicht. Tibetische Ritualmusik gehört einer magisch-archaischen Bewußtseinsstufe an und sollte nicht unsinnig in Parallele gesetzt werden zur Essenz der buddhistischen Weisheitslehre. Auch der große Buddhist Lama Anagarika Govinda (1898-1985) unterliegt hier den gängigen Irrtümern, wenn er in seinem Buch »Der Weg der weißen Wolken« schreibt:

Der tibetische Buddhismus betrachtet den Menschen nicht als eine für sich stehende einzelne Figur, sondern immer in Beziehung zu seinem universellen Hintergrund. In gleicher Weise befaßt sich die tibetische Ritualmusik nicht mit den flüchtigen Emotionen zeitbegrenzter Individualität, sondern mit den ewig- gegenwärtigen, zeitlosen Qualitäten universellen Lebens, in dem unsere persönlichen Freuden und Leiden keine Rolle spielen. Wir kommen durch sie wieder in Berührung mit den Quellen der Wirklichkeit im tiefsten Kern unseres Wesens. Dies ist nicht nur das wesentlichste Anliegen der buddhistischen Meditation, sondern ebenso der tibetischen Ritualmusik, die sich auf den tiefsten Schwingungen aufbaut, deren ein Instrument oder eine menschliche Stimme fähig ist: Lauten, die aus den Abgründen der Erde oder aus den Tiefen des Raumes zu kommen scheinen, dem Rollen des Donners gleich – mantrische Laute der Natur, deren schöpferische Schwingungen den universellen Ursprung aller Dinge symbolisieren. Sie bilden das Fundament wie auch den Hintergrund, von denen die Modulationen der höheren Stimmen und die klagenden Tremolos der Oboen aufsteigen, wie die Formen empfindender Lebewesen von den Elementarkräften der Natur – deren man nirgends stärker bewußt wird als in den gewaltigen Gebirgsketten und auf den weiten, einsamen Hochflächen Tibets.[88]

Govinda begeht den Fehler, die schamanische Elementarisierung der Klänge, ein Überbleibsel der Bön-Religion, als klangliches Pendant zur buddhistischen Weisheitslehre zu werten. Die aufwühlende Klangmagie der tibetischen Ritualmusik, die unverkennbar der Verwandlung nach unten zuzuordnen ist, wird damit in ihrem Wesen verwischt. Und um dieses Wesen geht es hier. Genauso falsch ist es im übrigen, die künstlerischen und architektonischen Höchstleistungen, die da und dort in Tibet anzutreffen sind (man denke an das Wunderwerk des Potala), mit den klanglichen Nachwirkungen des Schamanismus und Animismus auf eine Stufe zu stellen. Es gehört zu den gröbsten kulturhistorischen Mißverständnissen, Kulturen generell als einheitliche Wesenheiten zu betrachten, in deren Schoß alle schöpferischen Hervorbringungen funktional und gleichwertig nebeneinander stehen. Wahrscheinlich klingen in der tibetischen Ritualmusik letzte Reste matriarchaler Körper- und Naturmagie hindurch oder Reste des Linkshändig-Magischen, das ursprungsmäßig mit den Energien des Kybelisch-Weiblichen verbunden ist.

Über unseren Energiekörper, jene schwer greifbare Zwischenzone von Nicht-mehr-Körper und Noch-nicht-Seele, haben wir Zugang zu den unteren Reichen der Natur; und nicht nur dies: wir *sind* hier ein Stück weit Pflanze und Tier, wie wir in unserem physischen Körper dem Mineralreich zugeordnet sind. Die Pflanzen- und Tierschichten des menschlichen Unbewußten stellen eine Art Trägersystem dar für das eigentlich Menschliche: den seiner selbst bewußten Geist. Hier, im feinstofflichen Bereich, empfangen wir fortwährend energetische Zufuhr aus den unteren Reichen; hier werden wir im Organisch-Physiologischen genährt. Hier ist die Breite der Welle, die den Wellenkamm des Geistes und der Seele trägt. Alle überlieferten schamanischen Erfahrungen, zu allen Zeiten und in allen Kulturen, belegen die Möglichkeit, das menschliche Bewußtsein ins Kollektiv-Vormenschliche zurückzubinden, es einzuklinken ins Pflanzlich-Tierische und ihm auf diese Weise naturmagische Kraft zuzuführen. Magisch- archaische Zeremonien, wie wir sie etwa aus Zentralasien kennen, zielen stets darauf ab, Trance zu erzeugen, ekstatische Entrückungszustände, die das Tages- und Wachbewußtsein überschreiten oder außer Kraft setzen. Derart fließen die seelisch-energetischen Ströme des Pflanzlich-Tierischen verstärkt in die Seele (also über das hinaus, was ohnehin fortwährend geschieht), werden Tore aufgestoßen, die sonst verschlossen sind, und zwar allein durch die Tatsache des individualisierten Bewußtseins. Die Energieanreicherung von unten, aus den natürlichen Wurzelgründen der Psyche, strahlt eine Faszinationskraft aus, der sich viele intellektmüde Westler nur schwer entziehen können; das erklärt die Schamanismus- Begeisterung in der New-Age-Szene. Zugrunde liegt der Glaube, mittels schamanischer Praktiken an verschüttete Quellen der eigenen Natur heranzukommen und diese für die Ganzwerdung und Heilung von Körper und Seele fruchtbar zu machen. Fraglos brauchen wir ein Stück weit auch die rauschhaft-ekstatischen Bewußtseinsschwingungen; und selbst im ›Rohzustand‹ können sie therapeutisch sinnvoll sein. Nur sollten schamanische Rauschzustände nicht als schöpferische Überschreitung des Ego in Richtung auf das Selbst mißverstanden werden: es sind *regressive* Zustände, die aufs Ganze gesehen *gegen* die Individuation gerichtet sind.

Dieses regressive Moment wird häufig übersehen, zumal dann, wenn rituelle Elemente des Schamanismus als integraler Teil eines hochentwickelten spirituellen Systems auftreten, wie etwa im tibetischen Buddhismus oder in einigen Derwisch-Orden des Sufismus. Diese Integration jedoch ist langfristig auflösbar; es ist möglich und auch fruchtbar, die *Essenz* des tibetischen Buddhismus herauszufiltern, sie zu lösen von den regional und kulturell geprägten Rahmenbedingungen. Nur: viele wollen gerade dies nicht; ihnen geht es gar nicht primär um die Essenz, sondern um das ganze exotische Beiwerk, das die zauberische Aura des Ganz-Anderen vermittelt. Viele wollen den Trip, und zwar den ganzen Trip; auch herrscht der Glaube vor, daß das »Beiwerk« unlösbar zur Sache selbst gehört und deren spirituelle Kraft ausmacht. Analog wird häufig im Zusammenhang mit den Kultformen orientalischer Derwisch-Orden argumentiert. Eine bestimmte Tradition, die als heilig-unverrückbar gilt, vermittelt die Kraft der Mantras und der rituellen Gesänge. Nur: ist diese Kraft die Sache selbst oder nur etwas ihr Äußerliches? Ich habe über Monate hinweg (Winter 1982/83) eine Vielzahl von rituellen Übungen, Zikr bzw. Dhikr genannt, aus der sufischen Tradition der Rifa'i (der sogenannten Heulenden Derwische) mitgemacht und weiß recht gut, daß auch hier, wie in tantrisch- buddhistischen Ritualen, enorme Energien freigesetzt werden, kenne aber zugleich die individualitätsfeindlichen, also regressiven Züge dieser Kultformen. Ich habe selbst Situationen erlebt, in denen mein Ego gleichsam an einem seidenen Faden hing – nach drei oder vier Stunden nahezu pausenlosen Zikr-Atmens, einer ruckartigen, mit ›Bellen‹ und Stöhnen verbundenen Atemform, die auf Dauer stimmbandschädigend ist. Und ich habe mir keine Illusionen gemacht über die hiermit verbundene Verwandlung nach unten. Es ging mir gerade um dieses Erfahrungsexperiment. Überhaupt kann man ohne ein Mindestmaß an einschlägiger Erfahrung über ekstatische Zustände und schamanische Entgrenzungen keine sinnvolle Aussage machen. Meine Erfahrungen mit den Rifa'i haben mich nicht dazu gebracht, die Zikr-Übungen der Heulenden Derwische mit der großartigen Sufi-Weisheit gleichzusetzen. In der Sufi-Musik spielt übrigens das melodische Element eine weitaus größere Rolle als in den tantrischen Ritualen; es gibt Melodien, die an europäische Volks- und Liebeslieder erinnern, was auf den Einfluß zurückgeht, den die arabische Musik in der Folge der Kreuzzüge im mittelalterlichen Europa ausgeübt hat.

Wir haben allen Grund zu der Annahme, daß auch in der schamanisch geprägten Musik Archephone, also klangliche Urformen und Urrhythmen,in Erscheinung treten, daß hier eine Urklangschicht angezapft wird, die allerdings keinen kosmischen, sondern einen eher *präkosmischen* Charakter aufweist. Was hier in erster Linie in Schwingungen gerät, ist der Energiekörper, die Medialzone zwischen Natur und Übernatur. Normalerweise ist der Energiekörper nicht direkt erfahrbar; er wirkt unterhalb der bewußten Wahrnehmungsschwelle. Die Vibrationen des Feinstofflichen werden nur in Situationen spürbar, in denen die Physis in Grenzbereiche hineingerät. (So habe ich etwa, nach Stunden extremer Kolikenschmerzen, in der durch ein homöopathisches Mittel bewirkten Entspannungs- und Lösungsphase den eigenen Energiekörper als ein vibrierendes Feld wahrgenommen, das den physischen Körper wie eine elektrische Ladung umgibt und durchdringt.) Die Archephone, die in der schamanischen Trance wirken, sind letztlich zwar auch kosmischen Ursprungs, quellen aber aus der *Tiefe* als ihrer eigentlichen ›Heimstatt‹; nicht zufällig spielen extrem tiefe Tonlagen eine zentrale Rolle. Die Tiefe, als ein lichtferner Spiegel der unteren Stockwerke der Psyche, spiegelt den Kosmos nur in abgedämpfter, gebrochener und abgeschatteter Gestalt wider. Zu fern der Kosmos, zu fern die Klangmuster des Oben. Alles Unten drängt zur Wachheit, zur Bewußtheit, zur Klarheit des Oben. Es ist die präkosmische Welt der Klänge, gleichsam der Klangsumpf für den Lotus der kosmischen Urmusik – bewußtseinsmäßig deren *Schatten*, der nicht ungestraft der Tiefe entlockt wird. Wird das Ohr hiervon unvorbereitet getroffen, eine gewisse Offenheit der Wahrnehmung vorausgesetzt, so treten Bewußtseinserschütterungen auf wie die, von denen in der zitierten Passage oben die Rede war. Diese Erschütterungen können aufgefangen werden durch die tantrisch-buddhistische Einbettung des Klanggeschehens; dennoch bleibt das Erschreckend-Urtümliche, Präkosmische der Klänge eine Bewußtseinsbedrohung. Es wirkt wie eine Droge; wie überhaupt der tantrische Buddhismus für manche Westler schlichtweg Drogencharakter hat.

Auch in der großen westlichen Musik werden die präkosmischen Archephone gelegentlich wirksam, meist nur äußerst kurz, nur als Ahnung des Abgrundes, über den sich der Klangregenbogen der kosmischen Verheißung spannt. Der einzige der großen Musiker, der mehr als nur kurzfristig die Klangabgründe des Elementaren aufreißt und über weite Strecken zum Untergrundstrom des musikalischen Geschehens macht, ist Richard Wagner. Hier finden wir jene Naturmagie oder Magie des

Kybelisch-Weiblichen, die auch das tantrische Ritual kennzeichnet, als ein bestimmendes Element. Es ist unverkennbar ein gutes Stück Tibet in der Wagnerschen Kunst, etwas genuin Tantrisches (übrigens schon in der mantrisch konzipierten Sprache in Teilen der Musikdramen). Ich will dies in aller Knappheit und aus meinen eigenen Erfahrungen heraus erläutern.

Zwischen Beethoven und Tibet.
Bemerkungen zu Richard Wagner

Als ich zum erstenmal mit wachen Sinnen (und befreit vom Gröbsten meiner anti-wagnerischen Vorurteile) den »Parsifal« hörte und sah, im Oktober 1975, fühlte ich mich, als hätte ich eine halluzinogene Droge eingenommen. Ich brauchte mehrere Tage, um mich davon zu erholen und mein Bewußtsein wieder ins Vertraute zu rücken. Zugleich hatte ich das Empfinden, eine Art Initiation erfahren zu haben und nunmehr energetisch angeschlossen zu sein an eine kultisch-klangliche Tiefenschicht, die mir bis dahin verschlossen gewesen war. Mehr als elf Jahre vorher (Sommer 1964) war mir eine ganz andere Klang-Initiation zuteil geworden: primär über die 3. Beethoven-Sinfonie, dann auch die 5., 6., 7. und 9. Sinfonie, hatte sich mir der Zugang eröffnet zu der ungeheuren Dimension der klassisch-romantischen Musik. Ich wurde eingegliedert in ein machtvolles Klang-Energie-Netz, das ich seitdem niemals dauerhaft verloren habe,wurde Teil eines Klangstroms, der mich auch heute noch trägt. Richard Wagner hatte es lange Jahre schwer gegen Beethoven, Mozart, Schubert in meinem Bewußtsein. Um mehr als »Lohengrin« und »Tannhäuser« hatte ich mich nicht ernsthaft bemüht; der spätere (also der ›eigentliche‹) Wagner war mir verschlossen. Dann also jene »Parsifal«-Initiation von 1975, die gleichfalls bis heute nachwirkt, obwohl sich die Gewichte verschoben haben und manche Ernüchterung eingetreten ist.

Einen vergleichbaren initiatorischen Impuls habe ich dann erst 1981 wieder erhalten, als sich mir die Welt des tantrischen Buddhismus erschloß. Hier erkannte ich eine bedeutsame Komponente der »Parsifal«-Initiation wieder, fühlte mich von einem ähnlichen Atem angeweht, begriff oder ahnte klangenergetische Verbindungen zwischen Tibet und Wagner, die offenbar vor mir niemand gesehen bzw. hörend-meditativ erfaßt hatte. Wagner, dies wurde mir zunehmend zur Gewißheit, steht eigentümlich zwischen Beethoven und Tibet; er ist ein suggestiver *Tantriker der Klänge* in einem primär (wenn auch nicht ausschließlich) linkshändigen Sinne. (Daß er darüber hinaus noch alles mögliche mehr ist, braucht uns an dieser Stelle nicht zu beschäftigen.) Schon »Tristan und Isolde« ist eine – meistens mißverstandene – tantrische Liebesgeschichte, in deren Mittelpunkt die kosmische Steigerung und Erlösung durch die Magie des Eros steht.– Stets war Wagner mir während meines Tibetaufenthaltes gegenwärtig, am stärksten vielleicht beim ersten Besuch des Jokhang-Tempels im Zentrum Lhasas (Ende Juni 1986), bei dem die tantrische Bilderwelt Tibets mir mit fast schmerzlicher Intensität ins Bewußtsein rückte und es vorübergehend bis in seine letzten Winkel hinein erfüllte oder überschwemmte. Eine Inszenierung des »Parsifal« mit den Mitteln der tantrisch- buddhistischen Bilderwelt erscheint mir seit langem wünschenswert.

Die Zwischenstellung der Wagnerschen Kunst – zwischen Beethoven und Tibet hat sich mir in verschiedenen Musikträumen stets erneut aufgedrängt. Meist wird Wagner-Musik in meinen Träumen in Richtung auf die Beethoven-Komponente verschoben; ich höre dann wagnerisierten Beethoven oder mit Beethoven-Elementen angereicherten Wagner. Dies dürfte damit zusammenhängen, daß die Beethoven-Initiation langfristig die stärkere war. Nur einmal träumte ich von einer Verschiebung der Wagner-Musik in Richtung auf die Tibet-Komponente. Zugleich war dies der vielleicht merkwürdigste Musiktraum meines Lebens. Ich erlebte ein Klangritual von ungeheurer Dichte und Intensität, bis an die Schmerzgrenze heranreichend: wuchtige, breite Rhythmen und Akkorde, archaisch wirkende melodische Muster und rätselhafte Farbwahrnehmungen. »Parsifal« und »Götterdämmerung«, übertragen in eine brutalisierte schwarzmagische Klangwelt. Gleichsam die Komposition eines alttibetischen Bön-Magiers mit den Mitteln der westlichen Musik…

Was ich im Oktober 1975 an Richard Wagner zu begreifen begann, läßt sich wie folgt skizzieren:

1. Es werden *Klangrituale* auf der Bühne zelebriert. Derart wird die Musik zur Funktion eines kultisch-magischen Zusammenhangs, sie verliert ihren Eigenwert.

2. Wagner-Musik tendiert dazu, den Hörer/Zuschauer *unfrei* zu machen; sie knechtet auf eine schwer bestimmbare Weise, u.a. durch die Art ihrer Sinnlichkeit.

3. Das Erhabene und Großartige wird stets von einem Element des Betrugs, der Maskerade und der *falschen* Weihe kontrastiert.

4. Wagner-Musik wirkt wie aus archaischen Tiefen emporgeholt, zugleich stellenweise berückend ›modern‹ oder intellektuell.

5. Wagner-Musik, als Droge eingenommen, verändert auf Dauer das gesamte Musikbewußtsein: man wird zum musikalischen Sektierer.

Ich fing an, mich mit der Wagner-Kritik Friedrich Nietzsches zu beschäftigen, an der ohnehin niemand vorbeikommt, der sich ernsthaft mit Wagner befaßt. Wie kein anderer hat Nietzsche Wagner geliebt und an ihm wie an einer Wunde gelitten. Hier einige – beinahe beliebige – Nietzsche-Äußerungen. In der Schrift »Der Fall Wagner« von 1888 heißt es:

Wagner hat beinahe entdeckt, welche Magie selbst noch mit einer aufgelösten und gleichsam *elementarisch* gemachten Musik ausgeübt werden kann. Sein Bewußtsein davon geht bis ins Unheimliche, wie sein Instinkt, die höhere Gesetzlichkeit, den *Stil* gar nicht nötig zu haben. Das Elementarische *genügt* – Klang, Bewegung, Farbe, kurz die Sinnlichkeit der Musik.[89]

Aus der »Fröhlichen Wissenschaft« (1882):

Meine Einwände gegen die Musik Wagners sind physiologische Einwände: wozu dieselben erst noch unter ästhetische Formeln verkleiden? Meine ›Tatsache‹ ist, daß ich nicht mehr leicht atme, wenn diese Musik erst auf mich wirkt...[90]

Aus dem Nachlaß von 1887:

Man erwäge die Mittel zur Wirkung, deren sich Wagner mit Vorliebe bedient (die er zu einem guten Teile sich erst hat erfinden müssen): Wahl der Bewegungen, der Klangfarben seines Orchesters, das abscheuliche Ausweichen von der Logik und Quadratur des Rhythmus, das Schleichende, Streichende, Geheimnisvolle, der Hysterismus seiner »unendlichen Melodie« – sie ähneln in einer befremdlichen Weise den Mitteln, mit denen der Hypnotiseur es zur Wirkung bringt. Und ist der Zustand, in welchen zum Beispiel das Lohengrin-Vorspiel den Zuhörer und noch mehr die Zuhörerin versetzt, wesentlich verschieden von der somnambulischen Ekstase?[91]

Und noch einmal aus dem »Fall Wagner«:

Die Musik als Circe … Sein letztes Werk ist hierin sein größtes Meisterstück. Der Parsifal wird in der Kunst der Verführung ewig seinen Rang behalten, als *der Geniestreich* der Verführung. (…) Ah, dieser alte Zauberer! Dieser Klingsor aller Klingsore! (…) Wie er jeder Feigheit der modernen Seele mit Zaubermädchen-Tönen zu willen redet![92]

Klingsor ist der kastrierte Schwarzmagier der Gralsgeschichte; im »Parsifal« tritt er als Gegenspieler der sinnenfeindlichen Gralsritter auf. (Aus den Proben zur »Parsifal«-Uraufführung weiß man übrigens, daß Wagner selbst Mühe hatte, das Sinnenfeindlich- Erhabene seiner Gralsbotschaft durchzuhalten, und sich weit mehr hingezogen fühlte zu den Blumenmädchen des 2.Aktes, den Prostituierten Klingsors.)

Thomas Mann sagt in seiner Rede »Leiden und Größe Richard Wagners« (1933), Wagner-Musik sei nicht Musik im »reinen und vollwertigen Sinne« vorwagnerischer Ästhetik, vielmehr »Psychologie, Symbol, Mythik, Emphatik«. Sie scheine »wie ein Geysir aus vorkulturellen Tiefen des Mythos emporzuschießen«, wobei Thomas Mann präzisierend hinzufügt: »und nicht nur scheint: sie tut es wirklich«.[93] Weiter heißt es: »Ein berühmter Dirigent, der eben den ›Tristan‹ geleitet hatte, sagte auf dem Heimweg zu mir: ›Es ist gar keine Musik mehr.‹ Er sagte es im Sinne unserer gemeinsamen Erschütterung.«[94] Ähnlich ist immer wieder geurteilt worden. Die »vorkulturelle Tiefe« Wagnerscher Kunst ist nicht *nur* die des Mythos, sondern zugleich des Magisch-Archetypischen, des Kultischen im Sinne der tantrisch- buddhistischen Welt (genauer: der tantrisch- *vor*buddhistischen Welt). Wagner-Musik ist Naturmagie, die mehr als andere Musik den Energiekörper in Schwingungen versetzt. Wagners Archaismus bzw. seine Fähigkeit zum Elementarisieren hat sicher *auch* eine intellektuelle Komponente; in erster Linie jedoch resultiert seine Klangmagie aus der – unbewußten – Anzapfung von Archephonen *der Tiefe*. Diese Klang-Archetypen haben mit dem Urmütterlichen zu tun, mit dem, was ich das Kybelisch-Weibliche nenne, das nur der zum Weiblichen hin transformierte Mann seelisch zu erschließen vermag. »Die Musik als Circe.« (Nietzsche) Ich erinnere daran, daß Bacchus-Dionysos der regressiv-verwandelnden Kraft der großen Zauberin entrinnt, bevor er sich der Liebe zu Ariadne öffnen kann.

Nietzsche nannte Cosima Wagner, die er liebte und verehrte, Ariadne; er sah sich selbst als eine Mischung aus Theseus und Dionysos, als den eigentlichen Geliebten der Ariadne. Er träumte von einer – Wagner überwindenden – »Musik des Südens«, einer neuen, leichten Melodik. In gewisser Weise – und dies sollte nicht nur als Aperçu verstanden werden – gelingt Richard Strauss »die Überwindung des musikalischen Imperiums Wagners« (Ernst Krause),[95] und zwar zentral und grundstürzend in der »Ariadne auf Naxos«. Er gewinnt der Musik den Süden zurück und zugleich ein Stück Mozartischer Melodik und Festlichkeit, überschreitet musikalisch die Tristan-Wunde und den Weihekrampf des »Parsifal«. Nicht die eher belanglose Tondichtung »Also sprach Zarathustra« macht Strauss zum wahren Nietzsche- Adepten, sondern die griechische und mit griechischem Licht durchseelte »Ariadne«.

Richard Wagner, als eine der großen Gestalten der Musik und Kulturgeschichte, bleibt eine Herausforderung, gerade in seiner Ambivalenz. Musikalisch-dramatisch hat er die entscheidenden, auch heute noch wichtigen Themen aufgegriffen: das der Erlösung der Natur (die Achse der »Ring«-Tetralogie) und das der initiatorischen Verwandlung durch den kultischen Zauber der Musik. Wagners *ursprüngliche* Festspielidee und seine Kulturutopie bleiben aktuell; sie sind *uneingelöst*, genauso uneingelöst wie die Salzburger Festspielidee in ihrer reinsten Form: Salzburg als friedenstiftendes europäisches Zentrum im Geiste des Mysterienspiels und der großen Musik. Nur eine neue Kultur, eine Kultur der Harmonie mit der Erde und dem Regenbogen, kann und wird die Festspielidee mit neuem Leben füllen, wird die kulturprägende Verbindlichkeit und heilende Kraft der großen Musik enthüllen…

5
Gesang der Welt
und klingender Kosmos

Verborgene Harmonie ist mächtiger
als offenbare.

(Heraklit)[96]

Worum es *nicht* geht

Die Lehre vom Klang-Charakter der Welt hat seit einigen Jahren Kurs-
wert, zumindest bei einer zunehmend wachsenden Zahl junger Menschen. Schon bevor er das Obertonbewußtsein als ökologisches, ganzheitliches Bewußtsein feierte, trat Joachim-Ernst Berendt als Verkünder der neu-alten Lehre vom Weltenklang auf. Unermüdlich wurde und
wird die Botschaft ins Land getragen, daß wir Heutigen nunmehr
wüßten, was die Alten nur *ahnten*. Mochte ein Goethe noch vom Tönen
der Sonne dichten, wir Heutigen hätten sichere Belege für die objektive Gültigkeit einer derartigen Aussage, usw. Berendt selbst schreibt in
seinem »Dritten Ohr« in der Rückschau auf sein Buch »Nada Brahma.
Die Welt ist Klang«: »Das ›Nada-Brahma‹-Buch hat Fakten, Phänomene, Theorien, Indizien, Beobachtungen, Überlieferungen, Einsichten
mitgeteilt, die den Klang-Charakter der Welt deutlich machen. Überall
im Kosmos haben wir ›Musik‹ gefunden – in Planetenbahnen, Pulsa-
ren, Genen, Sauerstoffatomen, Kristallen, Blattformen und und
und…«[97] Beinahe »alles im Makro- und Mikrokosmos sowie in unserer
irdischen Welt« gehorche »harmonikalen Gesetzmäßigkeiten«. »Heisenberg hat das harmonikale Denken bereits dort, wo es entstand – bei
Pythagoras –, zu den ›stärksten Impulsen menschlicher Wissenschaft
überhaupt‹ gerechnet. Er findet, daß die Entwicklung ›dem Glauben
der Pythagoräer in einem nicht vorstellbaren Maße recht gegeben‹
hat.«[98]
Ich darf daran erinnern, was Berendt über die große abendländische
Musik schreibt, um zu verdeutlichen, daß er das, was in den vorstehen-
den Sätzen an Wahrheitsgehalt enthalten ist, selbst nivelliert bzw. unwirksam macht. Es ist ja mittlerweile unbestreitbar, daß allenthalben
ganzzahlige Proportionen aufweisbar sind (Hans Kayser und Rudolf
Haase haben dies umfassend gezeigt). Unbestreitbar auch, daß das
menschliche Ohr auf diese harmonikalen Strukturen und Intervalle
geeicht ist – nur: Die seelisch-geistige Wirksamkeit großer Musik in
dem von mir umrissenen Sinne findet dadurch nicht die leiseste Erklä-
rung. Die sublime Gestaltganzheit einer achttaktigen Melodie und ihrer
Variationen, etwa in einer Beethoven-Sinfonie, entfaltet sich zwar im
harmonikalen Rahmen, repräsentiert aber als diese Gestaltganzheit
einen neuen, höheren Wert, dessen kosmische Verwurzelung auf eine
ganz andere Klanglichkeit, eine ganz andere Art von Musik (=

Urmusik) verweist, als Berendt und andere für den Kosmos unterstel-
len. Von jener Urmusiksphäre, aus der – durch Entbergung und Entfaltung entlang der Zeitachse – alle wirklich bedeutende Musik erwächst,
ist bei Berendt nirgendwo die Rede. Würde er deren Existenz, schon
im Sinne der zitierten Worte Bruno Walters, anerkennen, müßte er seine
eigenen Bemerkungen über den kosmos- und lebensfeindlichen Charakter der westlichen Musik Lügen strafen.

Häufig kippt der Rekurs Berendts auf die harmonikale Klangstruktur
der Welt ins ganz und gar Triviale hinüber. So haben amerikanische
Wissenschaftler die Winkelgeschwindigkeiten der Planeten in ihnen
exakt entsprechende Schwingungen verwandelt, diese in einen Com-
puter-Synthesizer eingespeist und so hörbare Frequenzen erhalten.
Jeder kann sich durch die Schallplatte, die es davon gibt, selbst ein
Klangbild machen von dem, was großspurig als »hörbares Modell des
Sonnensystems« ausgewiesen wird.[99] Berendt deutet die synthetisch erzeugten Klänge als eine Hörbarmachung des »Gesangs der Plane-
ten«.[100] »Der Merkur, dem das Element Quecksilber zugeordnet ist, hat
einen schnellen, geschäftigen, zirpenden, in der Tat ›quecksilbrigen‹
Klang. Mars rutscht aggressiv und ›rücksichtslos‹ über mehrere Noten
hinauf und hinunter. Jupiter hat einen majestätischen, orgelartigen Ton,
Saturn ein tiefes, unheimliches Dröhnen.«[101] Was hier klanglich zutage
gefördert wurde, als Planetengesang zu bezeichnen, ist schon ein arger
Mißgriff. In Wahrheit wird hier – günstigenfalls – die Oberfläche der
Oberfläche hörbar, noch dazu in ihrer skelettartigen Form. Ähnliches
gilt auch für die Computermusik, die aus der Reibung zwischen dem
sogenannten Sonnenwind und dem Erdmagnetfeld abgeleitet wurde.
Und vieles andere mehr. Stets wird die große Lehre vom Klang des
Kosmos bemüht, um diesen Trivialitäten eine höhere Weihe zu geben.
Darum also geht es nicht. Nichts gegen die harmonikalen Forschungen
eines Hans Kayser oder Rudolf Haase; sie haben eine Fülle an Erstaun-
lichem zutage gefördert, was aber nicht darüber hinwegtäuschen kann,
daß wir auch hier nur ein skelettartiges Abbild bestimmter Strukturformen der Erscheinungswelt vor uns haben und nicht die klangliche Tiefenschicht der Welt, des Kosmos. Die klangliche Computerisierung na-
türlicher Phänomene führt keinen Schritt hinein in die verborgene Harmonie des Kosmos.

Die Überbewertung der ganzzahlig erfaßbaren Proportionen, so als
seien hierin bereits letzte Wirklichkeiten enthalten, geht auf Irrtümer
und Fehlsteuerungen zurück, die sich bis auf Pythagoras zurückverfol-

gen lassen. Pythagoras, der im 6. vorchristlichen Jahrhundert lebte, gilt nicht nur als Begründer der modernen Mathematik und Geometrie sowie der Lehre von den Zahlengrundlagen der Musik, sondern auch als Gründervater der harmonikalen Forschung.

Das Rätsel von Zahl und Klang

Die Literatur über den großen Pythagoras ist unübersehbar. Er selbst hat nichts Schriftliches hinterlassen, und nur von einigen seiner Schüler sind einzelne Fragmente überliefert. Was immer er war, er hat schon zu Lebzeiten zur Legendenbildung angeregt und wohl auch bewußt darauf geachtet, daß der Nimbus des Rätselhaften, Undurchschaubaren und Halb-Göttlichen erhalten blieb. Sein größter Zeitgenosse, der »Dunkle von Ephesos«: Heraklit (bzw. Herakleitos), nannte ihn den »Ahnherrn der Schwindeleien«; auch verspottete er seine »Vielwisserei«.[102] Diese Kritik sollte uns zu denken geben. Wenn einer wußte, wovon er sprach, dann der sprachgewaltige und vergrübelte Philosoph von Ephesos.

Der pythagoreische Geheimbund in Kroton (Unteritalien) trug alle Züge einer sektiererhaften Gruppierung, innerhalb derer Pythagoras als Guru fungierte, als jeder Kritik entzogene spirituelle Führerfigur. Angeblich durften seine Schüler oder Jünger nicht einmal den Namen des Meisters aussprechen. Fassen wir alle auf uns gekommenen Überlieferungen zusammen, so waren es offenbar vier Entdeckungen bzw. Erkenntnisse, die im Mittelpunkt von Lehre und geistig-spiritueller Praxis der Pythagoreer standen:

1. Zahlen sind die Ordnungsprinzipien der Welt (gemeint waren ausschließlich *ganze* Zahlen).

2. Musikalische Harmonie geht auf einfache Proportionsverhältnisse zurück, also auf das Verhältnis (niedriger) ganzer Zahlen zueinander.

3. Die durch Zahlen und Zahlenverhältnisse konstituierte Weltordnung ist zugleich eine solche der Klänge, der musikalischen Harmonie.

4. Den niedrigen ganzen Zahlen wohnt eine göttliche Qualität inne, ein absoluter Wert, der an eine bestimmte Symbolik gebunden ist. Diese

Zahlen sind »der Ausdruck schaffender, ordnender Geistwesen, die als göttlichen Ursprungs zu verehren waren«.[103]

Hinzu kommt ein fünfter Punkt, der – indirekt – mit dem berühmten pythagoreischen Lehrsatz zusammenhängt, nämlich die Entdeckung des sogenannten Alogon, also dessen, was man später als »irrationale Zahl« bezeichnet hat. Eine derartige Zahl ist nicht begrenzbar; sie hebt das Prinzip der ganzen Zahlen als Säulen der kosmischen Ordnung aus den Angeln. Haben bei einem rechtwinklig-gleichschenkligen Dreieck die beiden Katheten den Wert 1, dann hat die Hypotenuse den Wert $\sqrt{2}$. Es gibt keine Zahl, die, mit sich selbst multipliziert, die Zwei ergibt; für $\sqrt{2}$ gibt es nur Näherungswerte. Es handelt sich um eine irrationale Zahl. »Am Bilde des einfachsten rechten Winkels, desjenigen mit gleich langen Schenkeln, zerbrach die seitherige Logoslehre und brachte das pythagoreische Weltgebäude zum Einsturz. Im Leben und Forschen der beteiligten Pythagoreer muß die Entdeckung des Nicht-logos, eines Alogon, eine wahre Erkenntnistragödie bewirkt haben.« (Ernst Bindel)[104] Daß der fünfte Punkt aus dem Rahmen fällt, leuchtet sofort ein; er bedarf einer gesonderten Betrachtung.

Nur selten ist klar gesehen worden, daß schon in den ersten vier Punkten ein Grundwiderspruch auftritt, der schwer aufzulösen ist; dieser Widerspruch berührt die Frage nach dem *Wesen* der Zahlen. Liegen hier *abstrakte* Ordnungsprinzipien des Kosmos und der Natur vor, wie sie die spätere mathematische Naturwissenschaft unterstellte, oder sind die Weltordnungszahlen metaphysische, im Göttlichen wurzelnde Wesenheiten, *absolute* Größen unverwechselbarer Gestalt und gerade keine Abstraktionen? Dies führt zu der allgemeineren Frage, ob Zahlen überhaupt eine eigenständige Realität haben.

Die mathematische Naturwissenschaft seit Galilei hat sich stets auf den rein quantitativen Aspekt des Pythagoreismus bezogen (in seiner Vermittlung durch Platon). Der qualitative Aspekt galt als unwissenschaftlich, als die Domäne unbeweisbarer okkulter Spekulationen. Zugleich hat es nicht an Versuchen gefehlt, auch die Mathematik zu spiritualisieren, den erkenntnismäßig aufgedeckten Quantitäten einen spirituellen Sinn zu geben. Die »Weltharmonik« Johannes Keplers (von 1619) ist ein berühmtes Beispiel hierfür.

Der erwähnte Widerspruch hat auch zu tun mit dem *Verhältnis von Zahl und Klang*. Das ist bei einfachen Intervallen, etwa der Oktave, der Quinte oder der Quarte, unmittelbar einsichtig; hier wird die Zahl wirklich zur Tonzahl. Halbiere ich eine Monochordsaite, erklingt die höhere Oktave, wobei sich die Schwingungszahl der Saite verdoppelt. (Die Oktave galt den Pythagoreern als das Urbild der Harmonie, der Konsonanz.) Drittele ich die Saite, dann erklingt die fünfte Tonstufe vom Grundton aus, also die Quinte; es wird das Teilungsverhältnis 3 zu 2 hergestellt, usw. Schwieriger ist die Sache, wenn die hochdifferenzierte Musik der Klassik-Romantik der hochdifferenzierten Mathematik seit der Infinitesimalrechnung gegenübergestellt wird. Dann gibt es nicht die geringste Brücke mehr, ja, es brechen unüberwindbare Gegensätze auf. Bekanntlich sind die ganzen Zahlen – auch natürliche oder positive Zahlen genannt – in dem hochkomplexen System der abendländischen Mathematik nur ein Sonderfall. In der Musik ist dies ganz anders; hier ist Ganzzahligkeit das harmonikale Fundament. *Echte Musik löst sich niemals von den natürlichen Zahlen*, sondern schichtet ihre Harmonien auf ihnen und mit ihnen auf! Diese einfache Tatsache wird allzu oft vergessen. Es bleibt unerfindlich, warum Mathematiker und mathematische (theoretische) Physiker gern ihre Verbundenheit mit der klassischen Musik herausstreichen, ja, wie etwa Werner Heisenberg, auf die prinzipielle Gleichartigkeit beider Bestrebungen verweisen. (Eine ganz andere Sache ist das private Musizieren; Heisenberg war fraglos ein begabter Pianist.) Letztlich mündet die mathematische Abstraktion, in ihrer Anwendung auf die lebendige Natur, in die Zerstörung! Dagegen führen die musikalischen Schöpfungen aus dem Material der Tonzahlen die Seele empor zu den Klangharmonien des Kosmos.

Treffend schreibt der Schriftsteller und Kulturphilosoph Ernst Jünger in seinem Essay »Zahlen und Götter« (von 1974), daß die durch die Mathematik erzielte Abstraktion den Menschen »in seinem unmittelbaren Verhältnis zum Universum« bedrohe.[105] Dagegen sei die Zahl, »obwohl in der Musik enthalten, *dort* in keiner Weise abstrahiert«. »Das bringt sie einerseits der Ordnung des Universums nahe und erhebt sie andererseits über die gern zitierte Ähnlichkeit mit der Architektur. Die Pythagoräer verstanden unter Göttlichkeit der Zahlen deren mathematisch und physikalisch nicht abzumessende oder auszuwiegende Qualität.«[106] Damit ist der Unterschied auf den Punkt gebracht. *Musik ist Kosmosnähe, abstrakte Mathematik dagegen Kosmosferne!* (Musik meint hier stets nur tonale und auch nur wirklich große Musik.) Was das Universum zum Kosmos macht, also zu einem lebendigen Ordnungssystem, ist nicht die Mathematik, sondern sind jene ganzzahlig erfaßbaren Urklänge, die (unhörbaren und eingefalteten) Urmelodien, Urharmonien und Urrhythmen, welche sich in der klassischen Musik des Abendlandes spiegeln. »Der Kosmos kennt keine Abstraktheit.«[107] Was ist nun der Kern der Zahlen- und Klangphilosophie des Pythagoras? Das läßt sich nicht mit letzter Sicherheit sagen und war wohl schon dem Kreise der Pythagoras-Schüler nicht restlos klar. Einiges spricht dafür, in Pythagoras den Begründer der Mathematik als Wissenschaft zu sehen; dann wären die bekannten Aussagen zur Zahlensymbolik und zur göttlichen Qualität der niedrigen ganzen Zahlen nur Überbleibsel älterer Weisheitslehren, die in das pythagoreische System integriert wurden. Und sollte Pythagoras tatsächlich bereits die irrationale Zahl entdeckt haben, was die Ganzzahligkeit als Ordnungsprinzip antastet, dann könnten die pythagoreischen Neuerungen mit um so größerem Recht als Geburtsstunde der abendländischen Mathematik – als Wissenschaft – angesehen werden. Da zum Komplex des Zahl- Klang-Verhältnisses von Rationalisten wenig Aufschließendes gesagt worden ist, habe ich spirituelle Denker befragt, die zugleich ein Stück weit Musikphilosophen waren: den anthroposophischen Mathematiker Ernst Bindel (1890-1974), den von der Theosophie geprägten Dane Rudhyar (1895-1985) und Helmut Friedrich W. Krause (1904-1973), der eher als Außenseiter einzustufen ist und keinem Ismus zugerechnet werden kann. Alle drei haben sich eingehend mit dem Thema Pythagoras und Pythagoreismus auseinandergesetzt.

Zunächst sei auf ein bis heute rätselhaft gebliebenes Phänomen verwiesen, das an den Kern der Problematik rührt: die Spaltung der Pythagorasjünger in die *Mathematiker* und die sogenannten *Akusmatiker*. Die antike Überlieferung über diese beiden Gruppen oder Strömungen ist kompliziert, auch widersprüchlich; sicher wissen wir lediglich, daß es zwischen Mathematikern und Akusmatikern zu teilweise heftigen Auseinandersetzungen gekommen ist, in deren Mittelpunkt die Reinheit der Lehre stand. So sollen sich die Akusmatiker nach des Pythagoras Tod als die Bewahrer der echten Tradition verstanden und den Mathematikern, welche sie als Ketzer bezeichneten, das Recht abgesprochen haben, sich überhaupt Pythagoreer zu nennen. Sicher ist weiterhin, daß aus den Bestrebungen der Mathematiker die wissenschaftliche Mathematik hervorgegangen ist, nicht aber aus jenen der Akusmatiker. »Akusmatikos« (= der Akusmatiker) ist eine Wortprägung der Pythagoreer, die nicht exakt übersetzt werden kann. Meist werden die Akusmatiker als bloße »Hörer« bezeichnet, was sehr umstritten ist. Das klassische Griechisch bot die Möglichkeit zu Wortbildungen in nahezu unbegrenztem Umfange, wovon insbesondere die Philosophen reichlich Gebrauch gemacht haben. »Akusmatikos« ist eine derartige philosophische Wortschöpfung.

Was immer jener Aufspaltung der Pythagoreer zugrunde lag, fest steht, daß die Akusmatiker die *qualitative* Seite der Lehre repräsentierten, die Mathematiker dagegen die rein *quantitative*. Insofern war die Zweiteilung konsequent und spiegelte nur den inneren Widerspruch in der Zahlen- und Klanglehre des Pythagoras. Bindel und Rudhyar machen aus den Akusmatikern den äußeren Kreis der Schüler des großen Meisters, die bloßen Hörer. Rudhyar glaubt einen dreistufigen Aufbau der pythagoreischen Schule herausgefunden zu haben: von den Akusmatikern über die Mathematiker zu den eigentlichen Esoterikern. »Im dritten Grad unterwies man die Esoteriker wahrscheinlich im geheimen Prozeß seelischer Umwandlung und in der Beherrschung der Kräfte, die nötig waren, das ›große Werk‹ der Selbstvervollkommnung zu vollenden und andere zu heilen.«[108] Helmut Krause gibt dem Wort Akusmatik einen ganz neuen Sinn, und zwar in bewußtem Gegensatz zur Mathematik; Akusmatik ist für ihn soviel wie »Klangvermessung«: eine seelische Vermessung der kosmischen Klänge und ihrer vielfältigen Verflechtungen. In seinem Hauptwerk (»Vom Regenbogen und vom Gesetz der Schöpfung«) entwickelt er eine breit angelegte Lehre von den Zahl-Klang-Strukturen des Kosmos, auf die er das Wort Akusmatik anwendet. Im Gegensatz zu Bindel – aber durchaus in Übereinstimmung mit Rudhyar – streicht Krause die eher zwiespältigen, fragwürdigen und tendenziell negativen Züge des Pythagoras heraus: dessen eigentliche Neuerung sei die mathematische Abstraktion gewesen (die Krause mit Ernst Jünger als ein kosmosfeindliches Prinzip betrachtet); dagegen sei die Lehre von den symbolischen und göttlichen Qualitäten der niedrigen ganzen Zahlen, also die qualitative Seite des Pythagoreismus, aus der Übernahme alter Weisheitsimpulse erwachsen. Als den konsequentesten Ausdruck der mathematischen Abstraktion wertet Krause die Entdeckung der irrationalen (nicht begrenzbaren) Zahl, die er, einem Strange der antiken Überlieferung folgend, Pythagoras selbst zuschreibt.

Der Anthroposoph Ernst Bindel läßt die Doppelwertigkeit des Pythagoreismus als solche stehen; und gerade in der *Vereinigung* der aus intellektuellem Erwachen geborenen Abstraktion mit dem Spirituellen sieht er die geistesgeschichtliche Bedeutung und Leistung des Pythagoras. Die Wertung Bindels läßt sich im Kern auf die Zahlenlehre Rudolf Steiners zurückführen.

Dane Rudhyar schreibt: »Das grundlegende Postulat, das Pythagoras dem kollektiven Geist des vorklassischen Griechenland einprägte, besagt, daß der Prozeß, der allen Dingen Gestalt verleiht, über die Zahl wirksam wird. Der über die Zahl wirkende Gestaltungsprozeß, wie Pythagoras ihn verstand, ist nicht magisches oder göttliches Wirken, sondern stützt sich auf Verhältnisse und, abstrakter, auf die Vernunft. Dieses Wirken konnte vom menschlichen Geist im einfachen Akt des Messens verstanden und angewandt werden. Der gefährliche und potentiell negative Aspekt einer solchen Auffassung vom Dasein liegt darin, daß sie dazu neigt, quantitative Vorstellungen und Verfahren an die Stelle qualitativer Werte zu setzen.«[109] Für Rudhyar steht auch die große abendländische Musik in dieser auf das Quantitative ausgerichteten Tradition. Daß in Beethoven oder Mozart durchaus magisches oder göttliches Wirken zutage tritt, vermag er nicht zu erkennen. Letztlich werden Mathematik und Musik gleichgesetzt.

Helmut Krause schreibt über Wesen und Wirkung des Pythagoreismus u.a.: »Der Irrtum, der uns das Verständnis dieser Dinge und verschiedener Aussagen erschwert, liegt in dem Phänomen verborgen, daß eine Unterscheidung zwischen der Mathematik und der Akusmatik nicht mehr vorgenommen wurde, ja die Möglichkeit des Existierens zweier dem Grunde nach verschiedener Rechnungsarten für unmöglich gehalten wurde.« (Das Wort »Rechnungsart« ist hier vielleicht etwas irreführend; Krause meint ja zwei einander entgegengesetzte *Zahlensysteme*. In der Mathematik wird im üblichen Sinne gerechnet, in der Akusmatik dagegen ist ›Rechnen‹ die seelische Vermessung kosmischer Klangschwingungen.) Die Erkenntnis von der Zahl als dem Wesen der Dinge werde »nur aus der Sicht einer ganzzahligen Rechnungsart verständlich«, während »sich mit einer unbegrenzbaren Zahl, also einer ›irrationalen‹ Zahl, die Formlosigkeit verbindet«. »Dieses gehört zum altgriechischen Erkennen kosmischer Wirklichkeiten, daß das Wesen aller Dinge auf ganzzahlige Klangrhythmen des Kosmos zurückgeht, auf kosmische Gesetzes- Rhythmen. Das Chaos fand seinen rechnungsmäßigen Ausdruck in einer unbegrenzbaren Zahl, einer ›irrationalen‹ Zahl, wie etwa der Zahl des Kreisumfangs (π = 3,14159...).«[110] Der Philosoph Leibniz (1646- 1714) hat über Musik und Zahl gesagt: »Die Musik ist eine verborgene arithmetische Übung der Seele, die dabei nicht weiß, daß sie mit Zahlen umgeht.«[111] In Abwandlung dieses

Wortes ließe sich die Krausesche Metaphysik der Musik in den Satz kleiden: Die große Musik ist eine verborgene akusmatische Übung oder Rechnung der Seele, die dabei nicht weiß, daß sie mit kosmischen Zahlen umgeht. Und Richard Wagner schreibt in seiner Beethoven-Abhandlung von 1870: »Die Zahlen des Pythagoras sind gewiß nur aus der Musik lebendig zu verstehen.«[112] Hiermit können nur die Zahlen der »Akusmatiker« unter den Pythagoreern gemeint sein, also die Zahlen als pulsierende numinose Qualitäten mit kosmischem Symbolgehalt, nicht aber die Zahlen als mathematische Abstraktionen. Ich erinnere an das Wort von Ernst Jünger, daß gerade die Musik die Zahlen *nicht* abstrahiere und damit im Gegensatz stehe zur Mathematik, daß Musik Kosmosnähe und Mathematik Kosmosferne sei.

Es bleiben ungelöste – und vielleicht prinzipiell unlösbare – Fragen, so diejenige nach dem inneren Zusammenhang von Quantität und Qualität. Es geht ja nicht nur um einen Gegensatz, denn in der beglückenden Qualität der Melodien und Harmonien waltet ja zugleich ein durchaus quantitatives Moment. Nur wird dieses, und das ist der Kern des Geheimnisses, auf letztlich magische Weise überhöht und durchseelt, seiner quantitativen Wertigkeit entkleidet und auf eine höhere Seinsebene gehoben. Die in der großen Musik enthaltenen Gestaltganzheiten im Melodisch- Harmonisch-Rhythmischen sind nur als klangliche Urphänomene zu werten, hinter denen das kosmische Mysterium der Urmusiksphäre steht, die eingefaltete Ordnung der Urmelodien, Urharmonien und Urrhythmen. Alle nur denkbaren Melodien sind in der Urmusik enthalten. Für Erdbewohner dürften indes nur bestimmte Ausschnitte der Klangverflechtungen der kosmischen Umwelt seelisch erreichbar sein. Insofern ist die Zahl der hier möglichen Kompositionen endlich. Doch welch ein ungeheures Feld tut sich auf, das immer noch in keiner Weise musikalisch erschöpft ist! Viel, sehr viel ist noch klanglich zu entbergen, aus dem Unhörbaren ins Hörbare zu transponieren: Aufgabe einer Musik der Zukunft...

Die Harmonie der Sphären

Es gibt Augenblicke, in denen wir die Harmonie der Welt, den geheimen Zusammenklang der verborgenen kosmischen Ordnung zu spüren meinen: Augenblicke der Klarheit, der sublimen Wachheit, der zuhöchst gesteigerten Wahrnehmung. Wir fühlen die Seele im Einklang mit dem Verborgen-Göttlichen, fühlen den eigenen Puls, den eigenen Atemschlag als Teil des Weltatems, des ungeheuren Pulsierens der Erde. Große Musik kann solche Augenblicke wachrufen, aber auch bewußt erlebte Natur, wo sie noch ökologisch intakt ist, wo sie ihre Würde und ihren lebendigen Zusammenhang zu bewahren vermochte. Auch im Eros können solche Momente entstehen, wo die Seele sich unabsehbar weitet und der Ego-Panzer durchlässig zu werden scheint.

Stets sind solche Empfindungen des Einklangs und des Einverstandenseins mit dem geahnten Pulsschlag der Erde Herausforderungen und Mahnungen. Wir werden erinnert an etwas, was wir eigentlich wissen, ja, was wir unverlierbar bewahren müßten, um vollgültig Mensch zu sein. Statt dessen verbringen wir unsere Tage in einem absurden Netzwerk der Trivialität, der beruflichen Zwänge, der sterilen Ordnungen. Die Allgewalt der Megamaschine, des Industriesystems, hat uns zumeist voll im Griff, bestimmt unseren Tagesablauf und fordert den Großteil unserer lebendigen Energien. Was häufig dann noch bleibt, ist wenig genug. Zu wenig, um eine innere Gegenkraft zu entwickeln gegen den großen Moloch, die mörderische Maschine, die innen und außen allenthalben Beton produziert. Das zubetonierte Bewußtsein in einer zubetonierten Welt hat auch den letzten Rest von Sensibilität für den verborgenen Klang der Welt eingebüßt. Der Lärm der Megamaschine überdröhnt das feine Klingen der kosmischen Schwingungen; und der Terror der Trivialmusik an allen Ecken und Enden tut ein übriges, um uns abzustumpfen und die inneren Blockierungen zu verstärken. So klingt vielen die Idee einer Harmonie der Sphären wie eine ferne Sage, wie etwas Phantastisch- Mythisches, wie ein früher Menschheitstraum, der längst zerstob. Blicken wir zurück:

Lange vor Pythagoras bereits war die Idee eines harmonischen Zusammenklingens von Erde und Kosmos lebendig, so etwa in der Kultur der Chaldäer. Das Weltganze galt als der Ordnungskraft der Siebenzahl unterworfen. »Die Sieben formte die siebentägige Mondperiode, sie war darin verborgen und wurde damit auch die Herrin der Zeit. (…) Die Sieben wurde als die Fülle ›im Sinne der vollen Periode‹ und jede Siebenheit als ›Darstellung eines geschlossenen vollkommenen Ganzen‹, als die ›Gesamtheit‹, und auf die Welt angewandt als die Zahl des Weltganzen empfunden.«[113] Diese hohe Bewertung der Sieben ist noch in der griechischen Kultur nachweisbar. Die siebensaitige Leier (Kithara) galt als irdisches Abbild der sieben himmlischen Kreise, desgleichen auch die siebensaitige Lyra des Orpheus oder die siebenröhrige Schalmei des Gottes Pan. Philon von Alexandria, der jüdisch-hellenistische Theologe und Religionsphilosoph um die Zeitenwende, schrieb über die Kraft der Sieben: »Ich weiß nicht, ob einer die Natur der Siebenzahl hinlänglich zu preisen vermag, da sie über jeden Ausdruck erhaben ist. Allein darum, weil sie bewunderungswürdiger ist, als die Sprache zu schildern vermag, dürfen wir uns nicht schweigend verhalten, sondern müssen versuchen, wenigstens das zu künden, was unserem Geiste erreichbar ist.«[114] In seinem materialreichen Buch »Die Idee der Sphärenharmonie« schreibt Hans Schavernoch: »Aus dem Orient kommend, trat die Siebenzahl ihren Siegeszug nach dem Westen an und erreichte, wahrscheinlich schon vor dem 8. Jh. v.Chr., die ionischen Städte Kleinasiens. Wie schon vorher die Chaldäer, stimmten nun die Griechen – im wahren Sinne des Wortes – Hymnen auf sie an. Vor allem im Apollokult wurde sie bereitwillig aufgenommen; aber auch im Kultus und Mythos anderer Götter und Heroen (z.B. Hera, Demeter, Athene, Selene, Dionysos), in der Landschaft Boiotiens und in griechischen Vorstellungen und Bräuchen war sie von großer Bedeutung. Zahlreich sind die Schriften, besonders aus der Schule der ionischen Ärzte, welche ihre Allgewalt verherrlichen.«[115] Mit Recht hebt Schavernoch hervor, daß die Vorstellung von der weltbeherrschenden Ordnungskraft der Sieben nicht aus der (fiktiven) Anzahl der sieben Himmelskörper abgeleitet wurde, sondern bereits vorher seelischgeistig präsent war.

Wir haben allen Grund zu der Annahme, daß die Siebenzahl archetypischen Charakter aufweist, daß sie zu den Strukturmerkmalen der menschlichen Seele gehört. In allen relevanten esoterischen Systemen und Philosophien bis in unsere Tage hinein wird der Sieben eine zentrale, im Kosmischen wurzelnde Rolle zugeschrieben. Noch die unbestrittene Herrschaft der Sieben-Tage-Woche kündet von der Ordnungskraft der Sieben und ihrer Beziehung zur Zeit. Desgleichen das diatonische Siebentonsystem: die Aufteilung der Oktave in sieben Tonschritte. Alle Versuche, dieses Siebenprinzip der Klangordnung aus den Angeln zu heben, sind langfristig zum Scheitern verurteilt; sie sind ähnlich unsinnig wie der Versuch, unter dem (siebenfarbigen) Regenbogen hindurchzuschlüpfen. Mehr zum Siebenprinzip der Tonalität in Kapitel 6.

Von dem schwer durchschaubaren Pythagoras wird berichtet, daß er in der Lage gewesen sei, die Harmonie der Sphären zu hören. Wie alle Sektenführer dürfte auch Pythagoras zur Selbstmystifikation geneigt haben; und eine derartige Fähigkeit des kosmischen Hörens könnte er sich selbst, seinen Jüngern gegenüber, anphantasiert haben. (»Ahnherr der Schwindeleien« nennt ihn Heraklit; sollte dies sich – auch – hierauf bezogen haben?) Im übrigen muß bedacht werden, daß sich das Wort Harmonie damals noch primär auf das musikalische Grundintervall bezog: also die Oktave. Sphären waren in der nachpythagoreischen Kosmologie der Griechen durchsichtige Hohlkugeln, welche die im Zentrum des Kosmos stehende Erde umhüllten. Zur Zeit des Pythagoras war die Verbindung der Sphärenidee mit den Himmelskörpern noch nicht vollzogen. Der Neuplatoniker Jamblichos, der acht Jahrhunderte nach Pythagoras lebte, schreibt, der große Meister habe »kraft eines unsagbaren und schwer vorzustellenden Vermögens sein Gehör und seinen Geist fest auf das erhabene Zusammenklingen der Welt« gerichtet. »Daher hörte und verstand er – wie er erklärte – ganz allein die gesamte Harmonie und den Wettgesang der Sphären und der Gestirne, die sich darin bewegten. Diese Harmonie ergab eine vollkommenere Musik als die irdische ... Von dieser Musik ließ er sich gleichsam durchtränken, ordnete seinen Geist in diesen reinen Verhältnissen und übte ihn darin – wie ein Athlet seinen Körper trainiert. Davon gedachte er seinen Jüngern, so gut es ging, Abbilder zu geben, indem er die Sphärenmusik auf Instrumenten und durch die bloße Stimme nachahmte. Glaubte er doch, ihm allein unter allen Irdischen seien die Weltraumklänge verständlich und hörbar, und er hielt sich für würdig, unmittelbar an der natürlichen Quelle und Wurzel etwas zu lernen, es sich ganz zu eigen zu machen und selbst im Nacheifern und Nachbilden den Himmelswelten ähnlich zu werden...«[116] Diese Schilderung scheint mir für die genannte (bewußte oder unbewußte) Selbstmystifikation des Pythagoras zu sprechen.

Nun spielte Musik bei den Hellenen, auch unabhängig von dem großen Guru, eine kaum zu überschätzende Rolle. Musik gehörte zur ewigen Ordnung des Seins; sie war göttlichen Ursprungs, von heilig-magischer

Kraft und überall gegenwärtig in der sinnlich erfahrbaren Natur. Nicht nur im Kosmos also, sondern auch im Hain, in der Meeresbucht, in der Stille des Mittags, wenn die Sonne senkrecht über dem Haupte steht – in der Waldlichtung, auf den Gipfeln der Berge: Überall sangen und sprachen die Götter. »Dieser göttlichen Kraft brachten die Griechen größte Verehrung entgegen; innerhalb ihres kunsttheoretischen Schrifttums war die Musikliteratur die umfangreichste. Die Musik wurde von ihnen als die Grundlage aller Erziehung und Bildung des Menschen erkannt. Mit Gesang, Tanz, Religion, Moral, Medizin und Politik eng verschwistert, war sie das unmittelbare Ausdrucksmittel der Seele und zugleich ihre mächtigste Beeinflussung. Die Musik besaß für sie nicht nur Harmonie und Rhythmus, sondern auch Tugend (Ethos). Fehlte ihr das Ethos oder war es nur schwach in ihr enthalten, so gefährdete eine solche Musik die Jugend und bewirkte Entartung, sie konnte sogar die Ordnung des Staates auflösen.« (Schavernoch)[117] Ganz ähnliche Ideen über das Ethos in der Musik finden wir in der altchinesischen Philosophie. Sie sind auch heute noch durchaus nachdenkenswert...

Die Vorstellung von einem harmonisch klingenden Zusammenwirken der Sphären war ursprungsmäßig eine geozentrische, also gebunden an die (fiktive) kosmische Mittelpunktstellung der Erde. Was da als klingend gedacht wurde, waren riesige durchsichtige Hohlkugeln aus ätherischem Stoff, die sich mühe- und schwerelos um die Erde drehten. Alle astronomisch-musikalischen Modelle vor Kopernikus waren nicht nur geozentrisch, sondern zusätzlich rein spekulativ. Ihr ›Wahrheitsgehalt‹ war allenfalls ein archetypisch-psychologischer; ich muß diese Modelle, so interessant sie im einzelnen sind, hier übergehen. Erst mit Johannes Kepler (1571-1630) bekommt diese Schicht des Pythagoreismus eine neue Dimension, die zumindest teilweise auch eine empirische ist. Ausgehend von einem heliozentrischen Weltbild (Mittelpunktstellung der Sonne im Kosmos) mit ausgeprägter Lichtmetaphysik, bemüht sich Kepler, den klanglich- zahlenmäßigen Strukturen des Sonnensystems nachzuspüren, am nachdrücklichsten in seiner »Weltharmonik«. Der Wiederentdecker des heliozentrischen Systems, also Nikolaus Kopernikus (1473- 1543), spricht nicht direkt von kosmischen Klangharmonien, wohl aber von einer »bewunderungswürdigen Symmetrie der Welt« und einem »festen harmonischen Zusammenhang zwischen der Bewegung und der Größe der Bahnen« (der Planeten).[118] Diese Stelle im Buche des Kopernikus, so schreibt Kepler in einem Brief aus dem Jahre 1599, habe ihn angetrieben, die pythagoreische Philosophie auf das kopernikanische (heliozentrische) Sonnensystem anzuwenden.[119]

Diese Anwendung vollzieht sich mit bewunderungswürdiger Konsequenz. Dabei werden, gleichsam en passant, die drei Planetenbahngesetze gefunden, die seitdem mit dem Namen Keplers verbunden sind, wobei ihre Einbettung in die Gesamtheit der Keplerschen Naturphilosophie meist ignoriert wurde und wird. Der spekulative Pythagoreer und Lichtmetaphysiker Kepler, der die harmonisch-klanglichen Proportionsgesetze des Sonnensystems entdeckt zu haben glaubte, war nicht mehr gefragt in der mathematischen Naturwissenschaft – spätestens seit dem Erscheinen des Newtonschen Hauptwerkes 1687, dem Grundlagenbuch der mechanistischen Weltauslegung. Als das mechanistische Denken seinen unvergleichlichen Siegeszug antrat, wurde die Idee der Sphärenharmonie vollends vergessen, jedenfalls aus dem wissenschaftlichen Denken verbannt. Was blieb, war der erkenntnistheoretische Zentralgedanke seit Kopernikus und Galilei: der Gedanke der mathematischen Struktur der Weltordnung.

Eine Wiederbelebung der ganzheitlichen Naturphilosophie Johannes Keplers wurde von den Romantikern versucht, die Kepler verehrten und gegen Newton ausspielten (so etwa Novalis und Schelling). Später dann gab es analoge Bestrebungen im Zuge der Spiritualisierung der Naturwissenschaft durch Rudolf Steiner und seine Schüler sowie im Rahmen der harmonikalen Forschungen von Hans Kayser. Kepler ist heute erheblich aktueller als Galilei oder Newton. Dennoch sollte man die musikalisch-mathematischen Forschungen und Spekulationen des großen Astronomen nicht überbewerten (wozu die Kepler-Bewunderer neigen). Für Hans Schavernoch etwa ist Kepler der »Vollender des wunderbaren Gedankengebäudes der Harmonie der Sphären, an welchem vor ihm zweitausend Jahre lang die größten Geister unserer abendländischen Kultur tätig waren«.[120] Diese »Vollendung« (wenn es denn eine ist) ist zwar in manchen Einzelaspekten faszinierend, aber als Ganzes doch unzulänglich; für den Komplex »Klang und Verwandlung« läßt sich kein wirklich vorantreibender Impuls daraus ableiten. So habe ich hier darauf verzichtet, die Keplersche Klang-Zahl-Kosmologie zu umreißen. Sie hat im wesentlichen historischen Wert. Was weiterträgt, ist allenfalls das *kosmische Weltgefühl* Keplers; ein Element Kepler steckt, so gesehen, auch in meinem Buch.

Während sich die meinungsbildenden Naturwissenschaftler im 18. Jahrhundert anschickten, endgültig ins Nichts vorzustoßen, ins Vakuum des faktischen Nihilismus, trugen Musiker und Dichter die alte Botschaft von der verborgenen Harmonie der Welt weiter und retteten sie für das 20. Jahrhundert. War auch die »unendliche schöpferische Musik des Weltalls« (Novalis) aus dem wissenschaftlichen Denken verbannt, so lebte sie – jenseits der Worte – stärker als je zuvor in den Meisterwerken der abendländischen Musik. Gerade die Musik wurde zur stärksten antinihilistischen und antimechanistischen Kraft der westlichen Kultur. Erst die Romantiker haben diesen schöpferischen Impuls ahnend erfaßt, sich von ihm beflügeln und inspirieren lassen, um dann später ihrerseits die Musik zu beeinflussen. Musik galt ihnen als die höchste, sublimste aller Künste, als die unmittelbarste künstlerische Offenbarung des Göttlichen. Auch das Nachdenken über Musik ist von den Romantikern in zukunftsweisender Art vertieft und erweitert worden. Wir heute haben nicht den geringsten Grund, uns über die Romantiker zu erheben, die die Musik vergöttlichten und in ihr eine klangliche Widerspiegelung des Weltengrundes sahen. Meine Konzeption von »Klang und Verwandlung« ist selbst ein Stück weit romantisches (und Beethovensches) Erbe – ein Erbe, das auch den Kulturimpuls Richard Wagners und des frühen Nietzsche umspannt.

Im 20. Jahrhundert erfährt die alte Idee vom klingenden Kosmos – von der musikalischen harmonia mundi (Weltharmonie) – eine vielfältige Wiederbelebung, wenn auch zumeist außerhalb der Bezirke des offiziell Anerkannten, was ja kein Wunder ist bei einer rationalistisch-patriarchal geprägten Kultur, die sich anschickt, die letzten Vorbereitungen zu ihrer und der Erde Vernichtung zu treffen. Primär spirituelle Denker oder Musikforscher befassen sich mit dem Gedanken der Sphärenklänge; die meisten von ihnen sind anthroposophisch geprägt, so etwa Anny von Lange, Ernst Bindel und Friedrich Oberkogler. Zu den wenigen Ausnahmen gehören Dane Rudhyar, Fritz Stege und Helmut Krause. Aber auch etliche Musiker waren und sind von diesem Gedanken durchdrungen; Bruno Walter und Ferruccio Busoni sind da keine Ausnahmen. Überhaupt ist die Sphärenharmonie-Idee unter sensiblen Musikern eine Art geheimer spiritueller Bezugspunkt, von dem man wenig spricht, den man aber – mehr oder weniger bewußt – voraussetzt, den man für beinahe selbstverständlich hält. Analoges gilt auch für ungezählte Musikliebhaber…

Von der Schöpfung aus dem Klang
und der Durchsichtigkeit der Welt

In seiner Autobiographie berichtet Richard Wagner von jener berühmten Halbschlaf-Inspiration zum Rheingold-Vorspiel aus dem Jahre 1853: »Am Nachmittage heimkehrend, streckte ich mich todmüde auf ein hartes Ruhebett aus, um die langersehnte Stunde des Schlafes zu erwarten. Sie erschien nicht; dafür versank ich in eine Art von somnambulem Zustand, in welchem ich plötzlich die Empfindung, als ob ich in ein stark fließendes Wasser versänke, erhielt. Das Rauschen desselben stellte sich mir bald im musikalischen Klange des Es-Dur-Akkordes dar, welcher unaufhaltsam in figurierter Brechung dahinwogte; diese Brechungen zeigten sich als melodische Figurationen zunehmender Bewegung, nie aber veränderte sich der reine Dreiklang von Es-Dur, welcher durch seine Andauer dem Elemente, darin ich versank, eine unendliche Bedeutung geben zu wollen schien.«[121]

Die Klanginspiration ist bezeichnend: der traumartige Zustand, das archetypische Bild des Wassers – also die Sphäre des Urmütterlichen, Unbewußt-Fließenden – und die Herausstreichung eines Ur-Akkordes: des Es-Dur-Dreiklangs. (Es ist hier unwichtig, ob die Worte genau den Vorgang der musikalischen Eingebung wiedergeben oder eher der eigenen Legendenbildung dienen sollen.) Die klangliche Elementarisierung im Rheingold-Vorspiel symbolisiert den Anfang der Dinge, den reinen Strom der Tiefe, den Ur-Klang, auch wohl das aus dem Dunkel des Unbewußten sich kämpferisch emporringende Bewußtsein. Der Es-Dur-Tonart wird häufig der Charakter des Heroischen, aber auch des Feierlichen und Weihevoll-Lichterfüllten zugeschrieben; man denke an den ersten Satz aus Beethovens »Eroica« oder an das Finale von Mozarts »Zauberflöte« (»Die Strahlen der Sonne vertreiben die Nacht.«). Das Rheingold-Vorspiel beginnt mit der strömenden Ruhe eines abgrundtiefen Es-Tones, über den zunächst das Grundintervall der Oktave und dann, im 5. Takt, die Quinte gelegt wird, ohne daß die strömende Ruhe eine Unterbrechung erfährt. Im 17. Takt steigt schließlich, von Hörnern intoniert, das aus dem Es-Dur-Akkord geschichtete »Motiv des Urelements« auf (wie man es genannt hat):

Es wird in der Folge »zu einer melodischen Gestalt innerhalb des De-zimenumfangs zusammengedrängt«.[122] Takt 3 und 4 bleiben erhalten, während Takt 1 und 2 folgende Gestalt annehmen:

Später tritt eine Umspielungsfigur hinzu, die dann, in rhythmisch ver-kleinerter Form, »große Strecken der Rhein-Szene als Bildfigur des Wellenspiels durchzieht«.[123]

Der nach oben strebende Bewegungsimpuls des Urelement-Motivs stellt zugleich das Werden dar; und die Richtungsumkehrung des Motivs verkehrt das Werden in sein Gegenteil: in das Vergehen (der Götter). – Die Metamorphosen des Es-Dur-Motivs sind nicht nur ein eindrucksvolles Beispiel für die Wagnersche Variationstechnik (die Arbeit mit den Leitmotiven), sondern weisen auch einen hohen Sym-bolgehalt auf: Im sich entfaltenden Werden bleibt der Ursprung, bleibt der Strom der Tiefe lebendig. In der Vielgestaltigkeit der lebendigen Formen leuchtet die Ursprungs-Einheit hindurch; der Ur-Ton entfaltet sich zum Ur- Akkord, der Ur-Akkord zum differenzierten Spiel des mu-sikalischen Stroms. Das den mythischen Ursprung symbolisierende Klanggeschehen enthält den Werdeprozeß der Welt: die Schöpfung der Welt aus dem Klang, aus dem Ur-Ton, dem Ur-Akkord – die Welt als unendlich differenzierte Klang-Entfaltung.

Nicht nur die Genesis aus dem Klang, sondern auch die Auflösung in den Klang findet sich im Werk Richard Wagners symbolisiert: in ge-wisser Weise im Finale der »Götterdämmerung«, wo der Urstrom in seiner Reinheit wieder fließen kann: als Bild der erlösten Natur; direk-ter im Schlußgesang der Isolde (»Isoldes Liebestod«), als sie Tristan gleichsam nachstirbt. Die letzten Textzeilen lauten:

> In dem wogenden Schwall,
> in dem tönenden Schall,
> in des Welt-Atems wehendem All–,
> ertrinken,
> versinken –,
> unbewußt –,
> höchste Lust!

Dies ist der Kern der Wagnerschen Klangphilosophie oder Klangreligion: der schöpferische Welt-Atem selbst ist in seinem innersten Wesen Klang! »Erlösung heißt Aufgehen im Klang, und die Musik wird selbst zur Göttin – zu einer Art magna mater (= Große Mutter, J.K.).«[124] Wagner hat diese Klangvorstellung aus den archetypischen Tiefen seiner Seele heraus geschaffen; sie ist im Kern *Erinnerung* und berührt eine Schicht esoterischer Klangphilosophie, wie wir sie in verschiedenen Überlieferungen und Kulturen antreffen, beispielsweise im alten Indien. Die altindische Klangkosmogonie wird von Hans Schavernoch wie folgt zusammengefaßt: »Die erste Epoche der Schöpfung ist die Zeit der reinen, bildlosen Namenschöpfung: der Mythos nennt sie die ›Urnacht‹; sie ist eine ausschließlich akustische Periode und kennt noch keinen Raum. Sie besteht nur in der Zeit und ist eine Klangwelt. Die wirkenden Gewalten in ihr sind die ›Götter‹, selbst reine Klangexistenzen, deren Leib Musik, Lobgesang ist. (…) Der Einbruch des Lichtes führt von der dunklen, rein akustischen Zeit zur Lichttonwelt der zweiten Schöpfungsperiode, in der die tönende Existenz sich langsam in eine konkrete, körperliche verwandelt und die klangliche Ursubstanz der Welt nach und nach verdeckt wird. Der Schleier der Maya, die Täuschung über das wahre Wesen des Seienden, breitet sich aus. (…) Die dritte Schöpfungsperiode ist die helle Welt, in der die Dinge endgültig klare Gestalten annehmen; der Mythos nennt sie den ›Tag‹. Mit dem vollen Einbruch des Lichts werden aus den reinen Zeitproportionen nun sichtbare und greifbare Proportionen des Raumes. Wenn auch die akustische Ursubstanz durch diesen Vorgang, insbesondere bei den stummen Objekten, stark überdeckt wird, so lebt sie dennoch in jedem Geschöpf, hörbar oder unhörbar, als metaphysischer Kern weiter.«[125] Ich meine, daß der hier umrissene indische Klangmythos ein Stück weit metaphysische Wirklichkeit widerspiegelt. Der Prozeß der Vervollkommnung der Seele ist ein klangliches Geschehen: Mit fortschreitender Erkenntnis erinnert sich die Seele an ihren metaphysischen Kern, erlebt die Ursubstanz der Welt als Tiefenstruktur ihrer selbst; die Seele verwandelt sich in den Klang der Welt, wird Teil der den Kosmos durchwaltenden Urmelodien und Urharmonien. Und erneut wäre der platonische Begriff der *Anamnesis* anzuführen (= Rückerinnerung der Seele an ihren göttlichen Ursprung). In dem Wort Anamnesis steckt die Ur-Silbe »nam«, die in einer Vielzahl an Sprachen anzutreffen ist; »nam« bezieht sich auf jene geheimnisvolle Signatur der Dinge und Lebewesen, die mit ihrem *Namen* zusammenhängt (Sanskrit z.B.:

naman). Der Name in diesem tiefsten Verständnis ist kein belangloses Etikett, sondern die klanglich verschlüsselte Wesensgestalt...

Der alten Lehre von der Klangkosmogonie – also der Schöpfung der Welt aus dem Klang – korrespondiert diejenige von der ›Durchsichtigkeit‹ der Welt, die in der Erkenntnis wurzelt, daß alle Kompaktheit und Undurchdringlichkeit der Materie nur sinnengebundener Schein ist, ja, daß Materie an sich gar nicht existiert. Ihre Nicht-Existenz im Sinne einer absoluten Wesenheit macht sie durchsichtig für die Schau der Buddhas oder Vollendeten. Wenn die Welt aus Klang entstand, wenn ihre innerste Gestalt oder Ordnung Klang *ist*, dann ist Klang auch die Tiefenstruktur der Materie. Klang ist stets auch *Klangenergie*, stets auch *Licht* (also die sinnliche Wahrnehmung übersteigendes Urlicht, das in Nah-Tod-Erfahrungen erlebt werden kann). Klang-Licht-Energie, in den verschiedensten Schwingungsformen und -ebenen, ist die Matrix der Gestirne. Zu dieser Schicht vorzustoßen, heißt das Täuschende der Sinnenwelt zu durchschauen (im Wortsinn, also nicht nur metaphorisch). Daß dies – in vielfältig abgestufter Form – tatsächlich möglich ist, ist aus dem magischen, mythischen und esoterischen Erfahrungsschatz der Menschheit zweifelsfrei ableitbar.

Im 20. Jahrhundert ist sogar in verschiedenen Theorien der Physik eine Art Entmaterialisierung der Materie vollzogen worden: Materie wurde zur Manifestation kosmischer Raumenergie. Hieraus hat der als »New-Age-Vordenker« gefeierte (und kritisierte) Physiker Fritjof Capra seine berühmte These von der Konvergenz von östlicher Spiritualität und westlicher Physik abgeleitet. Sicher hat der alte, grobkörnige Materialismus abgedankt, hat sich in einigen Köpfen (keineswegs in allen!) als Fiktion des mechanistischen Denkens entpuppt; doch dadurch ist das mechanistische Denken im Kern noch nicht überwunden worden, wie oft leichtfertig behauptet wird. Auch ist ja aus der theoretischen Physik des 20. Jahrhunderts – diesem angeblichen Entsprechungsphänomen zur östlichen Weisheit – die Atombombe hervorgegangen, was doch den schlichten Gedanken nahelegt,daß hier irgend etwas nicht ganz stimmen kann (auch im klanglichen Sinne des Wortes »stimmen«)...

Neben der naturwissenschaftlichen finden wir auch andere Ausdrucksformen der gedanklichen ›Entstofflichung‹ der Materie im 20. Jahrhundert, vornehmlich im spirituellen Lager, wobei hier vielfältig klangphilosophische Gedanken hineinspielen. Einmal mehr sind hier die Philosophen Dane Rudhyar und Helmut Krause zu nennen. Für Rudhyar stellt KLANG (bewußt großgeschrieben von ihm) »die Energie der

Schöpfungskraft« dar, »wobei diese Kraft auf die Materie einzuwirken sucht – und diese Einwirkung geschieht auf sieben grundlegende Weisen«. »Es gibt sieben Fundamentale Töne, weil die Übermittlung der Kraft auf sieben Weisen geschieht. Die sieben Strahlen, die vom schöpferischen Ursprung ausgehen sollen, sind in Wirklichkeit KLANGströme.«[126] Ähnliche Aussagen sind auch im Werk Helmut Krauses anzutreffen; nach Krause ist der Kosmos durchpulst von gewaltigen Klang-Rhythmen, die Geburt und lebendige Zeit der Gestirne bestimmen. Diese Rhythmen werden als Schwingungen *des Raumes selbst* vorgestellt; für Krause (wie für Rudhyar) ist der Raum in gewisser Weise selbst KLANG, göttliche Schöpfungsenergie – eine Aussage, die Parallelen aufweist zur Philosophie des unendlichen Raumes bei dem großen Renaissancephilosophen Giordano Bruno und zur tantrisch- buddhistischen Lehre von der grenzenlosen »Raumklarheit«.

Abschließend sei erinnert an jene grandiose Licht-Klang-Vision aus Doris Lessings Roman »Anweisung für einen Abstieg zur Hölle«. Als Charles Watkins ins Innere des Mandalas der eigenen Seele gelangt, weitet sich sein Bewußtsein ins Planetarisch- Menschheitliche hinein. Die kompakte Gestirnmaterie löst sich auf in der Vision und macht einem subtilen Netz von Energiemustern Platz, das den Planeten umhüllt. Erdumspannende Klangenergielinien werden wahrgenommen, geomantische Linien, gebildet oder vielmehr gefüllt von Ketten von Menschen, die einen »Taktschlag im großen Tanz« bilden. »In dem großen singenden Tanz verband sich alles zu einer gemeinsamen Bewegung.« Watkins' Bewußtsein wird zur Facette des Menschheitsbewußtseins, ja des Erdbewußtseins.

Noch ist der rettende Energiering nicht zusammengewachsen, kann der kosmische Klangstrom, der allein Rettung verbürgt, nicht ungehindert fließen. Der Kairos (der kosmisch richtige Zeitpunkt) für die Rettung ist noch nicht gekommen…

6

Der kosmische Sinn der Tonalität und des westlichen Tonsystems

Ohne Zusammenhang, ohne die innigste Verbindung aller und jeder Teile, ist die Musik
ein eitler Sandhaufen, der keines dauernden
Eindruckes fähig ist; nur der Zusammenhang
macht sie zu einem Marmor, an dem sich die
Hand des Künstlers verewigen kann.

(G.E. Lessing)[127]

Unter Tonalität versteht man (im allgemeinsten Sinne) ein musikalisches Bezugssystem, das um einen Zentral- oder Grundton gruppiert ist. Im »Harvard Dictionary of Music« findet sich die folgende Definition:

Tonalität ist ein Spezialfall des allgemeinen Prinzips der Lösung einer Spannung, wobei Spannung ein spezieller Zustand ist, der seine ›Auflösung‹ in sich trägt, das heißt die Rückkehr zur Entspannung, in einen stabilen Zustand. Harmonisch gesehen ist der grundlegende Ausdruck der Tonalität die Beziehung Dominante – Tonika (also der fünften Tonstufe der diatonischen Tonskala zum Grundton J.K.). Wenn man sich die harmonischen Beziehungen einer Komposition – mittelbar oder unmittelbar, für eine längere oder kürzere Zeitdauer – von dieser grundlegenden Beziehung abgeleitet denken kann, spricht man von tonaler Musik.[128]

Tonika (= Grundton) und Dominante (= Quinte) sind Stufen innerhalb der diatonischen Tonskala (von griech. diatonos = »durch Ganztöne gehend«); hierbei wird das – naturgegebene – Grundintervall der Oktave aufgeteilt in sieben Tonstufen: fünf Ganz- und zwei Halbtonschritte. Die sieben Haupt- oder Stammtöne der zentralen C-Dur-Tonleiter werden mit den Buchstaben c,d,e,f,g,a,h bezeichnet; der erste Halbtonschritt erfolgt zwischen e und f (in der Dur-Tonleiter, – in der Mollskala wird e zu es vermindert, wodurch sich, von c aus, eine kleine Terz statt einer großen Terz ergibt, von d nach es haben wir dann einen Halbtonschritt), der zweite Halbtonschritt führt von h zur Oktave von c, also zurück zum Ausgangston auf höherer Stufe. Innerhalb der C-Dur-Tonleiter entspricht diese Tonfolge den weißen Tasten auf dem Klavier, während die schwarzen Tasten die zusätzlichen (chromatischen) Halbtonschritte enthalten. Die Folge von zwölf Halbtönen innerhalb einer Oktave heißt chromatische Tonleiter (von griech. chroma = Farbe). Die Chromatik bedeutet eine Art Umfärbung der diatonischen Tonstufen, ihre Erhöhung oder Erniedrigung um einen halben Ton (= Alteration).

Richtungsmäßig ist *jede* Musikkultur tonal geprägt, was mit der Disposition des menschlichen Gehörs zusammenhängt, wie Rudolf Haase gezeigt hat. »Das Gehör bevorzugt – vor allem seinem Streben nach Wohlklängen zufolge – aufgrund seiner spezifischen Disposition die einfachen Intervallproportionen und leitet damit – uns unbewußt – eine weitreichende musikalische Entwicklung.« (Haase)[129] Wir sind auf Harmonie, auf Konsonanz hin programmiert; und alle gegenteiligen Behauptungen sind letztlich haltlos, so etwa die Formulierung Theodor

140

W. Adornos in seiner »Philosophie der neuen Musik«: »Die zweite Natur des tonalen Systems ist historisch entsprungener Schein.«[130] Oder die These Rudhyars, daß Tonalität ein ausschließlich europäisches System sei, ein Produkt der westlichen Zivilisation. Rudhyar schreibt u.a.: »Tonalität kann als autokratische Herrschaft des Königs (die Tonika) und seines Premierministers (die Dominante, das Intervall der Quinte über der Tonika) gesehen werden. Sie ist aber auch die Macht einer Bürokratie, die die genauen Abstände zwischen allen Faktoren des Ganzen mißt und durchsetzt. Die Tonalität ist ein System, mit dessen Hilfe der einer Gesellschaft innewohnende Pluralismus in die Grenzen einer bestimmten funktionsfähigen Struktur verwiesen wird.«[131] Diese Aussage muß schlicht als Unfug bezeichnet werden; sie basiert auf der völligen Unkenntnis der archetypischen Prägung des Gehörs und des Wesens der großen westlichen Musik.

Die im tonalen System zum Ausdruck kommende Ordnung der Klänge ist keine willkürliche, sondern die letzte Konsequenz und Vervollkommnung einer zutiefst natürlichen, ja kosmischen Ordnung. Sicher kann man gegen die überkulturelle Verbindlichkeit der Tonalität zunächst einwenden, daß ja Konsonanz- und Dissonanzempfindungen in verschiedenen Kulturen oder auch Zeitepochen durchaus nicht identisch sind. So kann man fragen, was denn nun kulturgeprägte Überlagerung und was natürlich- kosmische (oder archetypische) Disposition sei. Nun sind die historischen und kulturellen (auch individuellen) Unterschiede weniger ausgeprägt, als es zunächst den Anschein hat. Am Extrem verdeutlicht: kein normaler Mensch wird eine Oktave als Dissonanz empfinden; auch wird die Quinte allenthalben als vorwärtsdrängendes, konsonierendes Intervall empfunden usw. Es gibt sicher Nuancen, aber die universale Bedeutung der Grundintervalle bleibt unabweisbar, auch die universale – und zutiefst menschliche – Tendenz, dissonante musikalische Spannungen in Konsonanz aufzulösen; – eine Auflösung, die in gewissem Sinne auch eine *Er*lösung ist, die Zurückführung in den Ursprung auf höherer Stufe. Und wenn etwa die Terz im Mittelalter ›offiziell‹ als Dissonanz galt, später aber als Konsonanz anerkannt wurde, so zeigt dies nur, daß es oft lange braucht, bis sich die natürliche Disposition gegen kulturelle Tabus und künstliche Überlagerungen durchsetzen kann. Letztlich laufen musikalische Entwicklungen stets mit innerer Konsequenz auf das gleiche Ziel (Telos) zu: auf den harmonischen Zusammenklang in größtmöglicher Breite und Fülle, als Spiegel des Kosmos. Im westlichen Tonsystem ist diese Zielgerichtetheit am subtilsten und differenziertesten ausgeprägt; *deswegen* konnte es den Siegeszug über die Erde antreten und nicht etwa als Folge des abendländischen Imperialismus.

In der atonalen Musik wird jeder Bezug auf ein tonales Zentrum aufgehoben und damit zugleich der Unterschied zwischen Harmonie und Disharmonie. Dissonanzen gibt es auch in der tonalen Musik reichlich (insbesondere in der Spätromantik seit Richard Wagner), nur dominiert als Ganzes das tonale Fundament, dominiert das Prinzip der konsonierenden Auflösung und ›Entspannung‹. Die Ausuferung der Dissonanzen widersetzt sich irgendwann der tonalen Ein- und Rückbindung und zerstört das ganze System (wie im frühen 20. Jahrhundert geschehen); die Dissonanzen bleiben unaufgelöst stehen. Adorno schreibt: »Die Dissonanzen, die sie (die Hörer) schrecken, reden von ihrem eigenen Zustand: einzig darum sind sie ihnen unerträglich.«[132] Die Dissonanzen der atonalen Musik reden vom Zustand der modernen Seele überhaupt; das macht sie zu repräsentativen Klanggebilden. Nur: sie stellen keine produktive Gegenkraft mehr dar – wie noch die Klanggebilde der großen tonalen Tradition; sie sind Teil und Symptom der allgemeinen Lebensfeindlichkeit und Entfremdung. Daß sich Tonalität im Gegenzug heute zumeist im Banalen und Belanglosen entfaltet, ist kein Argument gegen tonale Musik als solche. Adorno meint, daß »die Konstitution musikalischen Zusammenhangs durch Tonalität … unwiederbringlich dahin« sei.[133] Wenn dies wirklich so wäre, hätten wir keine Chance der Rettung mehr; dann wäre wirklich alles verloren. Denn das Prinzip der Tonalität ist das musikalische Grundprinzip von Harmonie überhaupt, ist Klang-Abbild auch der ökologischen Harmonie bzw. deren Klang-Entsprechung! Diese einfache Tatsache wird nur selten klar gesehen oder gewürdigt. Wer Tonalität zerstört, zerstört langfristig auch das Leben ermöglichende und tragende ökologische Netzwerk!

Tonalität im Sinne der Diatonik ist der Herrschaft der Siebenzahl unterworfen. Die zwölf chromatischen Töne bzw. Intervalle heben das Siebenprinzip nicht auf, sondern umspielen es als bewegliches und bewegendes Fluidum, als Element der Farbe. Nur ein Willkürakt, unter Mißachtung der natürlichen Zusammenhänge, kann die zwölf Halbtonschritte aus dem Siebentonprinzip herausbrechen, womit jede Tonartenbindung, jede produktive Dissonanz-Konsonanz-Spannung (und -Auflösung) hinfällig wird. Dies wird, für sich genommen völlig zu Recht, von der überwältigenden Mehrheit der Menschen nicht akzeptiert. Es ist ein ganz anderes Problem, daß sicher viele, die atonale

142

Musik ablehnen, damit (unbewußt) ihr eigenes Klangbild ablehnen – ihren Schatten im Jungschen Sinne –, um sich in verkitschte und abgeflachte Formen des Tonalen zu flüchten, also ins Pseudo-Harmonische. Tonalität ist Klang-Ökologie; langfristig hat ihre Leugnung ähnlich tödliche Folgen wie die Leugnung der kosmisch-natürlichen Ordnung. Tonalität stellt ein metaphysisches Sicherungssystem dar, jenseits dessen das Nichts wohnt!

Gehen wir den Grundlinien des westlichen Tonsystems ein wenig nach. Schon der Begriff »westliches Tonsystem« ist strenggenommen verfehlt oder zumindest ungenau, da das hier im Westen (Abendland) zur Vollendung gelangte Tonsystem keine Erfindung der westlichen Musiker war, sondern die Entdeckung oder Entbergung von etwas kosmisch Vorgegebenem. Diese Entdeckung war kein einmaliger Akt, sondern ein sich über Jahrhunderte erstreckender Prozeß, der als Ausdrucksform eines Bewußtwerdungsprozesses gelten kann. Analoges gilt im übrigen für die Entwicklung der Musikinstrumente; das Wunderwerk der Violine beispielsweise ist keine Konstruktion, die auch beliebig anders hätte sein können, sondern eine *Seinsform*, etwas aus dem Kosmos Herausgeschautes. Insofern ist auch die Instrumentierung alles andere als beliebig, wenngleich einer Vielzahl an Variationsmöglichkeiten unterworfen. In gewisser Weise ist das Klavier das Zentral- oder Grundinstrument der abendländischen Musik; am Klavier lassen sich die Wesenszüge des westlichen Tonsystems am einfachsten verdeutlichen. Eine spezifische Form der Stimmung des Klaviers, die sogenannte temperierte Stimmung, war denn auch richtungweisend für die gesamte Struktur der Musik. Die temperierte Stimmung geht auf Andreas Werckmeister (1645- 1706) zurück, der 1686/87 die Grundlagen hierfür schuf.

Schon im Laufe des 17. Jahrhunderts waren die alten Kirchentonarten allmählich von dem Dur-Moll-System verdrängt worden. Zugleich war die im wesentlichen noch heute gültige Notenschrift zum Allgemeingut geworden; die strenge Notation, bei gleichzeitig bestehenden Freiräumen für die Improvisation, erwies sich als unabdingbar für die Weiterentwicklung des musikalischen Schöpfertums. (Hierin, wie Berendt und Rudhyar, die Überbetonung des Visuellen und Rationalen zu sehen, läuft auf eine völlige Verkennung des Wesens dieses Vorgangs hinaus.) Die Verankerung der *Tongeschlechter* – Dur und Moll – im produktiven musikalischen Geschehen, lange schon vorbereitet, bot melodisch-harmonische Nuancierungsmöglichkeiten ungeahnten Ausmaßes, die dann im temperierten System zu höchster Blüte kamen. Es gehört zu den vielen Mysterien der Musik, daß und wie die Herabsetzung der dritten Tonstufe um einen halben Ton (= kleine Terz) die Seele so tief zu berühren vermag, vornehmlich in ihren emotionalen Schichten. Die Auffächerung in Dur und Moll hat offenbar mit dem Urphänomen der Geschlechtlichkeit zu tun (wie schon die Bezeichnung »Tongeschlechter« andeutet). Moll ist eher der (weiblichen) Yin- oder Tal-Energie, Dur eher der (männlichen) Yang-Energie zuzurechnen, ohne daß hier starre Schemata anwendbar wären. Die Moll-Terz klingt weicher und dunkler als die Dur-Terz; es entsteht ein schwer greifbares Element von Unerlöstheit – vielleicht von Unerlöstheit der Natur –, ein Element von Liebe, eine Spannung nach der Tiefe hin, die der erlösenden Entspannung in die lichtvolle Klarheit des Dur harrt. Ohne hier in eine (fragwürdige) Intervall-Mystik zu verfallen, kann doch so viel gesagt werden, daß die Terz einen grundlegend anderen Charakter aufweist als die Tonabstände von Oktave, Quinte und Quarte, von der Prime, die eigentlich gar kein Intervall ist, zu schweigen. Diese Andersartigkeit liegt nicht nur darin begründet, daß die Terz – im Gegensatz zu Oktave, Quinte, Quarte – kein reines Intervall darstellt, sondern in kleiner und großer Form auftauchen kann (wie auch die Sekunde, die Sexte, die Septime), sondern auch und primär darin, was diese Differenzierungsmöglichkeit der Terz bewirkt: das Aufbrechen nämlich von bis dahin ungeahnten Ausdrucksmöglichkeiten im Bereich der Subjektivität und der Gefühle. Insofern hat die Terz durchaus den Charakter einer *Schwelle*, wie Anny von Lange hervorhebt.[134] Yin und Yang treten *aus*einander und zugleich in eine geheimnisvolle Spannung *zu*einander. Allerdings soll der Hinweis auf die subjektive Komponente der Terz nicht bedeuten, daß hier nicht zugleich auch objektive kosmische Wirkfaktoren hineinspielen.

Die vollständige Entfaltung der Dur-Moll-Tonalität vollzog sich erst, als die temperierte Stimmung sich seit dem frühen 18. Jahrhundert endgültig etabliert hatte. Die Frage der Berechtigung oder Nicht-Berechtigung dieser Tonordnung hat zu unfruchtbaren Diskussionen geführt, die bis heute nicht verstummt sind. Mitte der dreißiger Jahre proklamierte der Komponist Edgar Varèse (1883-1965), der nach radikal neuen Klangmöglichkeiten suchte und alle traditionellen Partituren ablehnte, die »Befreiung vom willkürlichen, lähmenden temperierten System« und fabulierte zugleich von »neuen harmonischen Möglichkeiten« außerhalb dieses Systems.[135] Hierauf – und auf alle ähnlich gelagerten Äußerungen – läßt sich schlicht entgegnen: *Ein Tonsystem, das einen Mozart und einen Beethoven ermöglichte, ist dadurch allein schon gerechtfertigt, und zwar für alle Zeiten!* Die differenzierte Partitur der großen Musik wäre ohne dieses System gar nicht möglich gewesen; das System ist weder »willkürlich« noch »lähmend«, sondern eine der größten Errungenschaften des menschlichen Geistes. Worum geht es hier?

In der temperierten Stimmung, die sich zunächst auf das Klavier bezog, werden die Differenzen der früheren Tonsysteme beseitigt, und zwar durch einen – genialen – Kunstgriff: das Basisintervall der Oktave wird in zwölf exakt gleich große Abschnitte unterteilt (zwölf Halbtonschritte). Derart wird ein optimaler Ausgleich der Schwingungsverhältnisse innerhalb der Oktave realisiert. Eine akustisch völlig reine Stimmung führt zu Unverträglichkeiten; zwölf reine Quinten überragen sieben Oktaven aufwärts und abwärts um das sogenannte pythagoreische Komma, das etwa einem halben Viertelton entspricht. Der Ausgleich in der temperierten Stimmung verengt jede Quinte um einen entsprechend winzigen Betrag; alle Tonabstände mit Ausnahme der Oktave erklingen ein wenig unrein, wobei das Ohr diese winzigen Abweichungen zurechthört. So sind auf der Tastenreihe des Klaviers z.B. His und C derselbe Ton. Die temperierte Stimmung ermöglicht es, sämtliche Tonarten auf einem Instrument zu spielen. »Man kann sich den Vorgang visuell klarmachen, wenn man annimmt, daß die geometrische Figur, die von einer Reihe von zwölf natürlichen Quinten hervorgebracht wird, eine Spirale ist. Die gleichmäßige Temperierung reduziert die Spirale zu einem Kreis. Sie legt den Bereich eines musikalischen Feldes fest, das nur aus Oktaven besteht, welche in jeweils zwölf gleiche Intervalle geteilt werden.«(Rudhyar)[136]

Was wir *Modulation* nennen, also jene Bewegung, die ein Melodie- oder Akkordmuster in eine andere Tonart verschiebt, war zwar in gewissem Umfang auch außereuropäischen Musikkulturen bekannt, hat aber nur in der abendländischen Musik seine höchste und subtilste Ausprägung erfahren. Die Dominanz des melodisch- harmonischen Prinzips und die immer komplexer werdenden musikalischen Vorgänge (einschließlich der Polyphonie) machten ein Ordnungssystem wie das skizzierte unumgänglich, welches dann seinerseits die musikalische Produktion ins kaum noch Absehbare zu steigern vermochte. Hören wir noch einmal Rudhyar, der den Vorgang der Temperierung präzise beschreibt, aber gänzlich anders wertet, als ich:

Bewegt man das feste Muster von Intervallen, die die grundlegende C-Dur-Skala bilden, hinauf und hinab, benötigt man an den Stellen, wo die Sprossen der Leiter jetzt im musikalischen Raum stehen, Noten, die nicht zur ursprünglichen diatonischen Reihe gehören. Eine Violine könnte diese neuen Noten hervorbringen, doch auf der festen Tastenreihe eines Instrumentes, dessen Oktaven nur sieben Noten enthalten, würde es diese neuen Noten nicht geben. Aus diesem Grund hat die Tastenreihe eines Klaviers schwarze und weiße Tasten.

Transponiert man eine Melodie von C nach G (das heißt, die diatonische Skala, die mit C begann, hat jetzt G als Anfangspunkt, als Tonika), muß eine schwarze Taste, Fis, zu den ursprünglichen sieben weißen Tasten hinzugefügt werden. Jede Modulation in die nächsthöhere Tonart (deren Tonika um das Intervall der Quinte höher liegt) führt zu einer weiteren erhöhten Note. Der symmetrische Prozeß der Modulation in eine tiefere Tonart erfordert technisch die Verwendung von erniedrigten statt erhöhten Noten, doch auf der Tastenreihe des Klaviers kann kein Unterschied zwischen erhöhten und erniedrigten Noten gemacht werden. Diese Unterscheidung ist theoretisch und wird nur auf die geschriebenen Noten angewendet, wenn sie auch auf Instrumenten ohne feste Tastenreihen von den Spielern berücksichtigt werden kann. So wurde wegen der besonderen Art musikalischer Bewegung, die Modulation genannt wird, und wegen der zunehmenden Verwendung des Klaviers oder ähnlicher Instrumente mit festen Tastenreihen die chromatische Teilung der Oktave in zwölf gleiche Intervalle das grundlegende Charakteristikum der westlichen Musik. Die Reihen der sieben Oktaven und zwölf Quinten, die einander angeglichen werden, schaffen einen musikalischen Raum, der in vierundachtzig gleiche Intervalle unterteilt ist. Zweieinhalb Jahrhunderte war das die Prima materia der abendländischen Musik. Diese Musik hat sich zusammen mit den Erzeugnissen der Technik und mit einer individualistischen Lebensweise über den ganzen Erdball verbreitet.[137]

Für Dane Rudhyar ist das tonale System des Westens überholt, etwas zutiefst Gestriges; eine wahrhaft kosmische Musik, so meint er, werde in nicht allzu ferner Zukunft die tonale Hörkonditionierung überwinden. Dieser Einschätzung wäre ein Wort der anthroposophischen Musikforscherin Anny von Lange entgegenzuhalten (aus ihrem 1956 erschienenen Buch »Mensch, Musik und Kosmos«, I. Band):

Denn man sollte ein Tonsystem wie die Welt des tonalen Dur-Moll, das der Menschheit so einmalig Unerreichtes zu schenken vermochte, erst dann als ›unzeitgemäß‹ und ›überholt‹ betrachten, wenn *alle* Dimensionen dieser Musik sich dem Hörer und dem Schaffenden offenbart haben. Das ist aber durchaus noch nicht der Fall! Denn was an grandiosen, objektiven kosmisch-geistigen Hintergründen darin lebt, ist gerade der Jetztzeit zumeist noch völlig unbekannt. Es harrt seiner Entsiegelung, harrt noch der Menschen, die zu seiner Entsiegelung bereit und innerlich fähig wären. Die Sieben- und Zwölftönigkeit sind dem Menschenwesen organisch eingebaut. Und in was für immer wechselnde Formen und verfeinerte Differenzierungen die Tonsysteme im Lauf der Jahrtausende sich kleiden mögen – stets wird sich in neuer Gestalt eine Siebenfältigkeit darin offenbaren und mitbestimmend wirken.[138]

Diese »Entsiegelung« gehört zu den wichtigsten Aufgaben der Gegenwart und Zukunft; die in der großen Musik enthaltenen Archephone der Rettung warten gleichsam darauf, von uns entsiegelt zu werden…

Auch bei Anny von Lange wird deutlich, daß das Siebenprinzip der Diatonik dem Zwölfprinzip der Chromatik übergeordnet ist oder sein sollte. Die restlose Verselbständigung des 12-Ton-Prinzips – faktisch die Negierung seiner Bindung an die Sieben, die kosmische Zahl der Erde, die Zahl Apollons und des Regenbogens – führt zur sterilsten aller Musikformen: der (atonalen) 12- Ton-Technik. Ist die Diatonik ein apollinisches Prinzip, so die Chromatik fraglos ein dionysisches. Ich will nicht den geringsten Zweifel daran lassen, daß ich den totalen Bruch mit der Tonalität für den Absprung ins Nichts halte, für einen lebensfeindlichen Irrweg, für ein Parallelphänomen der Atombombe und der ökologischen Katastrophe. Daß komplette Atonalität auch rein künstlerisch eine Sackgasse ist, ahnen viele Musiker seit langem. Wenige haben dies in den letzten Jahren so unverhüllt formuliert wie der Komponist Krzysztof Penderecki (geb. 1933), der selbst lange Zeit zu den Stars der atonalen Musikszene gehörte.

Natürlich ist der qualitative Bruch zwischen Atonalität und Tonalität nicht übergangslos erfolgt; es hat Vorformen, Vorstufen in der spätromantischen Harmonik gegeben, was zu der verbreiteten These führte, Atonalität sei das notwendige und folgerichtige Ergebnis der Weiterentwicklung oder ›Dehnung‹ der Harmonik in der spätromantischen Musik. In seiner Studie »Romantische Harmonik und ihre Krise in Wagners ›Tristan‹« von 1920 hat der Musikforscher Ernst Kurth zu belegen versucht, daß die »Leitton-Energie« das zentrale Bewegungsmoment der tonalen Harmonik ist. Hierzu Carl Dahlhaus: »Das Phänomen, von dem Kurth ausging und dessen tiefgreifende Bedeutung niemand leugnet, war die sogenannte Alteration: die chromatische Veränderung von Akkordbestandteilen durch Erhöhung oder Erniedrigung um einen Halbton. (Aus c-e-g entsteht durch Hochalteration der Quinte c-e-gis und durch Tiefalteration c-e- ges.) Alterierte Stufen gehören zu den Leittönen, die einem Zielton zustreben (das hochalterierte gis tendiert zum a, das tiefalterierte ges in umgekehrter Richtung zum f).«[139] Der Leitton – auch Strebeton genannt – erzeugt eine Auflösungserwartung, die ein Element der melodisch-harmonischen Spannung darstellt. Dissonanzen werden also bewußt eingesetzt, um das musikalische Geschehen voranzutreiben. Die Dissonanzauflösung kann schließlich so lange hinausgezögert werden, daß die endlich vollzogene Entspannung als Rückbindung des musikalischen Bogens in die Konsonanz beinahe zweitrangig wird. Sehr deutlich wird dies bei der enormen Dehnungsbreite des legendären Tristan-Akkords (f-h-dis-gis). Dissonierende Einzelakkorde werden in der spätromantischen Musik als harmonische Motive verwendet und aufgefaßt. Und sicher kann nun gefolgert werden, daß die zunehmende Ausweitung der unaufgelösten Akkorde schließlich früher oder später zur Auflösung der tonalen Ordnung überhaupt führen *mußte*. Viele gehen sogar so weit, zu behaupten, daß im Prinzip der Leitton- Energie selbst – also in dem die Kadenz bestimmenden Bewegungsimpuls – die Atonalität vorgezeichnet sei. Ich halte diese Auffassung für falsch und irreführend. Gleichwohl ist unbestreitbar, daß in den spätromantischen Bestrebungen, die Tonsprache aufs höchste zu psychologisieren und Tonalitäten zu verflüssigen, ein potentiell gefährliches Dehnungsmoment liegt. Das gilt auch für das zunehmend raffiniertere Ineinandergleiten chromatischer Klangfolgen und die Verbindung weit auseinderliegender Akkorde. Nur: Mag die Wand zur puren Atonalität auch in der spätromantischen und vorexpressionistischen Musik zuweilen hauchdünn sein, sie bleibt als solche bestehen. Und erst mit der völligen Loslösung vom sicheren Ufer der Klang-Ökologie öffnet das Chaos seine Tore, tut sich das Nichts auf. Alle intellektuellen Klimmzüge, die die Neue Musik begleiten, haben an diesem Grundfaktum nichts zu ändern vermocht. Auch die Ökosphäre der Klänge läßt sich nicht beliebig lange ungestraft vergiften und zerstören.

Zur spirituellen Deutung der Atonalität

Dieser kompromißlosen Wertung der Atonalität werden auch viele spirituell orientierte Geister ihre Zustimmung verweigern. Und es mag sinnvoll sein, hier kurz auf eine Strömung innerhalb der zeitgenössischen Musikbetrachtung einzugehen, die indirekt auf Rudolf Steiner, direkt aber auf den Musikforscher Hermann Pfrogner zurückgeht. Pfrogner deutet schon in seinem Buch »Die Zwölfordnung der Töne« von 1953, vertieft dann in der anthroposophisch orientierten »Lebendigen Tonwelt« von 1976 die Entwicklung zur Atonalität als musikalischen Ausdruck eines schöpferischen Schwellenübertritts der abendländischen Menschheit. Jüngst hat der anthroposophische Musiktherapeut Heiner Ruland den Deutungsansatz Pfrogners aufgegriffen und in den Mittelpunkt seines Buches »Die Neugeburt der Musik aus dem Wesen des Menschen« (1987) gestellt. Ruland sieht nur dann eine echte Chance zu einer »erneuerten Musikkultur«, wenn die Atonalität als ein im Kern spiritueller Impuls verstanden werde, und zwar in Richtung auf eine schöpferische Neubegründung der Musik überhaupt. Anknüpfend an Aussagen Rudolf Steiners über ein neuartiges Erleben des Einzeltons, also losgelöst von der melodisch-harmonischen Beziehung zu anderen Tönen, schreibt Ruland u.a.:

Wenn heute die ›Avantgarde‹ wieder ›nostalgisch‹ zur alten Tonalität zurückkehrt, so bedeutet das: der atonale Impuls ist gescheitert, weil man seine noch verborgene spirituelle, zukunftsträchtige Signatur nicht erkannt hat.
Der isolierte, atonale Ton, der sich durch die Entwicklung der Chromatik und namentlich der Enharmonik (tonartliche Umdeutung von Tönen, etwa fis in ges, J.K.) des vorigen Jahrhunderts vorbereitet hatte und dann plötzlich mit einem Schlage hervortrat – er war noch nicht die musikalische Zukunft; aber er war das ›Nadelöhr‹, durch das man hindurchmußte, allen Reichtum der alten, ganz vom Geistig-Seelischen geprägten Harmonie hinter sich lassend, um aus dem inneren intensiven Erleben des Einzeltones eine ganz neue Musik, ganz neue geistige Tongesetze herauszutreiben, die nach Rudolf Steiners Äußerungen zu einer Wandlung und Erweiterung unseres Tonsystems führen. Kam das alte Tonsystem durch Zusammenfügung (griech. ›harmonia‹) der Töne zustande, so wird das neue nach Rudolf Steiner in einem »entgegengesetzten Prozeß«, nämlich durch »Spalten«, Variieren, Differenzieren, Aufgliedern des einzelnen Tones im inneren Erleben entstehen. Atonalität, als das Auseinanderfallen der alten ›harmonia‹, war Durchgangs-

phase in dieser Entwicklung – wie jeder Durchgang, jede ›Schwelle‹ von Dämomen des Abwegs und des Irrwegs bedroht.
Aber die wirkliche musikalische Zukunft, so scheint uns, wird nur gefunden werden können, wenn wir den tatsächlichen Hintergrund der Atonalität erkennen.[140]

Bei aller Wertschätzung der produktiven Anregungen, die Ruland für die musikpädagogische und -therapeutische Praxis gibt: seiner Art der spirituellen Wertung der atonalen Musik kann nicht scharf genug widersprochen werden. Im Grunde reichte schon die oben zitierte Aussage der Anthroposophin Anny von Lange über die noch unenthüllten »kosmisch-geistigen Hintergründe« der tonalen Musik, um die These Rulands zu entkräften. Ruland, wie Adorno und viele andere Musikforscher, hält den Schritt in die Atonalität für unumkehrbar, hält das gesamte tonale System für überholt, weist – wie Dane Rudhyar – gleichsam raunend auf neue, ungeheure Möglichkeiten einer (nichttonalen) Musik der Zukunft. Zugleich deutet nichts darauf hin, daß er die spirituelle und kosmische Substanz der klassisch-romantischen Musik auch nur in Ansätzen zu entsiegeln vermochte. Sicher könnte Atonalität einen spirituellen Anstoß geben, wenn auch in anderer Art, als Ruland vermutet: nämlich als Analogon zur Atombombe und zur ökologischen Krise, als Symptom jener äußersten Gefährdung der menschlichen Substanz, der wir uns heute konfrontiert sehen. Also im Sinne des Hölderlin-Wortes: »Wo aber Gefahr ist, wächst das Rettende auch.« Wo Atonalität dominiert – als Ausdruck der modernen Seele –, da wächst das Verlangen nach Tonalität und harmonisch-sphärischem Klingen.
Zurück zum kosmischen Sinn der Tonalität. Um es noch einmal formelhaft zu sagen: Tonalität ist ein kosmisch fundiertes Ordnungssystem, es hat seine Wurzeln in der Urmusiksphäre. Das dur-moll-tonale (diatonisch-chromatische) Tonsystem ist die subtilste Ausprägung, die Vervollkommnung der tonalen Tendenz alles Lebendigen: es ist ein zentrales Bauelement der höchsten Klangimpulse, die dem menschlichen Geist auf dem Planeten Erde erreichbar sind. Zu diesem Bauelement gehört das Struktur- und Herrschaftsprinzip der Siebenzahl, auf der darunter liegenden Ebene – und wohl erwachsen aus der Multiplikation der Drei und der Vier – das der Zwölfzahl (Prinzip der Chromatik, aber auch der Auffächerung der 12 Dur- und 12 Moll-Tonarten im Quintenzirkel). In anthroposophischer Sicht ist die Siebenheit der Tonleitertöne nach Ruland »ein lebendig-dynamisches Entwicklungs- und

Wandlungsprinzip«, die Zwölfheit der Chromatik dagegen der Ausdruck der Ich-Kräfte.[141] »Ist ohne Zwölfprinzip kein Ich-Gesetz, keine Ich-Prägung in der Musik, so ohne Siebenprinzip der Tonleiter keine lebendige, seelisch-astralische Empfindungs- und Wandlungsmöglichkeit. Die Realität beider Gesetzmäßigkeiten kann jeder musikalische Mensch, den man dies hörend erleben läßt, unmittelbar erfahren. Hierbei zeigt sich, daß Musik nichts anderes ist, als das gefühlte Abbild des realen Kräftespiels im Menschen; aber wohlbemerkt: nur das *Fühlen* dieses Kräftespiels!« (Ruland)[142] Nun, meiner Überzeugung nach ist (große) Musik zwar *auch* Klang-Abbild des Kräftespiels im Menschen – und nicht nur ein »gefühltes« –, aber zugleich erheblich mehr: Abbild kosmischer Weite, Entfaltung von eingefalteten Figurationen der Urmusiksphäre, Widerspiegelung kosmischer Urmelodien, Urharmonien und Urrhythmen, die mit der Entstehung des Gestirns Erde zusammenhängen dürften. Siebenprinzip (Diatonik) und Zwölfprinzip (Chromatik) sind komplementäre Bereiche, sie bedingen und ergänzen einander, aber – und dies sei noch einmal betont –: sie stehen nicht völlig gleichberechtigt nebeneinander. Dem Siebenprinzip ist eindeutig die dominierende Rolle zuzuordnen. Die dur-moll-tonale Ordnung wird durch diese Dominanz bestimmt, und sie zerbricht in dem Augenblick, wo die Hierarchie der beiden Prinzipien in Frage gestellt wird.

In der diatonischen Ordnung der siebenfachen Aufteilung der Oktave ist der achte Ton, also der Tonschritt der kleinen Sekunde von der Septime (im Falle der C-Dur-Skala also der von h nach c), die Wiederherstellung des Grundtons auf höherer Stufe, klangliche Identität und Nicht-Identität zugleich. (Damit kann das Mysterium der Oktave beiläufig als Klangsymbol einer nicht-aristotelischen Logik angesehen werden.) Viele empfinden Töne im Oktavabstand schlicht als *einen* Ton. Im temperierten System ist die Oktave das einzige Intervall, welches seine natürliche Reinheit beibehält. Die Septime wird als Dissonanz empfunden, auch die Sekunde (und zwar in der kleinen und in der großen Form). So strebt der siebte Ton – als Leitton – hinauf in die Auflösung in den Grundton auf höherer Stufe; erst in der achten Stufe also, zugleich Anfang einer neuen Siebenton-Skala, erfährt die Spannung ihre Entspannung, die Unerlöstheit ihre Erlösung. Erst die achte Stufe also rundet den Kreis (der strenggenommen eine Spirale ist).

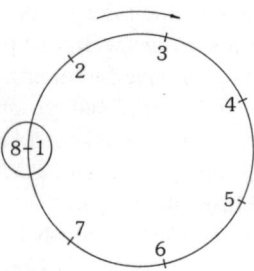

Das gleiche gilt für das chromatische Zwölfprinzip (wo Anfang und Ende in der 13. Stufe zusammenfallen).[143] So ist – im Rahmen des Siebenprinzips der Diatonik – die Sieben gleichsam unerlöst ohne die Acht, die wiederum die Eins ist. Etwas abgeschwächt, aber im Prinzip analog läßt sich von der Erlösung der Zwölf durch die Dreizehn in der Chromatik sprechen. Das ist keine Zahlenkabbalistik, sondern lebendige Klangwirklichkeit.

Das Mandala der klassischen Melodie

Auch andere Grundelemente der klassisch-romantischen Musik lassen sich, in ihrer formalen Struktur, bestimmten Urmustern zuordnen, also archetypisch-kosmischen Prägungen. Das gilt in hohem Maße für die klassische (»quadratische«) Periode. Als Periode bezeichnet man eine in sich abgeschlossene musikalische Linie, meist in Form eines Themas, einer Melodie. Die klassische Periode ist meist achttaktig, d.h. motiv- und phrasenübergreifende Achter-Rhythmen treiben das musikalische Geschehen voran; diese Rhythmen sind eigentlich Vierer-Rhythmen, denn die achttaktige Periode setzt sich unverkennbar aus zwei viertaktigen Einheiten zusammen. Manchmal umspannt der melodische Bogen ohnehin nur vier Takte, seltener auch, als Erweiterung, zwölf Takte. Es kann hier nicht im Detail auf die klassische Periodenbildung eingegangen werden (die übrigens noch in Richard Wagners »Lohengrin« dominiert, in den späteren Musikdramen dann aber aufgelöst wird). Wichtig ist das quadratische Grundmuster als solches, das den Rahmen für die melodische Entfaltung abgibt, für die thematisch- motivische Entwicklung. Erst in Wagners »Rheingold« wird die klassische Periode aufgegeben zugunsten der »dichterisch- musikalischen Periode«, die sich in ihrer Formgestalt aus dem Fluß der »unendlichen Melodie« ergibt, und zwar immer wieder neu und ohne traditionelle Muster.[144] Wagner spricht einmal (1879) abfällig und zynisch vom »Quadrat-Musiker«[145], von der »Quadrat-Melodie«, die nach dem Schema verlaufe – so eine Wagner-Äußerung nach den Cosima-Tagebüchern – »hier vier Takte schrumm, schrumm, dann wieder vier Takte« und so fort.[146] Selbst bei dem bewunderten Mozart beklagt Wagner den Widerspruch zwischen der »göttlichen Anmut seiner Themen« und dem »schrecklichen Formalismus ihrer zeitweiligen Durchführung«.[147] Unter dem Einfluß der Schopenhauerschen Metaphysik schreibt Wagner in seinem Beethoven- Aufsatz von 1870, durch die »regelmäßige Anordnung in der Wiederkehr rhythmischer Prozesse« verbinde sich die Musik allzusehr mit der »Bewegung sichtbarer Körper« (primär also mit dem Tanz), sie höre auf, »Verkünderin des Wesens der Dinge« zu sein, vielmehr werde sie verwoben »in die Täuschung der Erscheinung der Dinge außer uns«.[148] Hierzu bemerkt der Wagner-Forscher Dieter Borchmeyer: »Die unendliche Melodie, die Aufhebung der herkömmlichen Periodizität bedeutet also die Zurücknahme der Entfremdung der Musik infolge ihrer Anpassung an die Erscheinungswelt.«[149] Hinter der Wagner-Kritik scheint schon, vage und umrißhaft, die heute modische Kritik an den Formprinzipien der Klassik hindurch. Der Wagner-Forscher Dieter Schickling sieht in den Wagnerschen Neuerungen seit »Rheingold« gar die »Erlösung der Musik von der Mathematik«![150] Der Begriff »unendliche Melodie« wurde von Wagner geprägt, in bewußtem Gegensatz zur klassischen Melodiestruktur, um »eine lückenlos in sich zusammenhängende, niemals abbrechende (›unendliche‹) ›Orchestermelodie‹« zu bezeichnen, »in der jeder Ton expressiv und bedeutsam (›melodisch‹) erscheint«.[151] Die traditionellen harmonischen Gesetzmäßigkeiten der Bewegung von Melodie und Akkordbildungen, die Kadenzen, sind für Wagner »eingeschliffene Formeln«, also letztlich Füllsel ohne tiefere Aussagekraft.[152] Unbestritten ist die Möglichkeit der Trivialisierung des Musikalischen durch das einfallslose Spiel mit derartigen Formen und Füllseln – was gerade den minderwertigen Musiker ausmacht.

Die klassische Periode entspricht dem Atem-Puls-Verhältnis, also dem Verhältnis 4 : 1, das ja auch in den Zeitwerten der ganzen Note und der Viertelnote auftaucht bzw. dort in direkter zeitlicher Parallelität erscheint. Zusätzlich läßt sich die Herrschaft der Vier (bzw. der Acht) in der Periodenform als Ausdruck archetypischer Quaternität verstehen: der Vierheit, insbesondere in ihrer quadratischen Erscheinungsform als Symbol des Selbst im Sinne der Psychologie C.G.Jungs. Jung hat umfassend sinnfällig gemacht, daß und wie sich die Quaternität als wichtiges Traumsymbol des Individuationsprozesses manifestiert. Hier gilt Analoges wie für den Kreis und damit auch für das Mandala. Das tantrisch-buddhistische Mandala enthält stets ein eingeschriebenes Quadrat, häufig auch noch innerhalb desselben vom Mittelpunkt ausgehende oder zu ihm hinführende ›Speichen‹, und zwar acht an der Zahl – entsprechend dem achtfach gegliederten Dharma-Chakra, also dem Rad des Gesetzes und der Lehre. Auch hier ist die Acht eine Erscheinungsform der Vierheit, der Quaternität. Der »edle achtfache Pfad« des Buddha und die achttaktige Periode der klassischen Musik gehören zusammen bzw. sind Komplementärphänomene.Das Atem-Puls-Verhältnis müßte auf die Schöpfungsgeschichte der Erde zurückgehen, also erheblich älter sein als organisches Leben. Es ist meiner Überzeugung nach in der Urmusiksphäre verankert als eine ihrer rhythmischen Prägungen oder Schichten.

Nehmen wir ein beliebiges Beispiel aus der klassisch-romantischen Musik, um die Quaternität der melodischen Periode zu verdeutlichen: den Anfang des ersten Liedes aus Robert Schumanns »Liederkreis« nach Gedichten von Eichendorff (hier ohne Klavierpart wiedergegeben).

Das Lied ist in fis-moll geschrieben. Die viertaktige Melodie, die einmal (mit einer geringen Abweichung) wiederholt wird und sich derart zur achttaktigen Periode ausweitet, geht von der Tonika fis aus und fließt auch nach fis zurück. Es gehört zur Essenz der klassisch-romantischen Melodie, in einer Art Kreislauf wieder in den Ausgangsimpuls zurückzufließen.

Man sieht, wie der lebendige Rhythmus der Melodie, in seinem fluktuierenden Auf und Ab, die starre Taktgliederung überspült, sie zwar nicht aufhebt, aber ›weich‹ und durchlässig macht. (Der Rhythmus des musikalischen Geschehens sollte niemals einfach gleichgesetzt werden mit dem vorgegebenen Taktschema.) Der Auftakt, also die zwei Achtel auf fis und gis, fällt bei der Wiederholung der Melodie in den vierten Takt. Die Melodie ist äußerst schlicht – sie basiert auf Sekundintervallen –, entfaltet aber, auch wegen der ihr zugeordneten Harmonik, einen unvergleichlichen Zauber, der sich jeder Rationalisierung verschließt. Hier wird Prinzipielles offenbar: Die Melodie als Kernstück großer Musik ist eine unverwechselbar geprägte, beglückende Gestaltganzheit und damit wesentlich mehr und anderes als die Summe ihrer Einzelteile, ein Stück »Entfaltung der Wahrheit« (wie Hegel über bedeutende Kunst sagt). Ist nun die rhythmische Periodisierung im Sinne der klassischen Tradition eine Einengung, ein Korsett für die musikalische Substanz? Ich meine, daß dies nicht der Fall ist. Im Gegenteil: Das Zauberische des Melos wird gerade *innerhalb* dieser Rhythmisierung zuhöchst entfaltet; die rhythmische Gliederung tritt der Melodie nicht als etwas ihr Äußerliches entgegen, sondern gehört zu ihrer Wesensform, ist ihr Atem und ihr Puls. Analoges gilt auch für die jeweiligen harmonischen Zusammenhänge.

Sicher sind viele Motive, Themen und Melodien aus akkordischen Bewegungen erwachsen, und oft sicher auch aus dem Element der Improvisation heraus (was unbewußt leitende Inspiration nicht ausschließt), aber die Vorherrschaft des Melodischen bleibt unbezweifelbar. Und daran ändert auch die immense Steigerung der chromatischen Farbgebung in der Spätromantik nichts. Auf die Dominanz des Melodischen bezieht sich das Wort des Komponisten Max Reger (1873-1916): »Jede Komposition ist gut, die vollkommen farblos gespielt werden kann.«[153] Das heißt: Jede Komposition ist gut, die klare melodische Strukturen aufweist, die man nachsingen kann. Im Melodischen liegt das Königsprinzip der Musik. Auch die »unendliche Melodie« Richard Wagners ist ja nicht gänzlich jenseits der klassischen Periodik. Wagners große Motive und Themen sind durchgängig rhythmisch-periodischen Strukturen unterworfen, die denen der klassischen Tradition enger verbunden sind, als es zunächst erscheint. Eine andere Sache ist die Wagnersche Variationstechnik. Hier haben wir nicht mehr, wie noch bei Beethoven, die variierende Entwicklung von musikalischen Grundgedanken, die auf ein Ziel (ein Telos) zusteuert und von dorther ihre Dynamik bezieht, sondern einen komplexen Klangteppich von Beziehungen, der ständig das Vergangene beschwört. (Ich erinnere an die Bemerkungen von Carl Dahlhaus über die Zeitgestaltung bei Beethoven und Wagner S. 48.)

Alle musikalischen Grundgedanken sind melodischer Natur und als solche bereits, wenn sie nicht einfach trivial sind, akustische Ausdrucksformen des Unhörbaren der Urmusiksphäre. Und je inniger diese aus der Anamnesis (= Rückerinnerung) geschöpfte Verbindung mit der Urmusik, um so machtvoller und nachhaltiger wird die Seele bewegt, können Themen und Melodien zu Mantras oder Koans werden, also zum Stoff gezielter Klangmeditation.

Es kann nicht oft genug betont werden, daß *das Formale* der Musik kein abstraktes Gitterwerk darstellt, das einen Klangstrom, der sich auch anders äußern könnte, nun gliedert und strukturiert, sondern *Teil der Urmusik selbst* ist! Das westliche Tonsystem ist kosmisch und ökologisch-natürlich verankert. Dennoch bleibt unbestritten, daß es auch im Rahmen der klassisch-romantischen Musik Muster gibt, die dazu neigen, sich abstrakt zu verselbständigen: z.B. das Prinzip der Fuge. Und sicher ist manches formal konstruierbar, bleibt dann aber ohne lebendig- schöpferischen Atem. Jeder unverbildete Hörer spürt den Abgrund zwischen akademischer Konstruktion und wirklich großer, inspirierter Musik.

7
Klassische Musik und der
»Ton der einen Hand«

Alle Menschen brauchen eine Übung des
Geistes, um richtig hören zu können. Wer
diese Übung nicht besitzt, der muß sie sich
verschaffen durch Lernen. Daß jemand ohne
zu lernen richtig zu hören vermöchte, ist in
alter und neuer Zeit noch nie vorgekommen.

(»Frühling und Herbst des Lü Bu We«)[154]

Von der falschen Popularität

Beethoven ist populär; daran kann kein Zweifel bestehen. Kein bedeutender Dirigent, der nicht seinen Ehrgeiz darin setzte, die großen Orchesterwerke Beethovens gültig zu interpretieren und möglichst der bewundernden Mit- und Nachwelt als Tonkonserve zu präsentieren. Beethoven-Sinfonien sind die Kassenschlager der E- Musik-Szene und als solche hoch geschätzt von den Sachwaltern der Kulturindustrie, die die Hörgewohnheiten und Hörbedürfnisse ihrer zahlenden Konsumenten beeinflussen. Theodor W. Adorno meinte einmal (1964), es gehe darum, die Beethovenschen Sinfonien zu »entrümpeln«, sie zu befreien von »dem Schmutz, der als Spur des Dirigentenexhibitionismus über mehr als hundert Jahre sich darauf abgesetzt hat«.[155] Keine leichte Aufgabe fürwahr, aber notwendig, um Größe und Verbindlichkeit dieser ungeheuren Musik ins Bewußtsein zu rücken.

Zunächst ein Wort zu der heute global üblichen Aufführungspraxis der Beethoven-Sinfonien: Allenthalben werden falsche Tempi gewählt, wie sich sehr genau nachweisen läßt. Ein Umstand, der auf Richard Wagner zurückzuführen ist, der als Dirigent Maßstäbe in der Beethoven-Interpretation setzte, und zwar in bewußter (partiell auch antisemitisch motivierter) Abgrenzung zu den Beethoven-Interpretationen von Felix Mendelssohn Bartholdy (1809- 1847), der ab 1835 als Kapellmeister in Leipzig wirkte. Mendelssohns Beethoven-Aufführungen orientierten sich an den von Beethoven selbst vorgesehenen Tempi. Richard Wagner schuf eine Aufführungstradition, die über Dirigenten wie Hans von Bülow, Felix Mottl, Arthur Nikisch bis zu Wilhelm Furtwängler reicht und an der sich heute praktisch alle Dirigenten ausrichten. Was wir seitdem hören – und zum überwiegenden Teil auch hören *wollen* (wir kennen ja meistens nichts anderes) –, läßt sich etwas überspitzt als wagnerisierter Beethoven bezeichnen: Beethoven durch die Brille des großen Musikdramatikers, der nicht nur die Tempi unsagbar dehnte, sondern auch eigenwillige Retuschen in der Instrumentation vornahm.[156] (Derartige Retuschen durch Dirigenten waren gängige Praxis, bis hin zu Gustav Mahler.) Haben wir durch Wolfgang Hildesheimer und Nikolaus Harnoncourt gelernt, daß Mozart offenbar erheblich ›Beethovenscher‹ ist, als wir angenommen hatten, so müßten wir nun auch lernen, daß Beethoven erheblich ›Mozartischer‹ ist, und zwar gerade dort, wo wir es am wenigsten vermuten: in seinen Sinfonien.

Doch damit ist nur ein geringer Teil dessen gesagt, worum es hier geht. Auch richtige Tempi ändern ja nichts daran, daß die ganze Richtung einfach nicht stimmt.

Die großen Werke Beethovens sind pathosträchtige Kulturgüter, die ständig herhalten müssen, um die toten Rituale der modernen Welt zu umrahmen (was für klassische Musik generell gilt). Und längst tritt der allgemeine Abstumpfungseffekt offen hervor: das allzu oft Gehörte, das in den Medien Totgehetzte, verliert seine innere Spannkraft und Lebendigkeit. Es ist dabei nicht verwunderlich, daß viele sogenannte Musikkenner und -liebhaber zwar den hohen Wert der großen Beethoven-Sinfonien anerkennen, diese selbst aber nicht mehr hören wollen (und können). Andererseits sind diese Sinfonien bei jenen populär, die von Musik wenig verstehen, für die Musik im wesentlichen gehobene Abendunterhaltung bedeutet. Das signalisiert eine fatale Entwicklung mit unabsehbaren Folgen. ›Höhepunkte‹ der Werke verkommen zum Schlager-Ohrwurm. Um es auf eine Formel zu bringen: Die Fatalität des Beethoven-Hörens heute besteht darin, daß wir etwas zu kennen meinen, weil es uns oft um die Ohren geschlagen wird, es aber in seiner Essenz gar nicht verstehen und nicht wirklich ernst nehmen. Die Fünfte, die Neunte, die Siebente: sie werden häufig überhaupt nicht mehr *wirklich* gehört, nicht mehr mit wachen Sinnen aufgenommen, werden konsumiert wie etwas ganz und gar Beliebiges. Da man die Werke ohnehin ›kennt‹, braucht man nicht mehr »ganz Ohr« zu sein. Aber gerade darum geht es: »ganz Ohr« zu sein, zu einem echten Yoga des Hörens vorzustoßen. Dies erfordert – als Grundgebot einer Nada-Yoga-Lehre – die Entfaltung von Anfänger-Geist: *Höre, als ob du zum erstenmal hörst!* Dies ist schwer zu erreichen; häufig geht es nur über den Umweg gewisser Verfremdungen. Oder auch, indem man einfach lange Zeit bestimmte Werke, die man ›zu gut‹ zu kennen meint, nicht mehr hört. So habe ich dies über viele Jahre hinweg mit der Fünften gemacht. Langes Nicht-Hören kann die Frische und Wahrnehmungsdichte des Anfänger-Geistes wieder entstehen lassen; es wirkt dem Abstumpfungsprozeß entgegen.

Beethoven so zu hören, wie er von seinen Zeitgenossen gehört wurde, ist unmöglich und auch gar nicht wünschenswert. Auch können wir ja nicht ausklammern, was wir alles wissen von der Musikentwicklung *nach* Beethoven. Und es ist unausweichlich, daß wir gleichsam die Musikgeschichte immer mithören. Dennoch ist eine *gewisse* Unmittelbarkeit herstellbar, und zwar durch eine gänzlich andere Herangehesweise, die umfassend nur in einer neuartigen Kultur des Klangs realisiert werden kann. Pointiert gesagt: Beethoven muß wieder unpopulär werden, muß seine Sperrigkeit, seine kulturrevolutionäre Sprengkraft, seine kosmische Religiosität, seine Nicht-Angepaßtheit wiedergewinnen; muß aufhören, »Klassiker« zu sein! Er muß ›entbürgerlicht‹ werden, zugleich in ungewohnte, meditativ-kultische Zusammenhänge hineingestellt und als das erkannt werden, was er ist: eine Art Zen-Meister der abendländischen Musik, ein Siddha, ein (rechtshändiger) Tantriker des Klangs. Das ist das Ziel: die bürgerlichen Konturen Beethovens – Beethoven als Gipskopf und als Repräsentant für das Falsch-Erhabene – zu verwischen, ihn zu verfremden, um derart seine Eigentlichkeit herauszukehren, um etwas von dem zu erahnen, was einst Bettine von Arnim oder Franz Schubert zu leidenschaftlichen ›Beethovenianern‹ machte.

Was hier gesagt wurde, gilt richtungsmäßig für *alle* großen Musiker, also auch für Bach und Händel, Gluck, Haydn, Mozart, Schubert u.a. Die besondere Herausstreichung Beethovens – hier und im folgenden – wurzelt in erster Linie in Beethoven als einer *repräsentativen* Musikergestalt. Im Beispielhaften und Repräsentativen wird das Grundsätzliche offenbar. In zweiter Linie wäre hier meine eigene Bewußtseinsentwicklung in puncto Musik zu nennen, die an anderer Stelle skizziert wurde. Dies sei gesagt, um Mißverständnisse zu vermeiden.

Gehören Mozart und Beethoven zum abendländischen Geist?

Was immer das Spezifische des abendländischen Geistes sein mag, Tatsache ist, daß die aus ihm hervorgegangenen Willenskräfte uns alle an den Rand der Selbstvernichtung geführt haben, daß sie offenbar im Widerspruch stehen zu fundamentalen Lebensgesetzen. Dies wird heute niemand mehr ernsthaft bezweifeln können. Wenn man, wie der Kulturphilosoph Oswald Spengler (1880-1936) in seinem »Untergang des Abendlandes« (1.Band 1918), Faust zur zentralen Symbolfigur des Abendländers erklärt und dem ausgreifenden Willensimpuls der westlichen Kultur das Etikett des »Faustischen« anheftet, dann wäre dies aus heutiger Sicht nur zu rechtfertigen unter Einbeziehung des Teufelspaktes. Bekanntlich geht Faust einen Pakt mit dem Teufel Mephistopheles ein (der in dem Goethe-Drama die Form einer Wette annimmt, ohne deshalb aufzuhören, ein Pakt zu sein). Der Goethesche Faust ist liebesunfähig, extrem patriarchal ausgerichtet, von Machtwahn besessen. Aufs Ganze gesehen, richtet er primär Unheil an. Der greise Faust hegt gigantische Pläne, er will dem Meere Land abgewinnen, träumt – inzwischen erblindet – von menschheitsbeglückenden technischen Großtaten, während hinter seinem Rücken Mephisto bereits das Grab schaufeln läßt. So gesehen, gehört das Faustische fraglos zur »Logik der Selbstausrottung« (wie Bahro sagt). Oswald Spengler dagegen geht in erster Linie von dem Unendlichkeitsstreben Fausts aus, seinem unersättlichen Erkenntnisdrang (»Daß ich erkenne, was die Welt im Innersten zusammenhält.«). Und so kann er etwa den großen Unendlichkeitsphilosophen Giordano Bruno (1548-1600) und Ludwig van Beethoven als typische Vertreter des faustischen (und damit abendländischen) Geistes herausstellen. Dabei übersieht er, daß Faust nur ganz zu Anfang des Dramas wirklich »faustische« Züge trägt, also *vor* dem Teufelspakt. Der an Mephisto Gebundene will nichts mehr wissen von »faustischer« Unendlichkeitssehnsucht und Erkenntnisqual. Wer also ist der ›richtige‹, der eigentliche Faust? Doch wohl der Partner des Teufels, der in seinem Erkenntnisstreben *Gescheiterte*! Der Goethesche Faust erweist sich als unfähig, seinen ins Kosmische hineinreichenden Willensimpuls produktiv umzusetzen; und nur deshalb hat er es dann nötig, sich mit dem Teufel zu verbünden, der alles korrumpiert und besudelt, was Faust in der Folge anpackt.

Die innere Widersprüchlichkeit Fausts ist also recht offenkundig. Und wenn der Goethesche Faust tatsächlich, wie Spengler meint, den Prototypus des abendländischen Menschen darstellt, dann wäre zu fragen, ob der Abendländer nicht einen im Ursprung großartigen und machtvoll-schöpferischen Willensimpuls, durch die Verkennung seiner spirituellen Möglichkeiten, pervertierte und damit ins Destruktive lenkte. Was sich als geschichtswirksam erwiesen hat, ist in erster Linie die Negativseite: das Patriarchale – als Frauen- und Naturfeindlichkeit –, der einseitige Rationalismus und die absurde Herrschaft der mathematischen Zahl, der puren Quantität, bei gleichzeitiger Mißachtung aller lebendig-ökologischen Zusammenhänge. Dane Rudhyar schreibt – und hier ist ihm voll zuzustimmen –: »Die moderne abendländische Zivilisation betet die Quantität an und erweist der Qualität wenig Ehre. Sie wird von der Zahl beherrscht – eine tyrannische Herrschaft, die kaum durch das Ideal sogenannter Demokratie abgeschwächt wird. In der Wissenschaft dominiert die Statistik, in der Politik die Auszählung von Stimmen, in der Geschäftswelt dominieren die Erwartung quantitativer Produktion und Profite.«[157] Rudhyar fährt dann fort:

Auch in unserer Musik herrschen Zahl und Maß, Quantität und Länge musikalischer Produkte. Der musikalische Vortrag wird nach der quantitativ festgelegten Genauigkeit (der exakten Tonhöhe) der erzeugten Klänge bewertet, nach deren Verhältnis zu vorausgegangenen, gleichzeitigen und folgenden Klängen. Hier sollte man lieber von Noten und nicht von Klängen sprechen, da die klassische westliche Musik sich vom Klang getrennt hat.[158]

Der Umschlag in den Irrtum, in die schlimme Fehleinschätzung der klassischen Musik des Abendlandes ist hier mit Händen zu greifen. Rudhyar sieht nicht die völlige Andersartigkeit von mathematischen und musikalischen Zahlen, die stets erneut betont werden muß, da hier der Kern der allenthalben verbreiteten Mißverständnisse liegt. In der Romantik ist dieser Unterschied zumindest geahnt worden. So schreibt etwa E.T.A. Hoffmann, der selbst ein beachtenswerter Komponist war, in einer Beethoven- Rezension von 1813:

Nur *der* Komponist drang wahrhaft in die Geheimnisse der Harmonie ein, der durch sie auf das Gemüt des Menschen zu wirken vermag; ihm sind die Zahlenproportionen, welche dem Grammatiker ohne Genius nur tote, starre Rechenexempel bleiben, magische Präparate, denen er eine Zauberwelt entsteigen läßt.[159]

Mit dem lebendigen Atem großer Musik haben die »toten, starren Rechenexempel« der Mathematiker nicht das mindeste zu tun.
Dies also gilt es zu begreifen: In Europa waltet ein gänzlich anderer schöpferischer Impuls als etwa in Indien oder China. Natürlich gibt es auch bei uns jenes ›asiatisch‹- meditative Element, so etwa in der Mystik von Meister Eckhart (den nicht zufällig Zen-Meister als geistesverwandt empfinden), und dieses Element spiegelt sich auch in der Musik – wieviel Eckhart ist doch in den langsamen Sätzen der Beethovenschen Streichquartette! Nur: Hinzu kommt ein anderes, ein auf *willensmäßige* Gestaltung gerichtetes Streben, ein »Dem- Schicksal-in-den-Rachen-Greifen« (wie Beethoven sagt). Dieser Willensimpuls hat auch zu tun mit Erkenntnis, mit Wissenschaft im besten Sinne des Wortes, mit der Sehnsucht nach der Weite des Kosmos, mit der Überzeugung von der Einmaligkeit und überragenden Bedeutung der ein-

zelnen schöpferischen Persönlichkeit. (Die Anthroposophen sprechen hier vom westlichen »Ich-Impuls«.) Es ist tragisch, daß diese Andersartigkeit auch von spirituellen Geistern häufig nicht klar gesehen und gewürdigt wird. Denn die Folgen sind verheerend. Die einseitige und meist unverarbeitete Ausrichtung auf asiatische Formen des Spirituellen negiert den eigenen kulturellen Wurzelgrund, mißachtet die schöpferische Potenz, die schöpferische Alternative im Schoße unserer Kultur, die sich insbesondere in der klassisch-romantischen Musik manifestiert. Aber keineswegs *nur* dort, sondern auch in der ökologisch-ganzheitlichen Denktradition seit der Renaissance, die bis in unsere Tage hineinreicht. So werden bedeutsame Gegenkräfte zur »Logik der Selbstausrottung« im Abendland selbst oft nicht wahrgenommen. Viel ist heute die Rede von der Notwendigkeit einer Synthese von östlicher Spiritualität und westlicher Naturwissenschaft oder Psychologie; nur findet sich, soweit ich sehen kann, nirgendwo ein angemessener Hinweis auf die Notwendigkeit einer Synthese ganz anderer Art: der *Synthese* nämlich *zwischen der klassischen Musik des Westens und den höchsten Formen meditativer Praxis des Ostens*, wobei ich hier schwerpunktmäßig den tantrischen Buddhismus meine, der ja ohnehin auch im Westen verbreitet ist. Wir müssen den spirituellen Impuls des Westens überhaupt erst einmal *als solchen* begreifen; mit Recht spricht Rudolf Bahro in seiner »Logik der Rettung« von der »noch unerlösten, uneingelösten Entwicklungslinie abendländischer Spiritualität«.[160] Zu dieser Unerlöstheit oder Uneingelöstheit gehört auch die große Musik. Es ist kein Zufall, daß erst nach der epochalen Tat Giordano Brunos (also der Überwindung des erdzentrierten Denkens in Richtung auf die Unermeßlichkeit des Kosmos) die abendländische Musik zu ihrem Höhenflug ansetzt, und zwar beginnend mit der Oper »Orfeo« von Claudio Monteverdi (1567-1643) aus dem Jahre 1607, also sieben Jahre nach Brunos Tod. In gewisser Weise sind die großen Musiker seit Monteverdi die eigentlichen Adepten Giordano Brunos: ihre Schöpfungen spiegeln in zunehmendem Maße das sich ins Kosmische weitende Bewußtsein, das dann in Mozart und Beethoven seinen Gipfel erreicht. Daß das Weltgefühl Beethovens dem Brunos sehr ähnlich ist, erschließt sich schon dem intensiven Hören, findet seinen Niederschlag aber auch in einigen *Äußerungen* Beethovens. Die folgenden Sätze, die Beethoven 1824 auf einem Spaziergang zu Johann Andreas Stumpff gesagt haben soll, mögen dies belegen:

Hier sitze ich oft stundenlang, und meine Sinne schwelgen in dem Anblick der empfangenden und gebärenden Kinder der Natur. Hier verhüllt mir die majestätische Sonne kein von Menschenhänden gemachtes Dreckdach, der blaue Himmel ist mein sublimes Dach. Wenn ich am Abend den Himmel staunend betrachte und das Heer der ewig in seinen Grenzen sich schwingenden Lichtkörper, Sonnen oder Erden genannt, dann schwingt sich mein Geist über diese soviel Millionen Meilen entfernten Gestirne hin zum Urquell, aus welchem alles Erschaffene strömt, und aus welchem ewig neue Schöpfungen entströmen werden. (...) Was ist Körper ohne Geist? Dreck oder Erde, nicht wahr? Der Geist soll sich aus der Erde erheben, worin auf eine gewisse Zeit der Götterfunken gebannt ist, und ähnlich dem Acker, dem der Landmann köstlichen Samen anvertraut, soll es aufblühen und viele Früchte tragen, und also vervielfältigt hinauf zur Quelle emporstreben, woraus es geflossen ist. Denn nur durch beharrliches Wirken mit den verliehenen Kräften verehrt das Geschöpf den Schöpfer der unendlichen Natur.[161]

Gehören also Mozart und Beethoven zum abendländischen Geist? Wenn dieser Geist sich als patriarchales Ego, als Lebens- und Naturfeindlichkeit, als Herrschaft der Quantität über die Qualität und damit als Grundlage der Großen Maschine bestimmen läßt, dann fraglos nicht. Dann repräsentieren beide – genauso wie Schubert oder Händel, wie Haydn oder Schumann – die Antithese schlechthin, den ›Anti-Geist‹. Dann ist jede authentische Bemühung um die Substanz der großen Musik ›subversiv‹, ist spirituelle ›Untergrundarbeit‹, die langfristig auf die innere Auflösung der lebensfeindlichen Megamaschine abzielt, auf die Rettung des Planeten. Werten wir aber die bekannten Negativsymptome des Abendlandes als ›Ungeist‹, als Pervertierung und Verhunzung eines im Kern ganz andersartigen und meist verdeckten Strebens, eines *schöpferischen* Impulses, dann wäre große Musik als Ausdrucksform dieses ›eigentlichen‹ Geistes zu verstehen (also *vor* dem Teufelspakt), der in der verdrängten Tiefe wohnt und noch seiner machtvollen, rettenden Manifestation harrt. Die Konsequenz beider Sichtweisen für die Wertung der Musik ist ohnehin vollkommen identisch: es bleibt uns aufgetragen, Mozart und Beethoven zu ›erlösen‹ oder einzulösen...

Beethoven als Zen-Meister der Musik

Wenn es ein Ziel der Meditation gibt, dann dies: zu unserer Eigentlichkeit vorzustoßen, die Hüllen des Alltags- und Oberflächenbewußtseins zu durchbrechen. Meditation ist Arbeit am Selbst, an der eigenen Wachheit und Bewußtheit – und alles andere als ein Vor-sich-hin-Dösen, alles andere als Trance und Trip. Gerade heute muß man dies betonen; gerade hier im Westen, der keine eigenständige Meditationstradition kennt und wo viele geneigt sind, alles Asiatische unverdaut zu übernehmen. Dennoch gibt es auch im Abendland vielfältige Formen des Meditativen, die häufig gar nicht als solche ausgewiesen werden, z.B. im Bereich der Kunst. Vergeistigte Beherrschung eines Instrumentes setzt einen meditativen Zustand voraus (man denke etwa an Pablo Casals oder Yehudi Menuhin). In ungleich stärkerem Maße ist der Akt des Komponierens ein zutiefst meditativer, jedenfalls was die zentrale Schicht der Inspiration anlangt. Komponieren ist nicht in allen Phasen meditativ; aber ohne Versenkung in eine andere Bewußtseinsdimension ist die Urmusiksphäre nicht erreichbar. Alle großen Musiker waren im Innersten meditative und spirituell orientierte Menschen. Und sicher war ihre Arbeit stets ein Stück Yoga im Sinne von »Anjochung«: also Anjochung des Selbst an die (göttliche) Urmusiksphäre. Fraglos gehört Beethoven zu den meditativsten Musikern. Ich möchte sogar so weit gehen, ihn als einen der größten Meditationsmeister überhaupt zu bezeichnen (also auch außerhalb der Musik). »Zusammengefaßter, energischer, inniger habe ich noch keinen Künstler gesehen. Ich begreife recht gut, wie er gegen die Welt wunderlich stehen muß.« (Goethe über Beethoven im Jahre 1812)[162] Zugleich war Beethoven Revolutionär, genauer: Kulturrevolutionär. Und dieses – durchaus tantrische – Spannungsverhältnis macht sicher einen Teil der Faszination aus, die Beethoven bis heute auf sensible Menschen ausübt. Bleiben wir zunächst bei der mystisch-meditativen, der Meister-Eckhart-Schicht.

Um den Schüler herauszuholen aus dumpfer Ich-Befangenheit, aus dem Käfig der Ratio und des fruchtlosen Denkens, haben sich spirituelle Meister seit je außergewöhnlicher, ja absonderlich scheinender Methoden bedient, und zwar bei den Sufis genauso wie bei den Zen-Buddhisten oder den tantrischen Buddhisten. Verschiedentlich ist gar von überraschend ausgeübter physischer Gewalt gegenüber dem Schüler die Rede. Der Zweck ist stets der gleiche: Mittels der unweigerlich eintretenden Schockwirkung dem Schüler zur Wachheit zu verhelfen, ihm den Boden der intellektuellen Scheinsicherungen wegzuziehen. Eine der zentralen Methoden im japanischen Buddhismus ist die Koan-Meditation, die von dem großen Zen-Meister Hakuin (1685-1768) systematisiert wurde. Koans sind meist Sätze mit Aufforderungscharakter, über die der Schüler meditieren soll; sie sind logisch oder intellektuell oft unsinnig bzw. enthalten eine Forderung, deren Erfüllung unmöglich erscheint (und es in einem vordergründigen Sinne auch *ist*). Das wohl berühmteste aller Koans stammt von Hakuin, der, eine Hand hochhaltend, seine Schüler aufforderte, dem *Ton der einen Hand* zu lauschen. Ein wahrhaft bodenloses Koan und so recht geeignet, den Verstand in sich selbst kreisen zu lassen und ihn gnadenlos an seine eigenen Grenzen zu führen.

Lausche dem Ton der einen Hand! Das ist das Ur-Koan oder Wurzel-Koan und hat nicht zufällig mit dem Hören zu tun: mit dem Hören des Unhörbaren. Es geht um nichts weniger als um den Klang hinter dem Klang, in diesem Falle: hinter dem Nicht-Klang, eben dem der einen Hand. Das Koan wird zum zentralen Meditationsgegenstand, zur Achse des Denkens und Wollens; und häufig geht der Schüler durch viele Verzweiflungen hindurch, bis er das lernt, was zu lernen ist und was sich immer wieder neu darstellt: daß der Intellekt zerbrechen und derart den Weg freigeben muß für das Eigentliche, das Wesentliche, für die Essenz des Seins, die nun im Aufblitzen eines befreienden Moments erfahren wird. Die Japaner bezeichnen dies als Satori. (Satori ist nicht einfach *die* Erleuchtung, wie oft angenommen wird; es gibt in Wahrheit viele Stufen des Satori.)

»Euer Hakuin ist Beethoven.« Dieses Wort des Japaners Dankei Soseki[163] ist an die Adresse des Westens gerichtet. Wir sollten es beherzigen, was allerdings voraussetzt, daß wir es zunächst einmal verstehen. Und dieses Verstehen setzt eine gänzlich andere Art des Hörens voraus als die gemeinhin praktizierte (also jene Mischung aus ästhetischen, intellektuellen und emotionalen Empfindungen). Sensible Japaner haben kein Problem damit, Beethoven mit ihrem größten Zen-Meister zu vergleichen und uns aufzufordern, dieser Parallelität nachzuspüren. Gemeint ist ja folgendes: Was für die japanische Zen-Kultur der große Meister Hakuin bedeutet, könnte (und sollte) Beethoven für die abendländische Kultur bedeuten. Faktisch bedeutet er es nicht; schon allein deshalb, weil die Musik – ungleich dem Zen in Japan – keinen wirklich kulturprägenden Impuls im Westen darstellt. Ja man weiß hier gar nicht, wie ein derartiger Kulturimpuls aussehen könnte. (Die verschiedenen Musikfestspiele geben ja nur eine schwache Ahnung von dem, was – eine andere Grundhaltung zu Musik und Kultur vorausgesetzt – möglich wäre.) Es ist ein viel bestauntes Phänomen, daß in Japan trotz Übernahme westlicher Technokratie die Prägekraft des Zen überall spürbar bleibt.– »Euer Hakuin ist Beethoven.« Dieser Satz könnte selbst als Koan eingesetzt werden. Wir müssen – endlich – begreifen, welche Dimensionen des Seins durch die große Musik, in diesem Falle die Musik Beethovens, erschlossen werden. Im Grunde ist es ein Skandal, daß hier im Westen beinahe nichts von all dem begriffen wird, jedenfalls nicht in jener Größenordnung und Intensität, die erforderlich ist, um bewußtseinsverändernd zu wirken. Die Menschen sitzen in den Konzertsälen, bewundern und beklatschen die Interpreten und ahnen meist gar nicht, worum es wirklich geht. Beethovens eigene Worte über seine Musik finden kaum Beachtung bzw. werden nicht wirklich ernst genommen.

Bettine von Arnim (1785-1859), jene hochsensible Romantikerin (die sicher *auch* eine große Fabuliererin war) überliefert uns einige der aufschlußreichsten Äußerungen Beethovens (aus dem Jahre 1810). Diese mögen im Detail stilisiert sein; im Grundsätzlichen sind sie sicher authentisch. Auch haben wir keinen Anlaß, Bettines überbordende Begeisterung herunterzuspielen oder zu belächeln. Tatsache ist, daß sie Beethoven in seiner ganzen Größe gewürdigt hat, und darin war sie fast allen ihrer Zeitgenossen weit voraus. Von Bettine ist auch das Beethovenwort überliefert, das ich als eines der Motti zu diesem Buch gewählt habe. Beethoven zu Bettine:

Sprechen Sie dem Goethe von mir, sagen Sie ihm, er soll meine Sinfonien hören, da wird er mir recht geben, daß Musik der einzige unverkörperte Eingang in eine höhere Welt des Wissens ist, die wohl den Menschen umfaßt, daß *er* aber nicht *sie* zu fassen vermag. (...) Sich selbst ihren unerforschlichen Gesetzen unterwerfen, vermöge dieser Gesetze den eigenen Geist bändigen und lenken, daß er ihre Offenbarungen ausströme, das ist das isolierende Prinzip der Kunst; von ihrer Offenbarung aufgelöst werden, das ist die Hingebung an das Göttliche, das in Ruhe seine Herrschaft an dem Rasen ungebändigter Kräfte übt und so der Phantasie die höchste Wirksamkeit verleiht. So vertritt die Kunst allemal die Gottheit, und das menschliche Verhältnis zu ihr ist Religion; was wir durch die Kunst erwerben, das ist von Gott, göttliche Eingebung, die den menschlichen Befähigungen ein Ziel steckt, das er erreicht.[164]

Wenn ich die Augen aufschlage, so muß ich seufzen, denn was ich sehe, ist gegen meine Religion, und die Welt muß ich verachten, die nicht ahnt, daß Musik höhere Offenbarung ist als alle Weisheit und Philosophie...[165]

Musik gibt dem Geist die Beziehung zur Harmonie. Ein Gedanke, abgesondert, hat doch das Gefühl der Gesamtheit der Verwandtschaft im Geist; so ist jeder Gedanke in der Musik in innigster, unteilbarster Verwandtschaft mit der Gesamtheit der Harmonie die Einheit.[166]

Jeder musikalische Gedanke – also doch wohl die thematisch- motivische Grundeinheit einer Komposition – wird hier zur Monade im Sinne der Philosophie Giordano Brunos: zum Spiegel des Ganzen, zum Spiegel der Einheit. Man verändere die Wortwahl ein wenig, und die Beethoven-Sätze werden zu zen-buddhistischen oder tantrisch-buddhistischen Aussagen. Der Hinweis auf die Bändigung und Lenkung des Geistes als Ermöglichung der musikalischen Offenbarung verweist auf den meditativen Grund der schöpferischen Arbeit, der als solcher hier nicht näher beschrieben wird. (Dennoch sollte seine Existenz nicht bezweifelt werden.) Die meisten jener Texte asiatischer Spiritualität, die uns heute vorliegen, waren zur Beethoven-Zeit noch nicht ins Deutsche übersetzt; ansonsten hätte sich Beethoven ihrer mit Sicherheit bedient, um die eigenen Meditationserfahrungen und die eigene Religiosität zu verdeutlichen. Zusätzlich sollte nicht vergessen werden, daß Beethoven über weite Strecken seines Lebens hinweg fast völlig taub war, also um so mehr auf das innere, meditative Hören angewiesen. In seinen Aufzeichnungen findet sich ein Auszug aus einem altindischen Text, dessen Herkunft nicht geklärt werden konnte (vom Duktus her könnte es sich um die Upanishaden handeln), was darauf hindeutet, daß Beethoven die altindische Philosophie und Religion als geistesverwandt betrachtete. In diesem Auszug heißt es u.a.: »Gott ist immateriell, deswegen geht er über jeden Begriff; da er unsichtbar ist, so kann er keine Gestalt haben. Aber aus dem, was wir von seinen Werken gewahr werden, können wir schließen, daß er ewig, allmächtig, allwissend und allgegenwärtig ist. Was frei ist von aller Lust und Begier, das ist der Mächtige, er allein. Kein Größerer ist als er. Brahma: sein Geist ist verschlungen in sich selbst. Er, der Mächtige, ist in jedem Teile des Raums gegenwärtig. (...) O, Gott, du bist das wahre, ewig selige, unwandelbare Licht aller Zeiten und Räume. (...) Du warst vor allem, was wir verehren: dir sei Lob und Achtung! Du allein bist der wahrhaft Selige

(Bhagvan); du, das Wesen aller Gesetze, das Bild aller Weisheit, der ganzen Welt gegenwärtig, trägst du alle Dinge.«[167] In diesen Sätzen spiegelt sich die Beethovensche Religiosität in reinster Form.

Bettine gegenüber gibt Beethoven einen bis heute kaum gewürdigten Hinweis auf die Art der meditativen Inspiration: »Alles Elektrische regt den Geist zu musikalischer, fließender, ausströmender Erzeugung. Ich bin elektrischer Natur.«[168] Jeder, der mit Konzeption und Praxis der tantrisch-buddhistischen Meditation ein wenig vertraut ist, ahnt sofort, daß hier auf eine bestimmte Arbeit mit den feinstofflichen Energien angespielt wird, welche die Energiezentren (Chakras) öffnet. Aber ich will diese Bezüge nicht überbewerten; *daß* es sie gibt, erscheint mir unbezweifelbar.– Beethoven war ein Meditationsmeister ›in eigener Sache‹. Er war wirklich, was viele heute sein wollen (und was wir alle heute anstreben *müssen*, um zum Frieden mit der Erde zu gelangen): nämlich *ganz*. So ist auch seine Musik *ganz*; sie umspannt alle Ebenen des menschlichen Seins, die gesamte Stufenleiter der Energiezentren vom Muladhara- Chakra (Wurzel-Zentrum) bis hinauf zum Sahasrara-Chakra (Scheitel-Zentrum). Beethovens Musik kündet vom Weg einer großen Seele, der auch ein Einweihungsweg ist, ein Weg des Opfers. Und was Lama Govinda über den Weg der Erleuchtung schreibt, wird wohl in keiner Musik deutlicher als in derjenigen Beethovens:

Dieser Weg ist nicht nur ein milder Tugendpfad, wohlwollender Gefühle und friedlicher Verzichte, sondern ein Weg über »schreckensvolle Abgründe«, wie es im Bardo Thödol heißt (im tibetischen Buch der Toten, J.K.), ein Weg, in dem wir allen Abgründen unseres Seins, unserer Leiden und Leidenschaften ins Auge blicken, ein Weg heroischen Kampfes und ekstatischer Befreiungen, ein Weg, auf dem nicht nur die friedlichen, sondern auch die heroischen und »bluttrinkenden Gottheiten« unsere Begleiter sind. Und sofern wir nicht unser eigenes Herzblut opfern, können wir nicht das Ende dieses Weges erreichen, und das Mysterium des Körpers, der Rede und des Geistes begreifen und verwirklichen.[169]

Wie kein anderer der Großen in der Musik gewährt Beethoven, zumindest phasenweise, gewisse Einblicke in die von ihm gegangenen *Weg*. Im Gegensatz dazu präsentiert Mozart ausschließlich *Ergebnisse*; von seinem Weg erfährt man nicht das geringste. An der thematisch-motivischen Arbeit der späten Klaviersonaten Beethovens beispielsweise kann man, mit einiger Konzentration, heraushören, wie sich melodische Figurationen kämpferisch herausarbeiten aus dem wuchtig aufge-

schichteten Klangmaterial, wie jeder Ekstase, jeder lichtvollen Steigerung ein mühevoller Klärungsprozeß vorausgeht. Bei Mozart oder
Haydn, aber auch bei Bach und Händel ist dies *so* nicht spürbar. Alle
Klarheit wird bei Beethoven kämpferisch errungen gegen einen bro-
delnden Vulkan; und nicht von ungefähr bezeichnet er sich einmal –
wieder Bettine gegenüber – als Bacchus (= Dionysos).[170] Zum Dionysischen gehört auch das Element des »Elektrischen«, das Fließen und
Strömen der feinstofflichen Energien.

In der Schrift »Oper und Drama« von Richard Wagner (1851) heißt es:
»Um *Mensch* zu werden, mußte Beethoven ein *ganzer,* d.h. gemeinsa-
mer, den geschlechtlichen Bedingungen *des Männlichen und Weiblichen* unterworfener Mensch werden.«[171] Eine erstaunliche Aussage, die
der Deutung bedarf. Worum geht es hier? Man weiß, daß Beethoven
das Leben eines Asketen geführt, daß er keine erfüllte Liebesbeziehung
gekannt hat. Und dennoch waren Yin-Energie und Yang-Energie –
Weibliches und Männliches – in seinem Innern harmonisch ausbalan-
ciert und in Fluß: die Natur in ihm (mit Jung gesprochen: seine Anima)
war erlöst. Was es an Blockierungen gegeben haben mag, wurde im
meditativen Arbeitsprozeß stets erneut verflüssigt. Beethoven ist ein
eindrucksvolles Beispiel für das, was in asiatischen Yoga- Traditionen
häufig behauptet wird: daß nämlich der Yogi auf dem Wege der Vollendung die weiblichen Energieanteile seines Innern vollständig zu er-
wecken und schöpferisch zu integrieren vermag, ohne daß es dazu einer
konkreten Liebespartnerin bedarf. Allerdings wird dies extrem selten
sein. Die meisten bedürfen sehr wohl des gegengeschlechtlichen Part-
ners, um mit sich und der Natur wirklich ins Lot zu kommen.

Spiritualität und Meditation bei Mozart

Die spirituellen und meditativen Schichten des Mozartischen Werkes,
die denen des Beethovenschen in keiner Weise nachstehen, sind gleichwohl schwieriger zu ›fassen‹. Nicht zuletzt wegen der völligen Unzu-
gänglichkeit und Rätselhaftigkeit des *Menschen* Mozart. »Das Rätsel
Mozart liegt ja eben darin, daß sich der ›Mensch‹ als Schlüssel versagt.«
(W. Hildesheimer)[172] Also im Gegensatz zu Beethoven, wo die Konturen des Menschen ihren erkennbaren Ausdruck im Werk gefunden
haben. Mozart hat sich bis heute dem Zugriff seiner Deuter und Bio-

graphen entzogen. Niemand hat dies schlüssiger herausgearbeitet als W. Hildesheimer in seinem berühmten Mozart-Buch (dem wohl bedeutendsten seiner Art). »Beethoven wollte ›der leidenden Menschheit helfen‹ – die Gesellschaft verändern, wie heute manche behaupten, und ein Korn Wahrheit ist daran –, und nicht zuletzt in seinem ethischen Wollen liegt seine Größe. Mozart wollte nichts dergleichen.« (Hildesheimer)[173] Zumindest vordergründig nicht, nicht auf der Ebene des wachen Bewußtseins und der Worte. Was ihn – Mozart – bewegte, war die Bejahung der kosmischen Ordnung, des Weltgesetzes, durch das Medium seiner Musik. Hierin wurzelt seine Universalität und souveräne Losgelöstheit von jeder Winkelperspektive. Für ihn war wirklich (wie der Mozart-Forscher Alfred Einstein schreibt) jede falsche Note »eine Verletzung der Weltordnung«.[174]

Man geht sicher nicht fehl, die Mozartische Musik als die reinste, unverfälschteste Widerspiegelung des Weltgesetzes zu werten – und demgemäß zu hören; eines Weltgesetzes, das eben wesensmäßig von ›eingefalteten‹ Klängen bestimmt wird. Ich erinnere an meine Ausführungen über die Urmusiksphäre. Setzen wir für Weltgesetz das altchinesische Wort *Tao*, so wäre Mozart als der wohl größte ›Taoist‹ der Musikgeschichte zu betrachten. Ein ›Taoist‹ jedoch, der – als Mensch – keinerlei Ähnlichkeit aufweist mit den in Asien bekannten Formen taoistischer Spiritualität. Mozart war fundamental anders. Das macht ihn zum unauflösbaren Rätsel. Die meditativen, spirituellen Fähigkeiten, von denen seine Musik in so reichem Maße kündet, sind anders (und in gewisser Weise sogar tiefer) gelagert, als dies bei Beethoven der Fall ist, der in dieser Hinsicht erheblich mehr ›Asiatisches‹ in sich birgt. Mozart hatte beileibe nichts ›Asiatisches‹; von der asiatischen Spiritualität aus gesehen, bleibt er ähnlich unbegreiflich wie aus dem Blickwinkel der im Abendland herrschenden Geistesformen.

Bruno Walter schreibt über Mozart – und seine Worte können hier für die Einschätzung vieler stehen –, daß Mozarts Herz »von einer transzendentalen Harmonie erfüllt« gewesen sei, »die auf sein Künstlertum entscheidenden Einfluß ausübte«.

Alles, was er schuf – seine dramatischen und vokalen Werke wie seine absolute Musik, letztere auch, wo sie dissonanten Gefühlen stärksten Ausdruck gab – bewahrte aus dieser unirdischen Sphäre die Obertöne einer ›jenseitigen‹ Konsonanz.[175]

Diese Bemerkung des großen Dirigenten, der wie wenige andere etwas wußte oder ahnte von den im Kosmos waltenden Klängen, sollten nicht als metaphorisch oder poetisch abgetan werden. Sie sind ›buchstäblich‹ oder ›wörtlich‹ zu nehmen. Mozart lebte und wirkte beinahe unaufhörlich in der Aura, in den Emanationen der Urmusiksphäre, gleichgültig, was er jeweils als Erscheinungswesen tat. Ungleich Beethoven oder Schubert, die nur vormittags komponierten, kannte er keine zeitliche Begrenzung für seine schöpferische Arbeit (man weiß, daß er es liebte, auch nachts zu komponieren). Auch Gespräche mit anderen Menschen, Billardspielen u.ä. hielten ihn nicht davon ab, seinen Klanginspirationen nachzugehen und an ihnen zu arbeiten. So ist die Mozartische Musik mitunter von einer fast übermenschlichen Klarheit, Durchsichtigkeit und künstlerischen Balance und ruft stets erneut unser Staunen, unsere Bewunderung hervor.

Der Mozart-Forscher Aloys Greither hat, am Beispiel der Behandlung von Rhythmus und Dynamik, die prinzipiellen Unterschiede zwischen Mozart und Beethoven deutlich gemacht, wodurch zugleich (ohne daß dies beabsichtigt wäre) die Verschiedenartigkeit der meditativen und spirituellen Dimension dieser beiden Riesen der Musikgeschichte erkennbar wird:

Bei Mozart kommt der Einsatz schnell, der Ton steht sofort fertig in seinen klaren Konturen da. Bei Beethoven wird der volle Einsatz über ein crescendo (= allmähliches Anschwellen der Lautstärke, J.K.) erreicht, er ist gewaltsamer, erzwungener. Er wirkt nicht nur gepreßter, sondern die – bei Mozart scharfen – Konturen werden durch Mischklänge mit Übergangscharakter abgemildert. Sie formen sich langsamer, mit mehr Anstrengung. Mozart und Beethoven spielen gern mit chromatischen Gängen; aber bei Mozart wiegen sie leichter, sie sind spielerischer gebraucht. (...) Bei ihm (Beethoven) sind die Durchgänge nicht neutral in ihrer natürlichen Dynamik wie bei Mozart, sondern sie werden mit einer vom Schöpfer kommenden Energie aufgeladen. Die Töne singen bei Beethoven in Bedrängnis, bei Mozart singen sie frei. (...) Beethoven kommt zu rhythmischen Akzenten durch eine aktive, bewußt in den Klang geballte Anstrengung und Kraftfülle. Mozart vergeistigt die natürliche Schwere, die er als Weltordnung akzeptiert, durch die Erhabenheit und Reinheit seiner musikalischen Gedanken; Beethoven ersetzt die natürlichen Schwereverhältnisse, derer er nicht wie Mozart froh werden kann, durch eine eigene entgegengesetzt tendierende Dynamik. Und so erhält der Rhythmus, durch die Energie seines Strebens, durch Anstrengung und Überwindung, ein sittliches Gewicht: Beethoven ersetzt die natürliche, von Mozart anerkannte, aber spirituell umgeschaffene Weltordnung durch die Kategorien des Ethos und des Idealen.[176]

Sehr schön hat Greither in den zitierten Sätzen die taoistische Komponente im Schaffen Mozarts der eher gewaltsam-willensmäßigen bei Beethoven gegenübergestellt. (Natürlich gibt es auch bei Beethoven taoistische und bei Mozart willensmäßige Komponenten, und nichts wäre verfehlter, als hier starre Schemata zu errichten; gleichwohl bleibt die grundlegende, sich dem wachen Hören erschließende Differenz unbezweifelbar.) »Mozart ist in der Musik eines der schwersten Kapitel: weil er die Vollendung ist. (…) Man lernt nie aus bei ihm.« (Ermanno Wolf- Ferrari)[177] Dies also gilt es zu begreifen. Und so gilt es, Mozart zu hören.

Das Äußerste an Herausforderung (an Hörer und Interpreten) besteht heute wie vor zweihundert Jahren. Und in Abwandlung des Schlußsatzes aus Hermann Hesses Roman »Der Steppenwolf« (in dem ja Mozart eine zentrale Rolle spielt) ließe sich formulieren: »Mozart wartet auf uns.« …

Musik und Kulturrevolution

Der Hakuin-Beethoven-Vergleich weist nicht nur auf das, was ich die Meister-Eckhart-Schicht in Beethoven nenne, sondern (indirekt) auch auf den in der Beethovenschen Musik enthaltenen kulturrevolutionären Impuls. Man könnte hier von der Martin- Luther-Schicht Beethovens sprechen; denn fraglos war Luther in einer Schicht seines Wesens und Wirkens ein großer Kulturrevolutionär. Neben dem Meditationsmeister also gilt es den Kulturrevolutionär Beethoven zu begreifen! Es war Bettine von Arnim, die dies als erste erkannte. In ihrem bereits mehrfach zitierten Brief an Goethe (aus dem Jahre 1810) heißt es:

Er (Beethoven) führte mich zu einer großen Musikprobe mit vollem Orchester, da saß ich im weiten unerhellten Raum in einer Loge ganz allein. (…) Da sah ich denn diesen ungeheuren Geist sein Regiment führen. O Goethe! Kein Kaiser und kein König hat so das Bewußtsein seiner Macht, und daß alle Kraft von ihm ausgehe, wie dieser Beethoven. (…) Dort stand er so fest entschlossen, seine Bewegungen, sein Gesicht drückten die Vollendung seiner Schöpfung aus, er kam jedem Fehler, jedem Mißverstehen zuvor, kein Hauch war willkürlich, alles war durch die großartige Gegenwart seines Geistes in die besonnenste Tätigkeit versetzt.– Man möchte weissagen, daß ein solcher Geist in späterer Vollendung als Weltherrscher wieder auftreten werde.[178]

Halten wir uns nicht bei dem Pathos dieser Sätze auf. Eindrucksvoll beschreibt hier Bettine, in einem visionär gesteigerten Bild, das kulturrevolutionäre Element in Beethoven. Es geht ja nicht einfach darum, daß der genialste Künstler zugleich auch herrschen soll, sondern um den in der Musik verborgenen *Zukunftsimpuls*, um Beethoven »in *späterer* Vollendung«. Es geht um eine grandiose Utopie, die sich so formulieren ließe: Das, was die Essenz Beethovens und seiner Musik ausmacht, sollte und müßte eigentlich die Gesellschaft bestimmen, und zwar global!

Erst Richard Wagner hat diesen Gedanken, in etwas abgewandelter Form, weitergetragen; seine ursprüngliche Festspielidee ist ein kulturrevolutionär geprägtes Programm. Das heutige Bayreuth, ja eigentlich schon das Bayreuth von 1876, hat damit nicht mehr viel zu tun. In einem Brief an seinen Freund Theodor Uhlig (seines Zeichens Musikschriftsteller und Violinist) schreibt Wagner u.a. (12.11.1851):

Mit dieser meiner neuen Konzeption trete ich *gänzlich* aus allem Bezug zu unsrem heutigen Theater und Publikum heraus: ich breche bestimmt und für immer mit der formellen Gegenwart. (...) An eine *Aufführung* kann ich erst *nach der Revolution* denken: erst die Revolution kann mir die Künstler und die Zuhörer zuführen. Die nächste Revolution muß notwendig unsrer ganzen *Theaterwirtschaft* das Ende bringen: sie müssen und werden alle zusammenbrechen, dies ist unausbleiblich. Aus den Trümmern rufe ich mir dann zusammen, was ich brauche: ich werde, was ich bedarf, *dann* finden. Am Rheine schlage ich dann mein Theater auf und lade zu einem großen dramatischen Feste ein ...[179]

Was Wagner hier unter Revolution versteht, hat keine direkte Beziehung mehr zu der (gescheiterten) Revolution von 1848/49, an der er selbst teilgenommen hat. Es geht um weit mehr. Und einzig der Begriff »Kulturrevolution« beschreibt die Wagnersche Idee von der Musik als einer kulturprägenden, bewußtseinsverändernden Macht (wobei bei Wagner stets die lebendige Funktion der griechischen Tragödie im klassischen Athen als eine Art Kulturmuster mitgedacht war). In dem ursprünglichen Schluß seiner »Mitteilung an meine Freunde« (gleichfalls 1851) schreibt Wagner, daß er »als Künstler« an der »schaffenden Vernichtung der modernen Welt mittätig« sei.

Fragt ihr daher, unter welcher Benennung ihr das fassen wollt, was ich bin, so sage ich: ich bin weder Republikaner, noch Demokrat, noch Sozialist, noch Kommunist, sondern – künstlerischer Mensch, und als solcher überall, wohin mein Blick, mein Wunsch und mein Wille sich erstreckt durch und durch Revolutionär, Zerstörer des Alten im Schaffen des Neuen![180]

Hierzu bemerkt der Wagner-Forscher Peter Wapnewski: »... in diesem Pathos einer Kultur-Neugründung ist Wagner typischer Romantiker!«[181] Schon Novalis hatte in seiner spirituell-politischen Abhandlung »Die Christenheit oder Europa« von 1799 der »heiligen Musik« die Dimension des Kulturrevolutionären und Friedenstiftenden zugesprochen.[182] Bezugnehmend hierauf bemerkt der Schopenhauer-Biograph Rüdiger Safranski (in durchaus unberechtigter Ironie): »Das Selbstbewußtsein Beethovens, der im General Bonaparte seinesgleichen und im Kaiser Napoleon einen von ihm Abgefallenen sieht, bewegt sich durchaus auf der Höhe solcher Ambitionen. Nicht erst Wagner, schon Beethoven fühlte sich als eine Art Religionsstifter.«[183] Noch der Nietzsche-Freund und -Mentor, also der Wagner der späten Tribschener und frühen Bayreuther Jahre, war dieser Kulturschöpfungs-Idee verbunden, die ja im Kern auf die Schaffung eines *neuen Menschen* abzielt: ein auch heute noch – oder wieder – aktueller Gedanke. Das, was Wagner und den frühen Nietzsche verband, war das Ziel der »Veränderung der deutschen Kulturzustände, der Kampf gegen den Zeitgeist, eine Art Renaissance oder Reformation, mit dem Wagnerschen Gesamtkunstwerk als Mittelpunkt«.[184] Zu Cosima sagt Wagner am 3.10.1871: »Ach! Überhaupt, wenn die Musik nicht dazu bestimmt ist, unsere ganze Welt neu zu beleben, ist sie nicht mehr viel wert.«[185] Und dabei dachte er nicht ausschließlich an die eigene Musik (wenn auch wohl primär), sondern auch an diejenige des von ihm bewunderten und ›wagnerisierten‹ Beethoven. Leider wissen wir nur zu gut, was dann – seit 1933 – ein fanatischer Wagnerjünger in Deutschland in Szene setzte, der sich genau von jenem Welterneuerungsimpuls des Bayreuther Meisters beseelt glaubte und der Teile seiner Politik als vulgarisiertes ›Wagner- Spektakel‹ betrieb. Ja, Hitler hat sich phasenweise geradezu mit Wagner identifiziert. Und sicher ist die NS-Politik die schlimmste denkbare Verunstaltung des kulturrevolutionären Wollens, wie es bei Bettine von Arnim, Richard Wagner und dem frühen Nietzsche zutage tritt.

»Wer möchte zweifeln«, schreibt Nietzsche 1875, »daß eine Gesellschaft, die den wahren Geist Beethovenscher Musik in sich aufgenommen hat, unserer jetzigen Gesellschaft, in Staatsform, Erziehung usw., sehr wenig ähnlich sehen würde.«[186] Diesen »wahren Geist Beethovenscher Musik« gilt es heute zur bewußtseins- und kulturprägenden Kraft werden zu lassen. Dies kann nur geschehen als Teil jenes Bewußtseinsumbruchs, der allenthalben zu beobachten ist. Zu Recht spricht Rudolf Bahro von einem »Geisterbund«, der im Entstehen begriffen sei und sich langfristig in einer »neuen deutschen Reformation« auswirken könnte.[187] Wir müssen im großen Stil Handelnde *und* Meditierende sein. Dabei geht es wahrlich nicht darum, nun Beethoven zum Guru oder Propheten einer neuen Kultur auszurufen, der gläubige Anhängerschaft erheischt; nicht eine neue Spielart des Messianismus also ist das Gebot dieser geschichtlichen Stunde, sondern etwas erheblich Subtileres (auch Schwierigeres), das beim einzelnen und *im* einzelnen ansetzt. Wer sich dem Geisterbund einer künftigen Regenbogenordnung zugehörig fühlt und innerlich auf deren Verwirklichung hinarbeitet, sollte mit sich selbst beginnen, mit dem, was er täglich und stündlich tut. Nur als Verwandelte – und zwar in Richtung auf den integralen Menschen Verwandelte – können wir langfristig auch die Bleigewichte der Außenwelt bewegen. Und für viele, wenn auch nicht für alle, wird dabei eine neue Art und Intensität des Hörens hilfreich sein. Dieses neue, gesteigerte Hören (auf allen Ebenen, also auch in Form des Musik*machens*) wird notwendig neue Kristallisationspunkte im Lebensablauf schaffen, neue Feste und Festivals und kultisch- spirituelle Zusammenhänge, eine neuartige Form der Integration von Musik in den eigenen Lebensentwurf. Dies erfordert eine umfassende Entrümpelung und Entbürgerlichung Beethovens, der großen Musik überhaupt, eine neue ›Respektlosigkeit‹, die gerade aus einem hohen Maße an Respekt und Verehrung erwächst, aus der Einsicht in das Sakrale und Kosmische der Musik. Überzüchtetes Virtuosentum und der ganze Rummel der Eitelkeiten in der Musikszene werden damit schwerlich zu vereinbaren sein. Musikalische Praxis muß sich einbinden in neu-alte Rituale, in neu-alte Kultformen: also Rituale und Kultformen, deren Formalstruktur sich aus Elementen der Tradition speisen kann, die aber mit dem neuen, menschheitsgeschichtlich einmaligen Geist der Regenbogenordnung, der globalen Regenbogengesellschaft durchdrungen sein werden. Es gibt genügend geomantisch bedeutsame Punkte auf diesem Planeten, die noch der Beseelung durch musikalische Rituale harren. Die Salzburger Festspielidee, ist ein großartiger *Ansatz*, nur in der heute praktizierten Form weitgehend wertlos: ein Jahrmarkt des Geldes und des Exhibitionismus (was natürlich nicht ausschließt, daß mitunter hervorragende künstlerische Leistungen dargeboten werden). Salzburg ist ein geomantisch bedeutsamer Ort, ein Ort der Kraft, und nicht von ungefähr die Geburtsstadt des universellsten aller Musiker: Mozarts. Die Regenbogenkultur bedarf einer bis heute kaum bekannten musikalischen Geomantie. Hier eröffnet sich ein schier unermeßliches Feld spiritueller Forschung. Die dichterische Vision Doris Lessings – bzw. Charles Watkins' in dem Roman »Anweisung für einen Abstieg zur Hölle« – kann Wirklichkeit werden, wenn es uns gelingt, das Klang-Mandala unseres Innern zur Ganzheit zu fügen, es durchlässig und wach werden zu lassen, aufnahmebereit für die Klangströme des Kosmos. Das hat stets auch eine ökologische Dimension: Spirituelle, meditative Arbeit am Klang und mit dem Klang ist zugleich Arbeit an der Erde, Arbeit *für* die Erde bzw. deren Erhalt.

8
Musik als Schlüssel

Das Glasperlenspiel

Musik des Weltalls und Musik der Meister
Sind wir bereit in Ehrfurcht anzuhören,
Zu reiner Feier die verehrten Geister
Begnadeter Zeiten zu beschwören.

(Hermann Hesse)[188]

Hinweise zum Klang-Yoga

Der Schluß fließt wieder in den Ausgangsimpuls zurück. Der Kreis rundet sich.

In allem bisher Ausgeführten scheinen die Grundprinzipien einer Klang-Yoga-Lehre hindurch, wie sich diese in mir im Laufe langer Jahre der meditativen Auseinandersetzung mit großer Musik herausgebildet hat. Diese Klang-Yoga-Lehre ist ein ›offenes System‹, ein zuhöchst subtiler, lebendiger Komplex, also alles andere als eine starre, fest umrissene oder gar dogmatische Größe. Und so möchte ich in diesem letzten Kapitel keineswegs eine systematisierte oder stufenmäßig aufgebaute Lehre des neuen, initiatorischen Hörens darstellen, dessen wir so dringend bedürfen. Ich kenne das Verlangen vieler spirituell orientierter Menschen, sich einer sicheren Führung anzuvertrauen, sich gleichsam bei der Hand nehmen und behutsam den Weg weisen zu lassen. Dieses Verlangen ist verständlich und völlig legitim, aber im Falle der großen Musik nur mit Einschränkungen zu befriedigen. Anstöße können gegeben werden, Impulse, erinnernde Hinweise, gewisse Leitlinien oder Prinzipien, aber ein *Lehrgang* jener von mir angestrebten Weise des Umgangs mit Musik ist kaum möglich, wahrscheinlich auch gar nicht wünschenswert oder sinnvoll. Hier kommt, mehr als anderswo, *alles* auf die Wachheit und Sensibilität des einzelnen an. Erlernbar ist die technische und theoretische Seite der Musik, und es gibt eine Fülle an Wissenswertem, auch in bezug auf die Geschichte der Musik und ihrer Wirkung. Nur berührt all dies, so wichtig, ja unverzichtbar es ist, nicht die Essenz, das Eigentliche der Musik: die kosmisch-sphärische Schicht. Der Zugang zu dieser Schicht ist nicht wirklich erlernbar, nicht wirklich vermittelbar. Gleichwohl gibt es Brücken, Vorformen, Vorstufen, die alle etwas mit Wissen und Studium und unermüdlicher Auseinandersetzung zu tun haben, mit Arbeit auf den verschiedensten Ebenen. Daran sollte man keinen Zweifel lassen. Es gibt keinen einfachen, keinen kurzen und problemlosen Weg zum Mysterium der großen Musik. Andererseits wäre nichts verfehlter als Verbissenheit, Krampf und Fanatismus. Und die erfahrbaren Glücks- und Entrückungszustände, die Wonnen und Ekstasen der Seele, das Aufbrechen des schlechthin Ungeheuren sind nicht vorhersagbar, nicht mittels irgendwelcher ›Tricks‹ oder meditativen Techniken herbeizuzwingen.

»Es ist des Lernens kein Ende« – so schließt Robert Schumann seine berühmten »Musikalischen Haus- und Lebensregeln«[189], die jedem Leser meines Buches ans Herz gelegt seien. Ja, ich möchte viele von ihnen hier als Ergänzung heranziehen. Bis heute haben sie nichts von ihrer Frische und Lebenskraft eingebüßt und sind für denjenigen, der als Ausübender mit Musik umgeht, unverzichtbar. »Es ist des Lernens kein Ende« – das gilt umfassend für die Beschäftigung mit bedeutender Musik. Jede echte Information über Musik kann ein Stückchen weiter führen; sie ist nicht die Sache selbst, hilft aber zum Verständnis der Sache, also des Wesens der Musik. Schumann: »Fürchte dich nicht vor den Worten: Theorie, Generalbaß, Contrapunkt etc.; sie kommen dir freundlich entgegen, wenn du dasselbe tust.«[190] Auch Musiktheorie kann etwas sehr Lebendiges sein. Es gibt Ansätze zum spirituellen Umgang mit Musik, die erheblich mehr an Theoretischem voraussetzen, als ich dies hier tue. Ich denke vor allem an die anthroposophische Musiklehre.

Das jüngste Beispiel hierfür ist das umfangreiche Werk »Tierkreis- und Planetenkräfte in der Musik. Vom Geistgehalt der Tonarten« von Friedrich Oberkogler (1987). Oberkogler versucht, die kosmisch-sphärische Schicht der großen Musik (von der auch er wie selbstverständlich ausgeht) von den geistig-spirituellen Merkmalen der verschiedenen Tonarten aus anzugehen, wobei er, hierin dem Anthroposophen Hermann Beckh folgend , die 12 im Quintenzirkel angeordneten Dur- und Moll-Tonarten den 12 Tierkreiszeichen zuordnet. Ich persönlich kann diesem Ansatz nicht voll zustimmen, ich meine, daß er eine Einengung bedeutet; gleichwohl bleibt festzustellen, daß hiermit Staunenswertes zutage gefördert werden kann. Oberkogler bringt viel Theoretisches und gibt Hunderte von Notenbeispielen, wobei er dazu auffordert, diese am Klavier zu verlebendigen. Wer sich mit seinem Ansatz auseinandersetzt und damit arbeitet, kann auch für meinen Ansatz viel gewinnen. Und jeder Dogmatismus schadet der Sache.

Ergänzend sei die behauptete Einengung (des Hörens) durch die Herangehensweise Oberkoglers kurz begründet: Zum einen besteht die Gefahr, daß das Hören durch die Tonartencharakteristik und den jeweiligen Tierkreisbezug in bestimmte vorgeprägte Bahnen gelenkt wird, wodurch die Multidimensionalität und die Authentizität des Musikerlebens Einbußen erleiden. Und zum zweiten wird der Eindruck suggeriert, mit dem herausgestellten Parallelismus von Tonart und Tierkreiszeichen sei bereits das ganze Feld des Sphärisch-Kosmischen der Musik abgeschritten, was ja in gewisser Weise ein geozentrischer Gedanke ist (ähnlich geozentrisch wie die gesamte traditionelle Astrologie). Musik greift meiner Überzeugung nach erheblich weiter ins Kosmische hinein, während doch der Tierkreis (Zodiakus) eine durch die Erdbewegung bedingte perspektivische Täuschung darstellt. Gerade große Musik überwindet die erdoberflächenverhaftete Betrachtung; was ich als Urmusiksphäre bezeichne, wird durch den Tierkreis in keiner Weise abgedeckt. Auch glaube ich nicht, daß das (chromatische) Zwölfprinzip eine Folge der zwölf Tierkreiszeichen der Astrologie ist; mir scheint hier eher eine Aufspaltung der zeitbeherrschenden Sieben in die Vier und die Drei – und deren Multiplikation – vorzuliegen, obwohl dies schwer zu beweisen ist. Gleichwohl seien die Ausführungen Oberkoglers, Beckhs und anderer Anthroposophen all jenen empfohlen (mit den gemachten Einschränkungen), denen ein vertieftes Eindringen in die Tonartencharakteristik am Herzen liegt, die ja *als solche* nicht ernsthaft zu bezweifeln ist und auch von großen Musikern niemals in Frage gestellt wurde. In erster Linie sind hier die Aussagen der großen Komponisten und der großen Interpreten heranzuziehen. Beethoven beispielsweise hat sich sehr engagiert zu diesen Fragen geäußert, wie auch Oberkogler hervorhebt.[191]

Der Zugang zur Musik ist alles andere als eindimensional oder eingleisig, sondern vielgestaltig und unausschöpfbar wie die Seele selbst. Jede (falschverstandene) Systematisierung würde gerade das Beste und Sublimste beschneiden. Für mich selbst waren die großen Beethoven-Sinfonien Einstieg und ›Initiation‹, für andere mögen es Mozart-Opern, Strauss-Opern oder die Klaviersonaten Schuberts sein. Hinzu kommt, daß Musikvorlieben geheimnisvollen und im letzten undurchschaubaren Rhythmen unterworfen sind; was in einer Phase aufschließende Kraft offenbart, kann in einer anderen Lebensphase einen nur ästhetischen oder emotionalen Wert haben. Im Alter von 21/22 Jahren zum Beispiel war mir das Beethovensche Spätwerk so nahe wie niemals mehr seitdem – aus mir unbegreiflichen Gründen und was immer ich damals davon wirklich ›mitbekommen‹ habe. Erst als 35jähriger entdeckte ich die wahrhaft ekstatischen und befreienden Energien der Mozart-Opern »Idomeneo« und »Figaros Hochzeit«, und wieder Jahre später erst die Größe von Richard Strauss, die dionysische Kraft der »Ariadne auf Naxos« oder der »Salome«, die weiten Bögen und die sublime Trauer der vier letzten Orchesterlieder. Und die Größe und Faszination der Schubert- und Schumannlieder enthüllte sich mir erst, als ich mich selbst um ihre gesangliche Gestaltung bemühte... Die Beispiele ließen sich fast beliebig fortsetzen. Zugleich läßt das Beispiel der Lieder erkennen, welche Bedeutung eigenes Musizieren haben *kann*; zwingend ist es jedoch nicht.

Man hört nur das, was man weiß – so ist zunächst einmal wichtig, daß man überhaupt *weiß*, daß in der großen Musik etwas ›hinter‹ den Klängen zu entdecken ist: eben jene meist unbeachtete – aber von vielen geahnte – kosmisch- sphärische Dimension. Wenn man diese einmal wirklich ernst nimmt, und sei es nur als eine Art Arbeitshypothese, hört man fundamental anders als vorher. Man wird deswegen nicht zum Schwärmer und Phantasten, und es soll beileibe keinem philosophisch verbrämten Dilettantismus das Wort geredet werden, der meint, nunmehr alles Handwerklich-Technische weit unter sich lassen zu können. Der Glaube an die kosmische Essenz der Musik macht einen Interpreten ja nicht *per se* zum besseren Pianisten oder Sänger. Es gibt eine Fülle von elementaren Übungen zum Hören, zum Herausspüren von Akkorden, Tonarten, Intervallen, Tongeschlechtern, Phrasen usw., die ihren Wert haben, auch ohne daß die »Musik des Weltalls« bemüht wird. Auch hat die anthroposophische Musikpädagogik viele wertvolle Impulse geliefert, die ihre Gültigkeit behalten, obwohl das eine oder andere ins Schwärmerisch-Spekulative hineingerät. Genauso behalten die großartigen Anregungen Carl Orffs zur Musikpädagogik ihren Wert. Es sollte hier also kein falscher Konkurrenzanspruch herausgelesen werden. Auch möchte ich das, was ich hier das Schwärmerisch-Spekulative genannt habe, nicht rundweg abwerten; es kann sehr wohl verwandelnde Wirkungen auslösen, wenn es mit authentischem Geist erfüllt ist; kann das Hören verfeinern oder zu eigenen Produktionen anregen. Außerdem meint ja der Hinweis auf die besondere Bedeutung der klassischen bzw. romantischen Musik in keiner Weise, daß nunmehr alle Wege der musikalischen Produktion an ihr Ende gelangt seien. Ich glaube fest an eine *Musik der Zukunft*, wenn erst einmal der lähmende Schutt der herrschenden Lebensfeindlichkeit beiseite geräumt sein wird. Entgegen Heiner Ruland und vielen anderen meine ich allerdings, daß diese Zukunft *tonal* sein wird. Niemand kann unter dem siebenfarbigen Regenbogen hindurchschlüpfen wollen, ohne sich langfristig die eigene Lebensgrundlage zu entziehen.

In einem Brief an seine Schüler schreibt Sri Aurobindo: »Zweifellos kam Beethovens Musik oft aus einer anderen Welt; deshalb ist es gut möglich, daß sie den Schlüssel einem innerlich sensitiven Zuhörer oder einem gibt, der sucht oder bereitet ist, daß die Verbindung hergestellt werden kann. Aber ich denke, daß es sehr wenige sind, die weiter gehen, als durch eine Empfindung größerer Dinge ästhetisch bewegt zu werden; den Schlüssel zu ergreifen und ihn zu benützen, das kommt selten vor.«[192] Grundlegend ist die Erkenntnis, daß hier überhaupt ein *Schlüssel* zum Spirituellen vorliegt, daß es möglich ist, mittels der großen Musik eine Verbindung herzustellen zum Kosmos, zum klingenden Weltall. Das Problem ist, *wie* wir diesen Schlüssel »ergreifen« und »benützen«. Eine Nada-Yoga-Lehre des Westens liegt nicht vor, wohl aber das Nada- Yoga-*Material*, ein Klangmaterial von gigantischen Dimensionen, ein singulärer Schatz höherer Erkenntnisse – in Klängen verborgen. Es ist unfaßbar, daß dieses gewaltige Klang- Yoga-Material gleichsam brachliegt, weitgehend wirkungslos gemacht durch das herrschende Musikbewußtsein, aus dem alles Meditative und Kosmisch-Sphärische verbannt ist. So muß das Ausgangsmaterial des westlichen Klang-Yoga erst herausgelöst und befreit werden, um als Schlüssel zu dienen.

Es ist durchaus nicht einfach, die bloß ästhetischen, emotionalen und ›kennerhaft‹-intellektuellen Schichten des Umgangs mit Musik zu überschreiten – Schichten, die wichtig sind, ja unverzichtbar, aber eben nicht ›das letzte Wort‹, sondern eher Plattform und Startbasis für den Aufstieg ins Unhörbare ›hinter‹ dem Hörbaren. Ästhetische und emotionale Begeisterung ist die stärkste Antriebsenergie auf *allen* Ebenen der Musik; wer nicht begeisterungsfähig ist und die ekstatische Entgrenzung des Ego scheut, wird keine Möglichkeit haben, den Weg des Klang-Yoga zu gehen.

Die indische Nada-Yoga-Lehre erweist sich als unbrauchbar, der kosmischen Substanz der großen westlichen Musik nahezukommen. Das wird ganz deutlich, wenn wir die nachstehende Schilderung Peter Michael Hamels heranziehen:

Das Wort *Nada* bezeichnet den kosmischen Laut, der im Inneren vernommen wird, einen gedehnten, ziehenden, im Kopf wahrnehmbaren Klang. Hörbar wird er am ehesten in der Stille eines Waldes, in der hörbaren Nähe des rauschenden Meeres oder auch nach reichlichem Alkoholgenuß. (…) Das erste Studium des Nada-Tones beginnt mit dem aufmerksamen, nach innen konzentrierten Hören. Im Nada-Yoga verbinden sich innerlich gehörte Töne mit Symbolen von Bewußtseins- und Gemütsinhalten; es erklingen Schwingungen des eigenen Seins, also akustische Spiegelbilder.[193]

Nach bestimmten Vorbereitungen, etwa in Form des Pranayama, beginne die eigentliche Übung (Hamel zeichnet hier die Technik des Nada-Yoga Swami Satyanandas nach): Mit geschlossenen Augen müsse man sich auf den Bindu konzentrieren, also den Punkt zwischen den Augenbrauen, und die Ohren mit den Zeigefingern verschließen, gleichzeitig nach innen lauschen und versuchen »irgend etwas zu hören«. »Der auftauchende Ton kann alles mögliche sein: eine vorüberziehende Wolke, ein Strom, eine stürmische See, eine Glocke, zwitschernde Vögel oder vielleicht die Vision eines Sternenfirmaments, der Ozean oder ein Donner. Am Beginn ist es sehr schwierig, irgend etwas zu hören, weil man nicht weiß, wie man das hören sollte.« Schließlich soll der dann doch irgendwann auftauchende Ton in den Hinterkopf gezogen werden. Usw.[194]

Also diese Hatha-Yoga-Übungen können wir getrost vergessen, wenn wir uns mit der großen westlichen Musik beschäftigen. In dieser Form führen sie keinen Schritt weiter, was nicht ausschließt, daß verwandelte Formen dieser und ähnlicher asiatischer Klangmeditationen auch für den Westen fruchtbar gemacht werden können. Dennoch erlaube ich mir, an der kosmischen Dimension des in der genannten Übung auftauchenden Tones zu zweifeln. Hier, wie in vielen esoterischen Traditionen und Lehren, auch im Westen, wird der Kosmos zu schnell bemüht. Es sei nur an die skizzierte Obertonmusik der letzten Jahre erinnert.

So möchte ich abschließend – und ohne strenge Systematik – einige Hinweise zusammenstellen, die mir geeignet scheinen, das üblicherweise praktizierte Hören zu überschreiten – vorausgesetzt allerdings, sie werden mit einer gewissen Regelmäßigkeit und Konsequenz angewendet. Ein Stück *Arbeit* steckt schon darin, aber die Ergebnisse werden nicht ausbleiben, auch wenn sie nicht vorhersagbar sind. Diese Hinweise lassen sich in gezielte Klangmeditation umsetzen. Sie gliedern sich in zwei Gruppen: die erste Gruppe enthält das Grundsätzliche (wie ja auch bereits der gesamte vorliegende Text), das also, was durchgängig Gültigkeit hat oder haben sollte; die zweite Gruppe dagegen spezifizierte Hinweise. Von letzteren sollten maximal zwei gleichzeitig angewendet werden; am besten ist es, sich auf *einen* Hinweis zu konzentrieren und diesen über einen längeren Zeitraum hinweg und bei verschiedenen Musikstücken zu ›testen‹. Es mag ratsam sein, dann aufzuschreiben, was im eigenen Innern passiert, – sofern es formulierbar ist. Musiktheoretische Kenntnisse sind dazu nicht erforderlich; daß sie *zusätzlich* gut und sinnvoll sein können, ist eine andere Sache. In diesem Buch habe ich die Musiktheorie bewußt auf das schlechthin Unverzichtbare beschränkt. Bei vielen wird, wenn sie nicht ohnehin schon derartige Voraussetzungen mitbringen, sich irgendwann der Wunsch einstellen, den eigenen Musikkenntnissen ein solides theoretisches *und* praktisches Fundament zu verschaffen. Dennoch sollte sich niemand von den sogenannten Musikkennern und den Praktikern irre machen lassen, die dazu neigen, den ›bloß Begeisterten‹ ein wenig geringschätzig zu behandeln oder die eigene Kennerschaft gegen alles auszuspielen, was in die Richtung des Sphärisch-Kosmischen oder Spirituellen weist. Auch gibt es Interpreten, denen die Maßstäbe durcheinander geraten und die sich berechtigt glauben, über alles und jedes in der Musik zu urteilen, oder gar ihr eigenes Handwerk in die Nähe zu den wirklich *schöpferischen* musikalischen Leistungen rücken: also zu denen der großen Komponisten. Durch die Phono-Industrie werden derartige Fehleinschätzungen der eigenen Bedeutung zusätzlich gefördert.

Alle Schumann-Zitate in den nachstehenden Hinweisen stammen aus den »Musikalischen Haus- und Lebensregeln«.

1. Grundsätzliche Hinweise

1.1 Zerschlage die akustische Glocke, soweit es möglich ist, und versuche dich dem Klangbrei der Trivialmusik zu entziehen. Verweigere dich schlichtweg dem machtvollen Manipulationswillen von Medien und Phono-Industrie. Schumann: »Du sollst schlechte Compositionen weder spielen, noch, wenn du nicht dazu gezwungen bist, sie anhören.«[195]

1.2 Schumann: »Du mußt nach und nach alle bedeutenderen Werke aller bedeutenden Meister kennenlernen.«[196] Zu den bedeutenden Meistern gehören auf jeden Fall, ohne daß diese Auflistung hier vollständig wäre: Monteverdi, Johann Sebastian Bach, Händel, Gluck, Haydn, Mozart, Beethoven, Schubert, Schumann, Mendelssohn, Wagner, Brahms, Bruckner, Mahler, Richard Strauss. Schumann: »Das Studium der Geschichte der Musik, unterstützt vom lebendigen Hören der Meisterwerke der verschiedenen Epochen, wird dich am schnellsten von Eigendünkel und Eitelkeit kurieren.«[197]

1.3 Gib der hörenden Erschließung großer Musik die besten und kraftvollsten Energien des Tages und nicht die schwachen Restbestände (soweit irgend möglich). Schaffe kleine *Rituale* des Hörens.

1.4 Betrachte die Musik (hier und im folgenden ist ausschließlich die große, bedeutende Musik gemeint, die der oben genannten Komponisten) als klangliche Manifestation kosmischer Energien oder auch göttlicher oder Buddha-Energien (natürlich gilt dies nicht für alle Werke in gleichem Maße).

1.5 Betrachte die Ordnungsformen der Musik als Ordnungsformen des Seins und des Kosmos, auch der eigenen Seele.

1.6 Versuche stets, Anfänger-Geist zu entwickeln. Höre, als ob du das betreffende Musikstück nie zuvor gehört hättest. Laß Musik stets neu und frisch und unverbraucht sein. Blockiere dich nicht damit, daß du etwas zu kennen glaubst.

1.7 Höre so, als ob es darum ginge, dem Ton der einen Hand zu lauschen; spüre dem Unhörbaren im Hörbaren nach. Höre mit allen Fasern deines Seins, als ob es darum ginge, sich an etwas existentiell Bedeutsames zu *erinnern*.

1.8 Gleiches wird nur von Gleichem erkannt. Höre, indem du in der Vorstellung das *wirst*, dich in das verwandelst, was erklingt.

1.9 Begreife den Raum der Seele als unermeßlich weiten Klangraum, als Medium kosmischer Klangströme.

1.10 Betrachte Musik als »entfaltete Wahrheit« (Hegel), insofern als verbindlich und universal gültig, als »Inspiration himmlischer Wissenschaften«, als Erkenntnis einer »höheren Welt des Wissens« (Beethoven).

1.11 Bringe dich selbst in Fluß, in eine Art durchlässiges Strömen. Mache nun den Klangstrom der Musik zum Klangstrom der eigenen Seele.

1.12 Begreife dich als Teil eines planetarischen Geistesbundes der Hörenden, die im Hören jene Energien erschließen, welche zur Schaffung der (globalen) Regenbogenordnung beitragen können. Noch einmal Rückert:

O glaube nicht, daß du nicht seiest mitgezählt;
Die Weltzahl ist nicht voll, wenn deine Ziffer fehlt...

2. Spezifische Hinweise (als meditative Selbstaufträge)

2.1 Greife einzelne Themen, Motive, Melodien heraus, zu denen der ästhetische oder emotionale Zugang leicht fällt, und mache sie zu *Klang-Mantras*, d.h. führe ihre Energien in hämmernder Wiederholung der Seele zu.– Zur Melodie noch einmal Schumann: »›Melodie‹ ist das Feldgeschrei der Dilettanten, und gewiß, eine Musik ohne Melodie ist gar keine. Verstehe aber wohl, was jene darunter meinen; eine leichtfaßliche, rhythmisch- gefällige gilt ihnen allein dafür. Es gibt aber auch andere anderen Schlages, und wo du Bach, Mozart, Beethoven aufschlägst, blicken sie dich in tausend verschiedenen Weisen an: des dürftigen Einerleis namentlich neuerer italienischer Opernmelodien wirst du hoffentlich bald überdrüssig.«[198] (Letzteres wäre zu ›aktualisieren‹.)

2.2 Mache entsprechende Themen, Motive und Melodien zu *Koans* im Sinne zen-buddhistischer Meditation. (Die Grenze zur Mantra-Meditation ist hier fließend, da die Klang-Koans ja nicht verbal sind.) Frage unermüdlich und unaufhörlich nach ihrer Essenz, ihrer kosmischen Substanz. Dieses Fragen sollte non- verbal sein, also existentiell. Hier können Schilderungen über zen-buddhistische Meditation hilfreich sein, die natürlich auf die Klangebene zu ›transponieren‹ sind.

2.3 Spüre dem fluktuierenden Auf und Ab, den inneren Rhythmen und dem Strömen der Melodie nach. Der Musikforscher Ernst Kurth sagt: »In der Bewegung durch die Töne beruht das Melodische, nicht in den Einzeltönen, die von ihr durchströmt werden, und ihrer Aneinanderreihung. (…) Die melodischen Züge können in die Vorstellung schon eintreten, ehe man sich über die Fixierung der Einzeltöne selbst im klaren zu sein braucht.«[199] Dieser Bewegungsdynamik des Melodischen gilt es nachzuspüren, zugleich dem inneren Spannungsbogen, dem Zurückfließen in den Ausgangsimpuls: also der Rundung des Mandalas. Versuche die Melodie als Gestaltganzheit wahrzunehmen, als »geprägte Form, die lebend sich entwickelt« (Goethe).

2.4 Gehe der *Zeitgestaltung* im musikalischen Geschehen nach. Wie wird der lebendige Puls der Zeit ins Klangliche umgesetzt? (Vergleich von Beethoven und Wagner, siehe die Bemerkungen S. 48.) Beobachte die Zeitempfindung während des Hörens. Integriere dein Bewußtsein in den klingend gestalteten Zeitfluß – hier vornehmlich im Werke Mozarts und Beethovens; es wäre dann, spezifiziert, Punkt 1.11 anwendbar: Mache den Klangstrom der Musik zum Klangstrom der eigenen Seele. *Begreife die Zeit, den klingenden Fluß der Musik und das Strömen des Bewußtseins als im Innersten identisch!* Dies läßt sich mantrisch vertiefen und dem Bewußtsein einfügen.

2.5 Spüre den harmonisch-chromatischen Wendungen nach, die die Melodie begleiten. Fühle das Melodische als Figuration in einem breiten Klangteppich, einem vielfarbigen Klangmuster (besonders in der Musik von Richard Wagner und Richard Strauss).

2.6 Höre Werke hintereinander, die in derselben Tonart stehen, und vergleiche die jeweils sich einstellenden ästhetischen, emotionalen und spirituellen Empfindungen.

2.7 Bau *Klangvisionen* auf nach dem Vorbilde der Visualisierung. Das heißt, höre, ohne real zu hören, und zwar so lebendig und präzise wie nur irgend möglich. Übe dich fortwährend in der Schaffung lebendiger Klangvorstellungen aus dem Stoff deiner Musikerinnerung.

2.8 Spüre dem *Raumgefühl* nach, das die Klänge vermitteln. Stelle dir vor, daß der Raum selbst klanglich schwingt. Fühle, daß der Raum zwischen den Noten nicht leer ist, sondern erfüllt von lebendiger Schwingung.– Gib den Klängen den sich zunehmend *weitenden* Raum der Seele. Lege einen weiten Raum um die Töne.

2.9 Mache die helle Ekstase der Musik zur eigenen Ekstase. Gib dein Ego hinein in das Klang-Licht der ekstatischen Entgrenzung.

2.10 Versuche das Hörbare ins Unhörbare zurückzuverwandeln. Achte auf jene Augenblicke der Musik, in denen der Übergang zum Unhörbaren vollzogen wird. Spüre der Aura des Schweigens nach.

2.11 Achte auf die Reaktionen des Körpers. Es kann der Wille zum Tanzen, zur rhythmischen Bewegung überhaupt entstehen. Zwinge dich nicht zur Starrheit des Körpers, sondern folge behutsam und sensibel seinen Bewegungsimpulsen. (Der vierte Satz der siebenten Beethoven-Sinfonie ist zugleich eine großartige ›Tanzmusik‹, wie schon im frühen 20. Jahrhundert die Ausdruckstänzerin Isadora Duncan wußte.)

2.12 Meditiere über das Bildnis des jeweiligen Komponisten. Versuche es zu visualisieren. (Dazu eignet sich besonders die Lebendmaske oder die Totenmaske Beethovens; sie sollte als eine Art Buddha-Kopf vorgestellt werden, als durchsichtig.) Laß dann den Strom der Musik durch das Bild hindurchfließen. Verbinde den Strom mit deinem Herzen, mit deiner Stirn. (Der Hesse-Kenner mag hier den Schluß der Erzählung »Siddhartha« herausspüren.)

2.13 Höre die Musik als Klangabbild des (harmonisierten) Chakrasystems, des Energieflusses von oben nach unten und von unten nach oben...

Zum Schluß noch einmal Beethoven (in der Übermittlung durch Bettine von Arnim):
»Wir wissen nicht, was uns Erkenntnis verleiht; das fest verschlossene Samenkorn bedarf des feuchten, elektrisch warmen Bodens, um zu treiben, zu denken, sich auszusprechen. Musik ist der elektrische Boden, in dem der Geist lebt, denkt, erfindet. Philosophie ist ein Niederschlag ihres elektrischen Geistes (...) und so ist jede echte Erzeugung der Kunst unabhängig, mächtiger als der Künstler selbst, und kehrt durch ihre Erscheinung zum Göttlichen zurück und hängt nur darin mit dem Menschen zusammen, daß sie Zeugnis gibt von der Vermittlung des Göttlichen in ihm.«[200]

Anhang

Auswahl des Nada-Yoga-Materials der klassisch-romantischen Musik

Im besonderen Grade erscheinen *mir* für die Musikmeditation geeignet:

Monteverdi: »Orfeo«

Johann Sebastian *Bach*: das Violinkonzert E-Dur, die großen Orgelwerke

Händel: die Concerti grossi, die Orgelkonzerte, »Der Messias«

Gluck: »Orpheus und Eurydike«

Haydn: die späten Sinfonien, die späten Streichquartette, die späten Messen, das Oratorium »Die Schöpfung«, die beiden Cellokonzerte

Mozart: die Violinkonzerte, die letzten zehn Klavierkonzerte, die letzten fünf Sinfonien, die Freimaurermusik, die letzten sieben Opern (vor allem »Idomeneo«, »Figaro« und »Don Giovanni«), die Streichquartette und Streichquintette, die Messen, die Konzertante Sinfonie für Violine, Viola und Orchester, das Klarinettenquintett, die Violinsonaten, die Klaviersonaten

Beethoven: alle Sinfonien, Streichquartette und Klaviersonaten, die Klavierkonzerte, das Violinkonzert, das Tripelkonzert, die Violin- und Cellosonaten, die Streichtrios, die Klaviertrios, alle Ouvertüren, die Missa solemnis

Schubert: die drei letzten Sinfonien (einschließlich der Fragmente zur 10.), die großen Liederzyklen und viele Einzellieder, das Streichquintett, die Klaviertrios, die letzten Streichquartette, das gesamte Klavierwerk (schwerpunktmäßig seit 1822: seit der Wandererphantasie), die Messen in As-Dur und Es-Dur, das Forellenquintett.

Schumann: alle Sinfonien, das Klavierkonzert, das Cellokonzert, große Teile der Liedkompositionen (Eichendorff- und Heinelieder z.B.), die Missa sacra, die Faust-Musik, die Streichquartette, das Klavierquintett, das Klavierquartett

Wagner (mit den gemachten Einschränkungen): »Lohengrin« und »Tannhäuser« (hier insbesondere jeweils das Vorspiel); Vorspiel, 1. Akt und Finale der »Walküre«; Finale des »Siegfried«; Finale der »Götterdämmerung«; Vorspiel, 2. Akt und 3. Akt von »Tristan und Isolde«; »Parsifal« (unbedingt *ganz*, auch wenn's schwerfällt).

Bruckner: das Streichquintett, von den Sinfonien auf jeden Fall die 1., die 7. und die 8. (wenn auch nicht durchgängig geeignet)

Brahms: das Klavierquintett, das 2. Klavierkonzert, die Rhapsodie für Altsolo, Männerchor und Orchester; das Schicksalslied für gemischten Chor und Orchester (nach Hölderlin)
Mahler: Das Lied von der Erde, Lieder eines fahrenden Gesellen, von den Sinfonien auf jeden Fall die 1. und die 2.
Richard *Strauss*: »Salome«, Finale des »Rosenkavalier«, »Ariadne auf Naxos« (ohne Vorspiel), »Die Frau ohne Schatten« (vor allem der 3. Akt!), »Daphne« (unbedingt ganz!), Lieder op.27 und o.29, die vier letzten Orchesterlieder, »Tod und Verklärung«

Erläuterungen zu Fachbegriffen der Musik

Akkord: mehrere Töne verschiedener Tonhöhe klingen zusammen. (Die einfachste Form ist der Dreiklang, bestehend aus Grundton, Terz, Quinte.) Weitgehend identisch mit dem Begriff »Harmonie«.
Alteration: chromatische Erhöhung oder Erniedrigung von Akkordbestandteilen um einen Halbton, wodurch ein Spannungsmoment entsteht (Leitton-Energie).
Atonalität: Musikform, die die Unterscheidung zwischen Harmonie und Disharmonie aufgibt. Das musikalische Geschehen ist nicht mehr auf einen Grundton, ein tonales Zentrum bezogen.
Chromatik: die Umformung der diatonischen Tonstufen durch Erhöhung oder Vertiefung um einen halben Ton (siehe auch Alteration). So werden aus den sieben Tönen der diatonischen Tonleiter zwölf Töne bzw. Halbtonschritte. Die Chromatik unterliegt dem Zwölfprinzip.
Diatonik: die diatonische Tonleiter besteht aus sieben Tönen, fünf Ganz- und zwei Halbtonschritten, in welche die Oktave unterteilt wird. Die Diatonik unterliegt dem Siebenprinzip. In der tonalen Musik ist das Siebenprinzip das herrschende.
Dissonanz: Zusammenklang von Tönen, die zur Auflösung drängen und die das Ohr auf Dauer als störend empfindet.
Dominante: die 5. Stufe der Dur- oder Moll-Tonleiter; auch der hierauf aufgebaute Dreiklang.
Dur: Tongeschlecht mit großer Terz (vom Grundton aus). *Enharmonik*: tonartliche Umdeutung von Tönen im Rahmen der temperierten Stimmung, z.B. fis in ges. Wird häufig zum Wechsel der Tonart henutzt.
Fuge: mehrstimmiges Musikstück, das bestimmten strengen Formprinzipien unterliegt. (*Ein* Thema, mindestens, muß durch alle Stimmen geführt werden und wird von den anderen jeweils kontrapunktisch begleitet usw.)
Ganzton: Tonabstand der großen Sekunde. In der C-Dur- Tonleiter die Abstände von c und d, d und e, f und g, g und a sowie a und h. (*Halbton*: kleine Sekunde, Intervall e-f und h-c)
Grundton: der tiefste Ton eines Akkords (in der Grundstellung) oder einer Tonleiter

Harmonik: Teil der Harmonielehre, umschreibt den akkordischen Zusammenklang mehrerer Töne in der dur-moll-tonalen Musik. (Harmonik im Sinne der Forschungen Hans Kaysers und Rudolf Haases meint die Erforschung der Proportionsgesetze im Menschen, in der Musik und in der Natur.)

Intervall: der Abstand zwischen zwei Tönen (sowohl höhenmäßig als auch frequenzmäßig). Die Tonabstände werden mit lateinischen Ordnungszahlen bezeichnet. Der Grundton ist die Prime, es folgen die (große oder kleine) Sekunde, die (große oder kleine) Terz, die Quarte, die Quinte, die (große oder kleine) Sexte, die (große oder kleine) Septime und schließlich die Oktave usw.

Kadenz: Akkordfolge; im engeren Sinne eine solche, die ein Musikstück oder einen Satzteil abschließt. (Die zweite Bedeutung des Wortes, als virtuose Improvisation, kommt im Text nicht vor.)

Konsonanz: bezieht sich auf wohllautende Akkorde mit Entspannungscharakter. Harmonischer Zusammenklang von Tönen in einfachen Schwingungsverhältnissen. Schon in der Spätromantik wird der starre Gegensatz zur Dissonanz aufgelöst, bleibt aber *im Kern* bestehen.

Kontrapunkt: Kompositionstechnik für einen mehrstimmigen Satz. Jede Stimme wird gleichwertig behandelt.

Leitmotiv: ein prägnantes Tongebilde, das immer wieder auftaucht und jeweils eine ganz bestimmte Signalwirkung hat bzw. einen bestimmten Symbolgehalt. Die Leitmotivtechnik wurde von Richard Wagner perfektioniert.

Leitton: ein Ton, der – gemäß der klassischen Harmonielehre – in seiner melodischen und harmonischen (akkordischen) Bedeutung zu einem nächsten hindrängt. Die Leitton-Energie gilt manchen Musikforschern als die vorantreibende Kraft des musikalischen Geschehens. Im Hörer erzeugt der Leitton – oder Strebeton – die Erwartung einer Auflösung oder Entspannung (Rückkehr in die Konsonanz).

Melodie: Gestaltganzheit einer in sich abgeschlossenen Tonfolge, die sich aus Motiven oder Phrasen zusammensetzt. In der klassisch-romantischen Musik (vor Wagners »Rheingold«) vier- oder (häufiger) achttaktig. Die »quadratische« Struktur hat archetypischen Charakter.

Modulation: Änderung der Tonart; hierbei werden Akkorde der Ausgangstonart häufig in solche der Zieltonart umgedeutet.

Moll: Tongeschlecht mit kleiner Terz (vom Grundton aus).

Motiv: kleinste Sinneinheit einer Komposition

Neoklassizismus: Musikrichtung, die um 1920 entstand und sich als eine Art neue Klassik gab (Rückgriff auf Formen der Musik des 18. Jahrhunderts, die aber in neuartiger Harmonik auftreten).

Neue Musik: ein etwas unscharfer Begriff als Sammelbezeichnung – für die atonale Musik seit Arnold Schönberg.

Obertöne: mitschwingende höhere Töne, die in einem ganzzahligen Schwingungsverhältnis zum Grundton stehen. Meist unhörbar. Die Obertonauswahl bestimmt die Klangfarbe.

Oktave: Grundintervall im Schwingungsverhältnis 2 : 1 zum Grundton; der 8. Ton in der diatonischen Tonleiter, der wieder der Grundton – auf höherer Stufe – ist. Zugleich die reinste Konsonanz, Urbild der Harmonie hei den Pythagoreern.

Partitur: Notenaufzeichnung eines vielstimmigen Werks. Die einzelnen Stimmen sind übereinander angeordnet, so daß der rhythmisch-taktmäßige Kompositionsverlauf genau überblickt werden kann.

Periode: sinnvoll gegliederte und in sich geschlossene Figur des musikalischen Prozesses, oft identisch mit der Melodie (in achttaktiger Form), mit Vorder- und Nachsatz.

Phrase: nicht exakt zu definierende Einheit eines musikalischen Geschehens, kleiner als Melodie oder Periode. Die Phrasierung ist oft eine Sache der Interpretation, nicht unbedingt des Notentextes.

Polyphonie: mehrstimmige Satzweise, in der alle Stimmen gleichwertig behandelt werden. (Gegensatz: Homophonie)

Prime: Grundton bzw. die 1. Stufe der diatonischen Tonleiter.

Quarte: die vierte Tonstufe der diatonischen Skala und die Bezeichnnung für das Intervall (Frequenzverhältnis 3 : 4).

Quinte: die fünfte Stufe der diatonischen Skala und das entsprechende Intervall (Schwingungsverhältnis 2 : 3).

Quintenzirkel (Quintenkreis): in der temperierten Stimmung Kreis von 12 Quintenschritten, der durch sämtliche Dur- und Moll- Tonarten führt und durch enharmonische Umdeutung (Fis = Ges bzw. dis = es) zum Ausgangston zurückkehrt.

Sekunde: die 2. Stufe der diatonischen Skala und der entsprechende Tonabstand.

Septime: die 7. Stufe der diatonischen Skala und das entsprechende Intervall

Serielle Musik: Kompositionsweise, die aus der elektronischen Musik und aus der Zwölftontechnik entwickelt wurde.

Sexte: die 6. Stufe in der diatonischen Tonleiter – das entsprechende Intervall.

Takt: Maßeinheit eines Musikstücks, üblich seit dem 17. Jahrhundert. Die Zähl- oder Schlageinheiten werden durch Taktstriche zusammengefaßt. Am Anfang eines Musikstücks wird in der Regel das Taktmaß vorgeschrieben (2/4-Takt, 4/4-Takt usw.).

Temperierte Stimmung (gleichschwebende Temperatur): Aufteilung der Oktave in 12 exakt gleich große Halbtonschritte. Alle Intervalle, außer der Oktave, werden ein wenig unrein bzw. verengt. (12 reine Quinten, übereinander gebaut, überragen die 7. Oktave um das sogenannte pythagoreische Komma, also ca. einen halben Viertelton.) Die temperierte Stimmung, zunächst des Klaviers, war die Voraussetzung für den immensen Aufschwung der Musik und die Vollendung des dur-moll-tonalen Tonsystems seit ca. 1700.

Terz: die 3. Tonstufe in der diatonischen Tonleiter – der entsprechende Tonabstand.

Thema: ein prägnanter, in sich geschlossener Grundgedanke eines Musikstücks. Häufig mit Melodie gleichgesetzt und auch von dem Begriff Motiv nicht immer klar abgrenzbar. Andererseits besteht ein Thema aus mehreren Motiven (wenn »Motiv« konsequent als die kleinste Sinneinheit des musikalischen Geschehens gedeutet wird).

Tonalität: allgemein die Bezogenheit aller Töne eines Tonsystems auf einen Grundton, ein tonales Zentrum. Der funktionale Zusammenhang des musikalischen Geschehens, der auf harmonischen Spannungsausgleich abzielt. Im Zentrum steht die Beziehung der Tonika (des Grundtons) zur Dominante.

Tonart: ein System von Tönen, die auf einen bestimmten Ausgangston (eine bestimmte Tonika) bezogen sind. Jeder Ton der 12 Halbtöne innerhalb einer Oktave kann zum Grundton einer Dur- oder Moll-Tonart werden. Je nach Vorzeichen unterscheidet man Kreuz-Tonarten und Be-Tonarten. C-Dur und a-moll sind vorzeichenlos. Die Vorzeichen richten sich nach dem Quintenabstand zur Tonika von C-Dur bzw. a-moll. (So hat etwa G- Dur, im Abstand einer Quinte zu C-Dur, ein Kreuz, D-Dur, im Abstand von zwei Quinten, zwei Kreuze usw.)

Alle Erfahrungen sprechen für einen eigenen seelisch-geistigen Gehalt der verschiedenen Tonarten, wodurch der sinnvollen Transposition Grenzen gesetzt sind.

Tongeschlecht: Dur bzw.Moll

Tonika: die 1. Stufe, der Grundton einer Dur- oder Moll- Tonleiter bzw. der auf ihr errichtete Dreiklang.

Tonleiter (Tonskala): Folge von Tönen in bestimmten Ganz- und Halbtonschritten im Rahmen einer Oktave. Im westlichen Tonsystem unterscheidet man die siebenstufige (diatonische) und die zwölfstufige (chromatische) Tonleiter, zusätzlich die Moll- und Dur-Tonleiter (im Rahmen der Diatonik).

Tonsystem: die Ordnung der hörbaren Töne in einem systematischen Ganzen. Das tonale Tonsystem ist naturgegeben, und das menschliche Gehör ist auf Tonalität geeicht.

Transposition (Verb: *transponieren*): die Übertragung eines Musikstücks von einer Tonart in eine andere.

Zwölftontechnik (Zwölftonmusik): Kompositionstechnik im Rahmen der atonalen Musik, entwickelt von J.M. Hauer und A. Schönberg (ca. 1920), die auf bestimmten Konstruktionsprinzipien beruht, die rein willkürlich sind. (Die Zwölftontechnik wurde selbst von Theodor W. Adorno, der ein Befürworter der atonalen Musik war, als sinnleeres »Zahlenspiel« abgetan, als extrem repressiv und willkürlich – siehe »Philosophie der neuen Musik« von 1948.)

Anmerkungen

Die Titel werden nur in Kurzform zitiert, ausgenommen jene, die im Literaturverzeichnis nicht auftauchen.

I. Muthmann, Musik und Erleuchtung, S.363.
II. a.a.O., S.32.
III. Nietzsche, Sämtliche Briefe. Bd. 8, S. 232, München 1986.

1. Lü, Frühling und Herbst des Lü Bu We, S.73.
2. Schopenhauer, Handschriftlicher Nachlaß. Bd. 3, S. 635, München 1985.
3. Liedtke, Die Vertreibung der Stille, S. 8, 9, 10.
4. Siehe Max Himmelheber, Der Explosionsmythos. Über einen wissenschaftlichen Anschauungszwang. In: Die Erde weint. Frühe Warnungen vor der Verwüstung. S. 162 ff., München 1987; und Helmut Krause, Vom Regenbogen. Berlin 1988.
5. Himmelheber, a.a.O., S.162.
6. Liedtke, a.a.O., S.10, 11.
7. Adorno, Dissonanzen, S.29.
8. Ebd.
9. Ebd., S.16.
10. Adorno, Philosophie der neuen Musik, S.16.
11. Ebd.
12. Zitiert bei Liedtke, a.a.O., S.170.
13. Ebd.
14. Harnoncourt, Musik als Klangrede, S. 166.
15. Ebd., S.165.
16. Zitiert bei Hamel, Durch Musik zum Selbst, S.158.
17. Ebd.
18. Ebd., S.27.
19. Zitiert ebd., S.28.
20. Zitiert nach Michels, dtv-Atlas zur Musik, S. 555.
21. Berendt, Das Dritte Ohr, S.361.
22. Ebd., S.362.
23. Berendt, Nada Brahma, S.149.
24. Rudhyar, Die Magie der Töne, S. 50.
25. Ebd., S.58.
26. Berendt, Das Dritte Ohr, S.374.
27. Ebd.
28. Ebd., S. 378.
29. Ebd., S. 382.
30. Govinda, Grundlagen tibetischer Mystik, S.86.
31. Bahro, Logik der Rettung, S. 301.

32. Müller, Wapnewski, Richard-Wagner-Handbuch, S. 209.
33. Laotse, Die Weisheit des Laotse, S. 57.
34. Ariadne, Textheft der Aufnahme unter der Leitung von Georg Solti, S. 20, 1979.
35. E. Krause, Richard Strauss, S. 397, 398.
36. Hofmannsthal, Dramen V, S. 297, 298.
37. Zitiert in Wasson, Ruck, Hoffmann: Der Weg nach Eleusis, S. 9, Frankfurt 1984.
38. Ebd., S. 111 ff.
39. Zitiert in Barbara Walker, The Woman's Encyclopedia of Myths and Secrets, S. 493, New York 1983.
40. Feild, Ich ging den Weg des Derwisch, S. 102, 103, 104.
41. Ebd., S. 76.
42. Hofmannsthal, a.a.O., S. 299.
43. Jung, Psychologie und Alchemie, S. 155, Olten 1981.
44. Hesse, Musik, S. 43.
45. Zitiert bei Stege, Musik – Magie – Mystik, S. 164, 165.
46. Zitiert bei Bahro, a.a.O., S. 336.
47. C.G.Jung-Lesebuch. Ausgew. v. Franz Alt, S. 221, Olten 1984
48. Mann, Religion und Mythos in Wagners Musikdrama, S. 80.
49. Ebd.
50. Zitiert bei Hamel, a.a.O., S. 218.
51. Rudhyar, a.a.O., S. 68.
52. Michels, a.a.O., S. 469.
53. Muthmann, a.a.O., S. 238.
54. Ebd., S. 160.
55. Ebd., S. 160, 161.
56. Zitiert in Stadler, Lust an der Musik, S. 54.
57. Zitiert in E. Krause, a.a.O., S. 159.
58. Ebd., S. 158.
59. Muthmann, a.a.O., S. 152.
60. Haase, Über das disponierte Gehör, S. 16.
61. Ebd., S. 21.
62. Ebd., S. 49.
63. Kayser, Akróasis, S. 52.
64. Muthmann, a.a.O., S. 93.
65. Fischer-Dieskau, Töne sprechen. In dem Schubert-Kapitel.
66. Muthmann, a.a.O., S. 221.
67. Wagner, Die Musikdramen, S. 463, München 1981.
68. Wagner, Parsifal, S. 241.
69. Ebd.
70. Zitiert bei Stege, a.a.O., S. 287.
71. Muthmann, a.a.O., S. 147.
72. Ebd., S. 226, 227.
73. Fragmente der Vorsokratiker. Hrsg. von Hermann Diels, S. 26, Reinbek 1963.

74. Zitiert in Pierre Bertaux, Hölderin, S. 404, Frankfurt 1981. (Der Brief wird verschiedentlich in seiner Echtheit angezweifelt; ich halte ihn für authentisch.)
75. Hildesheimer, Mozart, S. 376, 377.
76. Zitiert bei Bertaux, a.a.O., S. 401-403.
77. Friedrich Rückerts ausgewählte Werke. Leipzig o.J. Weisheit des Brahmanen Zweite Stufe Nummer 49.
78. Kayser, Orphikon, S. 48.
79. Lessing, Anweisung für einen Abstieg zur Hölle, S. 99.
80. Ebd., S. 104, 105.
81. Ebd., S. 105.
82. Ebd., S. 109.
83. Zum Tod von René Guénon. In: Guénon, Der König der Welt, S. 10, 11, Freiburg 1987.
84. Zitiert als Motto des Buches in Herbert Fritsche, Der Erstgeborene, Frankfurt 1943.
85. Nietzsche, Der Fall Wagner, S. 129.
86. Stege, a.a.O., S. 179.
87. Ulli Olvedi zitiert bei Hamel, a.a.O., S. 81, 82.
88. Govinda, Der Weg der weißen Wolken, S. 59.
89. Nietzsche, a.a.O., S. 111.
90. Ebd., S. 222.
91. Ebd., S. 447, 448.
92. Ebd., S. 122.
93. Zitiert in dem Aufsatz »Romantische Sehnsucht und Liebestod in Richard Wagners Oper ›Tristan und Isolde‹« von Wolfgang Frühwald. In: Liebe und Erlösung. Über Richard Wagner. Herrenalber Texte 48, S. 37, Karlsruhe 1983.
94. Ebd.
95. E. Krause, a.a.O., S. 179.
96. Zitiert bei Schavernoch, Die Harmonie der Sphären.
97. Berendt, Das Dritte Ohr, S. 161.
98. Ebd.
99. Ebd., S. 247.
100. Berendt, Nada Brahma, S. 84.
101. Ebd.
102. Diels, a.a.O., S. 28, 26.
103. Bindel, Pythagoras, S. 93.
104. Ebd., S. 148.
105. Jünger, Zahlen, S. 37.
106. Ebd., S. 50.
107. So Helmut Krause gegenüber dem Verfasser Ende der 60er Jahre.
108. Rudhyar, a.a.O., S. 50.
109. Ebd., S. 60, 61.
110. H.F.W. Krause, a.a.O., im 2. Teil.
111. Zitiert bei Bindel, a.a.O., S. 118.

112. Ebd.
113. Schavernoch, a.a.O., S. 24.
114. Ebd., S. 28.
115. Ebd.
116. Ebd., S. 38, 39.
117. Ebd., S. 39, 40.
118. Zitiert ebd., S. 134.
119. Ebd.
120. Ebd., S. 147.
121. Zitiert bei Oberkogler, Richard Wagner, S. 54.
122. Breig, Wagner; in: Müller, Wapnewski, a.a.O., S. 422.
123. Ebd.
124. Wagner, Musikdramen, a.a.O., S. 384.
125. Schavernoch, a.a.O., S. 198.
126. Rudhyar, a.a.O., S. 107.
127. Muthmann, a.a.O., S. 212.
128. Zitiert bei Rudhyar, a.a.O., S. 129.
129. Haase, Gehör, a.a.O., S. 30.
130. Adorno, Neue Musik, a.a.O., S. 17.
131. Rudhyar, a.a.O., S. 124.
132. Adorno, Neue Musik, a.a.O., S. 15.
133. Ebd., S. 13.
134. Lange, Mensch, Musik und Kosmos, S. 35.
135. Zitiert bei Rudhyar, a.a.O., S. 168.
136. Ebd., S. 136.
137. Ebd., S. 138, 139.
138. Lange, a.a.O., S. 13.
139. Dahlhaus in: Müller, Wapnewski, a.a.O., S. 201.
140. Ruland, Die Neugeburt der Musik S. 65, 66.
141. Ebd., S. 143.
142. Ebd., S. 143, 144.
143. Lange, a.a.O., S. 195.
144. Borchmeyer, Das Theater Richard Wagners, S. 97.
145. Zitiert ebd.
146. Ebd., S. 98.
147. Zitiert ebd.
148. Zitiert ebd., S. 99.
149. Ebd.
150. Schickling, Abschied von Walhall, S. 176.
151. Dahlhaus, a.a.O., S. 214.
152. Ebd.
153. Zitiert bei E. Krause, a.a.O., S. 173.
154. Zitiert bei Berendt, Nada Brahma, S. 194.
155. Metzger, Riehn, Beethoven, S. 102.
156. Zu dem ganzen Komplex s. Metzger, Riehn.
157. Rudhyar, a.a.O., S. 50.

158. Ebd.
159. Hoffmann, Musikalische Novellen und Aufsätze, S. 50.
160. Bahro, a.a.O., S. 448.
161. Muthmann, a.a.O., S. 40, 41.
162. Ebd., S. 35.
163. Ebd., S. 214.
164. Ebd., S. 32.
165. Ebd., S. 29.
166. Ebd., S. 33.
167. Beethoven, Berichte der Zeitgenossen, Bd. 2, S. 252, 253.
168. Muthmann, a.a.O., S. 33.
169. Govinda, Grundlagen, a.a.O., S. 246.
170. Muthmann, a.a.O., S. 30.
171. Zitiert bei Schickling, a.a.O., S. 228, 229.
172. Hildesheimer, Mozart, S. 50.
173. Ebd., S. 51.
174. Ebd.
175. Zitiert bei Greither, Mozart, S. 161.
176. Ebd., S. 111.
177. Zitiert ebd., S. 160.
178. Muthmann, a.a.O., S. 33.
179. Müller, Wapnewski, a.a.O., S. 272.
180. Zitiert bei Peter Wapnewski, Tristan – der Held Richard Wagners, S. 52, Berlin 1981.
181. Ebd.
182. Zitiert bei Bahro, a.a.O., S. 336.
183. Rüdiger Safranski, Schopenhauer, S. 102, München 1987.
184. Werner Ross, Wagner, Nietzsche und die neue »Culturperiode«. In: Liebe und Erlösung. A.a.O., S. 27, Karlsruhe 1983.
185. Ebd., S. 29.
186. Nietzsche, Der Fall Wagner, a.a.O., S. 374.
187. Bahro, a.a.O., S. 337.
188. Hesse, Musik, S. 84.
189. Zitiert bei André Boucourechliev, Robert Schumann, S. 146, Reinbek 1958.
190. Ebd.
191. Oberkogler, Tierkreis S. 30, 31.
192. Muthmann, a.a.O., S. 281.
193. Hamel, Musik, S. 198.
194. Ebd., S. 200.
195. Boucourechliev, S. 148.
196. Ebd.
197. Ebd., S. 150.
198. Ebd., S. 151.
199. Zitiert bei Oberkogler, Tierkreis- und Planetenkräfte, S. 79.
200. Muthmann, a.a.O., S. 32, 33.

Literaturverzeichnis

Aufgeführt werden nur solche Titel, die für die Abfassung des Buches bedeutsam waren oder für sein Verständnis hilfreich sein können.

Adorno, Theodor W.: Dissonanzen. Musik in der verwalteten Welt. Göttingen 1982 (Vandenhoeck und Ruprecht)
– : Philosophie der neuen Musik. Frankfurt/M – Berlin – Wien 1972 (Ullstein)

Bahro, Rudolf: Logik der Rettung. Wer kann die Apokalypse aufhalten? Ein Versuch über die Grundlagen ökologischer Politik. Stuttgart – Wien 1987 (Edition Weitbrecht in K. Thienemanns Verlag)
Beethoven, Ludwig van: Berichte der Zeitgenossen, Briefe und persönliche Aufzeichnungen, gesammelt und erläutert von Albert Leitzmann. 2 Bde. Leipzig 1921 (Insel)
Beckh, Hermann: Die Sprache der Tonart in der Musik. Von Bach bis Bruckner. Frankfurt/M 1985 (Fischer)
Berendt, Joachim-Ernst: Nada Brahma. Die Welt ist Klang. Überarbeitete Neuausgabe. Reinbek 1985 (Rowohlt)
– : Das Dritte Ohr. Vom Hören der Welt. Reinbek 1985 (Rowohlt)
Bindel, Ernst: Pythagoras. Leben und Lehre in Wirklichkeit und Legende. Stuttgart 1962 (Freies Geistesleben)
– : Die Zahlengrundlagen der Musik im Wandel der Zeiten. Stuttgart 1985 (Freies Geistesleben)
Borchmeyer, Dieter: Das Theater Richard Wagners. Idee – Dichtung – Wirkung. Stuttgart 1982 (Reclam)
Buchner, Gerhard: Musiklexikon. München 1987 (Humboldt)

Cousto, Hans: Die kosmische Oktave. Der Weg zum universellen Einklang. Essen 1984 (Synthesis)

Dahlhaus, Carl: Richard Wagners Musikdramen. München – Zürich – 1988 (Piper)
Diamond, John: Lebensenergie in der Musik. Bd. 1 Zürich 1983 (Jecklin und Bruno Martin)
Dickreiter, Michael: Partiturlesen. Ein Schlüssel zum Erlebnis Musik. München – Mainz 1983 (Goldmann – Schott)

Feild, Reshad: Ich ging den Weg des Derwisch. Frankfurt/M 1985 (Fischer)
Fischer-Dieskau, Dietrich: Töne sprechen, Worte klingen. Zur Geschichte und Interpretation des Gesangs. Stuttgart – München 1985 (DVA – Piper)

Govinda, Lama Anagarika: Grundlagen tibetischer Mystik. München 1985 (O.W. Barth)

– : Der Weg der weißen Wolken. München 1988 (Knaur)
Greither, Aloys: Mozart. Reinbek 1962 (Rowohlt)
Grof, Stanislav: Das Abenteuer der Selbstentdeckung. Heilung durch veränderte Bewußtseinszustände. München 1987 (Kösel)

Haase, Rudolf: Der meßbare Einklang. Grundzüge einer empirischen Weltharmonik. Stuttgart 1976 (Klett)
– : Über das disponierte Gehör. Wien 1977 (Doblinger)
Halpern, Steven: Klang als heilende Kraft. Freiburg 1985 (Bauer)
Hamel, Peter Michael: Durch Musik zum Selbst. Wie man Musik neu erleben und erfahren kann. München (dtv/Bärenreiter) 1980
Harnoncourt, Nikolaus: Musik als Klangrede. Wege zu einem neuen Musikverständnis. München 1987 (dtv/Bärenreiter)
Hesse, Hermann: Musik. Betrachtungen, Gedichte, Rezensionen und Briefe. Frankfurt/M 1984 (Suhrkamp)
Hildesheimer, Wolfgang: Mozart. Frankfurt/M. 1980 (Suhrkamp)
Hoffmann, E.T.A.: Musikalische Novellen und Aufsätze. Leipzig o.J. (Insel)
Hofmannsthal, Hugo von: Dramen V. Operndichtungen. Frankfurt/M. 1979 (Fischer)

Jünger, Ernst: Zahlen und Götter. Stuttgart 1974 (Klett)

Kayser, Hans: Orphikon. Eine harmonikale Symbolik. Basel – Stuttgart 1973 (Schwabe)
– : Akróasis. Die Lehre von der Harmonik der Welt. Basel – Stuttgart 1984 (Schwabe)
Khan, Hazrat Inayat: Musik und kosmische Harmonie aus mystischer Sicht. Heilbronn 1987 (Heilbronn)
Kirchhoff, Jochen: Giordano Bruno. Reinbek 1980 (Rowohlt)
– : Kopernikus. Reinbek 1985 (Rowohlt)
– : Die Erlösung der Natur als Herausforderung der Gegenwart. Vom notwendigen Aufbruch zu den Grundlagen unserer Existenz. (noch unveröffentlicht)
Krause, Ernst: Richard Strauss. Gestalt und Werk. München – Zürich 1988 (Piper)
Krause, Helmut Friedrich W.: Vom Regenbogen und vom Gesetz der Schöpfung. Berlin 1988 (Edition Dionysos in Dharma Buchladen GmbH)

Lange, Anny von: Mensch, Musik und Kosmos. 1. Band. Freiburg 1956 (Novalis)
Laotse: Die Weisheit des Laotse. Hrsg. von Lin Yutang. Frankfurt/M 1986 (Fischer)
Lessing, Doris: Anweisung für einen Abstieg zur Hölle. Frankfurt/M 1984 (Fischer)
Liedtke, Rüdiger: Die Vertreibung der Stille. Wie uns das Leben unter

der akustischen Glocke um unsere Sinne bringt. München 1988 (dtv/Bärenreiter)

Lü, Pu-wei: Frühling und Herbst des Lü Bu We. Düsseldorf – Köln 1979 (Diederichs)

Mann, Ulrich: Religion und Mythos in Richard Wagners Musikdrama. In: Liebe und Erlösung. Über Richard Wagner. Herrenalber Texte 48. Karlsruhe 1983. S. 67ff
Mauser, Siegfried: Leitmotiv und musikalischer Satz in Richard Wagners »Parsifal«. In: Musik-Konzepte 25. München 1982. S. 58ff
Metzger, Heinz-Klaus und *Riehn*, Rainer: Beethoven. Das Problem der Interpretation. Musik-Konzepte 8. 1979
Michels, Ulrich: dtv-Atlas zur Musik. 2 Bde. München 1977 und 1985
Müller, Ulrich und *Wapnewski*, Peter (Hrsg.): Richard- Wagner-Handbuch. Hier besonders wichtig die Arbeiten von Carl *Dahlhaus* und Werner *Breig* über die Musik Wagners. Stuttgart 1986 (Kröner)
Muthmann, Klaus Derrick (Hrsg.): Musik und Erleuchtung. Der Weg der großen Meister. Ein Lesebuch mit Texten und Zitaten zur Kunst. München 1984 (Max Hieber)

Nietzsche, Friedrich: Der Fall Wagner. Schriften und Aufzeichnungen über Richard Wagner. Hrsg. von Dieter Borchmeyer. Frankfurt/M 1983 (Insel)

Oberkogler, Friedrich: Richard Wagner. Vom Ring zum Gral. Stuttgart 1978 (Freies Geistesleben)
– : Die Zauberflöte. Mozarts Mysterienspiel und das Goethe- Fragment. Schaffhausen 1982 (Novalis)
– : Tierkreis- und Planetenkräfte in der Musik. Vom Geistgehalt der Tonarten. Schaffhausen 1987 (Novalis)
Otto, Walter F.: Die Musen und der göttliche Ursprung des Singens und Sagens. Düsseldorf – Köln 1955 (Diederichs)

Rudhyar, Dane: Die Magie der Töne. München 1988 (dtv/Bärenreiter)
Ruland Heiner: Die Neugeburt der Musik aus dem Wesen des Menschen. Schaffhausen 1987 (Novalis)

Schavernoch, Hans: Die Harmonie der Sphären. Die Geschichte der Idee des Welteneinklangs und der Seeleneinstimmung. Freiburg/München 1981 (Karl Alber)
Schickling, Dieter: Abschied von Walhall. Richard Wagners erotische Gesellschaft. Stuttgart 1985 (Knaur)
Stadler, Klaus (Hrsg.): Lust an der Musik. Ein Lesebuch. München – Zürich 1986 (Piper)
Stege, Fritz: Musik – Magie – Mystik. Remagen 1961 (Otto Reichl)

Wagner, Richard: Parsifal. Hrsg. von Michael von Soden. Text und Dokumente. Frankfurt/M 1983 (Insel)

Personen- und Sachregister